FISCHER

AF871529

Kontaktadresse nach EU-Produktsicherheitsverordnung:
produktsicherheit@fischerverlage.de

»›Gottlos glücklich‹ ist eine Sammlung schier unglaublicher Geschichten, die ich allesamt selbst erlebt habe und die zeigen, wie durchdrungen unser Alltag von Religion, Kirche und Glauben ist – ob wir dies wollen oder nicht.

Die massive Unterdrückung von Frauen nicht nur im Islam, die heftige arbeitsrechtliche Diskriminierung durch die katholische und die evangelische Kirche, die Kriminalisierung der Sterbehilfe, die Legalisierung ritueller Genitalbeschneidungen, nicht enden wollende Missbrauchsskandale, die gezielte Radikalisierung von jungen Männern durch Organisationen, mit denen unsere Regierung Staatsverträge schließt – das alles sind Ergebnisse der Narrenfreiheit, die Religionsgemeinschaften durch das Grundgesetz unserer Gottesrepublik genießen.«

Philipp Möller, Jahrgang 1980, ist Diplompädagoge, Bestsellerautor (›Isch geh Schulhof‹) und überzeugter Atheist. Er setzt sich für ein säkularisiertes Weltbild ein, für Werte des Humanismus und der Aufklärung. Er war Pressereferent der »gottlosen« Buskampagne und arbeitet heute für die Giordano-Bruno-Stiftung. Mit seiner Familie lebt er in Berlin.

Philipp Möller

GOTTLOS GLÜCKLICH

Warum wir ohne Religion
besser dran wären

FISCHER

4. Auflage

Originalausgabe

Printed in Germany
ISBN 978-3-596-29880-8

Inhalt

Vorab

Sehr geehrte Leserin,
sehr geehrter Leser,

Vielen Dank, dass Sie sich für den Erwerb meines Buches entschieden haben. Um ein größtmögliches Lesevergnügen zu erzielen, empfehle ich Ihnen freundlichst die Beachtung der folgenden Punkte des gottlosen Glücks:

GG#1: Dieses Buch ist thematisch aufgebaut und nur innerhalb der Kapitel chronologisch.

GG#2: Vorsicht, einige der hier abgedruckten Texte könnten religiöse Gefühle verletzen. Sorry.

GG#3: Postfaktische Argumente gehören nicht zu meinem Repertoire, daher untermauere ich meine ganz persönlichen Erfahrungen und Haltungen mit Quellen im Anhang. Zum Beispiel so: In einer repräsentativen Umfrage geben 79 Prozent der rund 180 000 Befragten Deutschen im Alter zwischen 18 und 34 Jahren an, gottlos glücklich zu sein.[1]

GG#4: Religion ist ein verflucht komplexes Thema. Wenn Sie auf den folgenden Seiten Aspekte vermissen, dann geht es Ihnen wie mir.

GG#5: Es ist einfacher, die Menschen zu täuschen, als sie davon zu überzeugen, dass sie getäuscht worden sind, hat

Mark Twain gesagt – genau deshalb habe ich es erst gar nicht versucht.

Und nun wünsche ich Ihnen ein ungetrübtes Lesevergnügen und freue mich auf Ihre Rückmeldung und auf sachliche Kritik unter facebook.com / moellerberlin.

Herzlichst, Ihr Philipp Möller (im Spätsommer 2017)

Jesus, die Bibel und ein Edelpuff

Es könnte glatt ein Bild für die Götter sein: In einem Kreuzberger Hinterhof sitzen sieben Leute im Konferenzraum einer Werbeagentur und starren gebannt auf einen Laptop. Es ist spät, die restlichen Mitarbeiter der Agentur sind längst im Feierabend, das Büroloft ist dunkel. Einzig die sieben Gesichter werden vom fahlen Schein des Displays beleuchtet. Ihre Münder stehen offen, ihre Augen blinzeln so selten wie möglich.

»Zwanzigtausend Euro brauchen wir«, sagt der Älteste von ihnen leise, ohne den Blick vom Monitor zu wenden, »dann können wir die ersten Busse losschicken!«

Er schluckt, dann herrscht wieder Stille. Ein leises und freundliches »Bing« ertönt aus dem Laptop, die sieben reißen ihre Augen auf, lächeln, ballen ihre Fäuste – und starren dann wieder auf ihre Homepage.

Auf ihr befindet sich ein Spendenbalken, dessen Anzeige jeweils mit einem freundlichen Ton darüber informiert, dass Geld eingetrudelt ist. Er ist fast komplett grün.

Und wieder: Bing, der Balken steht bei 19 815 Euro.

Ich beiße auf meinen linken Daumen, beobachte gebannt den Fortschritt und halte in der rechten Hand mein Pressehandy. Mein ältester Mitstreiter sitzt neben mir und heißt Carsten Frerk. Mit 65 Jahren, einem Doktortitel, mehreren Buchveröffentlichungen zur finanziellen Verflechtung von Staat und Kirche sowie Talkshowauftritten und Verbindungen zu sämtlichen potentiellen Partnerverbänden ist der Politologe der mit Abstand erfahrenste Aktivist in unseren Reihen. Er hat unsere Pressemeldung schon fertig und den Mauszeiger auf »veröffentlichen«. Peder Iblher ist Inhaber und Geschäftsführer der Werbeagentur, Graphiker und derjenige, der die Kampagne nach Deutschland holen will – unser Initiator. Nervös dreht er sein Telefon in der Hand, die Nummer der Berliner Verkehrsbetriebe ist bereits eingetippt. Unsere Fotografin Evelin Frerk hat die Fotos unserer Truppe, den »Gottlosen Sieben« am Start, mit denen wir in wenigen Momenten live gehen werden. Melanie dreht am Draht der Sektflasche. Ralf bringt sieben Gläser herein. Und Robert bloggt, facebookt und twittert simultan alles, was wir hier tun.

Wenn die 20 000 Euro erreicht sind, haben wir den ersten, riesigen Schritt geschafft – die vielen Wochen Arbeit könnten sich dann gelohnt haben. Und während sich der Spendenbalken langsam aber sicher füllt, führe ich mir noch einmal vor Augen, dass all das nicht hier begann, sondern in London.

Dort steht einige Monate vorher eine Frau namens Ariane Sherine an der Bushaltestelle und ist guter Dinge, bis zwei Londoner Busse vor ihr stehen, auf denen das Lukasevangelium eine heikle Frage stellt:

When the son of man comes, will he find faith on the earth?

Und die Antwort auf die nicht ganz neutrale Frage, ob Jesus bei seiner Landung auf der Erde auch Glauben vorfinden werde, geben die Jesus-Fans, die die Werbung geschaltet haben, schließlich auf ihrer Homepage, die ebenfalls groß auf dem Bus steht – und zwar in Form des Matthäusevangeliums: *You will be condemned to everlasting separation from God and then you spend all eternity in torment in hell. Jesus spoke about this as a lake of fire which was prepared for the devil and all his angels and demonic spirits.*[2]

Für alle Ewigkeit beim Teufel im Feuersee gequält werden, weil sie nicht religiös ist – wtf?! Diese so grausame wie leere Drohung will die junge Journalistin nicht hinnehmen und ruft die weltweit erste atheistische Buskampagne ins Leben: Sie will Werbung für ein religionsfreies Leben auf die berühmten roten Londoner Busse drucken lassen. Die erste Hälfte des nötigen Geldes kommt durch einen Spendenaufruf im Internet zusammen, die zweite übernimmt Richard Dawkins, Professor für Biologie und prominenter Autor und Aktivist für Aufklärung. Und weil die Begeisterung der Briten für diese Kampagne statt der geplanten 15 000 Pfund das Zehnfache in die Kassen der britischen Atheisten spült, ist ihre Message wenig später auf zahlreichen Londoner Bussen zu lesen:

There's probably no god, now stop worrying and enjoy your life!

Bing: 19 835 Euro.

Internationale Nachahmer der Kampagne finden sich schnell, und so tuckern schon bald italienische, spanische, kroatische, aber auch kanadische, australische und US-amerikanische Linienbusse mit der Nachricht durch die Gegend, dass es wahrscheinlich keinen Gott gibt und die Menschen sich daher entspannen und ihr Leben genießen können. Aber auch andere Slogans sind unterwegs und machen deutlich, dass konfessionsfreie Menschen den weltumspannenden religiösen Hochmut nicht länger kommentarlos hinnehmen.

Ariane Sherines Geschichte findet ihren Weg auch in meine Facebook-Timeline – und gefällt mir. Ich persönlich bin trotz Religionsunterricht und Kommunion nie religiös geworden, aber genau deshalb war mir Religion auch immer schnurzpiepegal ... Was geht es mich schließlich an, was andere glauben?! Und mal abgesehen davon, dass in meinem gesamten Umfeld ohnehin kaum jemand religiös ist, konnte der Glaube eines Menschen noch so sonderbar sein – mich amüsierte er eher, scherte mich aber nicht weiter, zumal Religion in Deutschland schließlich reine Privatsache und strengstens vom Staat getrennt ist:

Kirchliche Angelegenheiten werden von der Kirchensteuer bezahlt, in der Politik unseres demokratischen Rechtsstaates spielen religiöse Überzeugungen auch keine Rolle, und immerhin sind aus dem Christentum ja auch die zentralen Werte unserer Gesellschaft hervorgegangen. Und wo wären wir heute ohne die sozialen Dienste, die die Kirche ermöglicht – nicht wahr?

Bing: 19850 Euro.

Doch die internationalen Atheistenbusse, die damals durch meine sozialen Netzwerke fuhren, hatten nicht nur coole Sprüche an Bord, sondern auch knallharte Fakten. Innerhalb weniger Tage brach eine wahre Sturzflut an Informationen über mich herein und riss alles mit sich, was ich bis dato noch über Religion und den Glauben geglaubt hatte.

Meine Diplomarbeit war gerade eingereicht, und ich bewarb mich um Jobs, während ich auf das Gutachten zu meiner Arbeit und auf die Note wartete. Und so saß ich nun fast permanent vorm Rechner, las religionskritische Zeitungsartikel und Forenbeiträge, schaute Videos und verschlang Bücher und Zeitschriften – stets kopfschüttelnd und mit offenem Mund. Am besten erinnere ich mich an die Aussagen eines mir bis dahin unbekannten Politologen, der mit wenigen Sätzen endgültig dafür sorgte, dass ich vom Glauben abfiel:

»Zusammengerechnet ziehen die evangelische und katholische Kirche jährlich etwa zehn Milliarden Euro Kirchensteuern ein, erhalten darüber hinaus aber noch einmal über 19 Milliarden Euro direkte und indirekte Subventionen – aus allgemeinen Steuergeldern.«[3]

Wie bitte?!, dachte ich damals, aber die fließen doch sicherlich in die soziale Arbeit der Kirchen, oder?!

»Und die fließen nicht in die sozialen Dienste«, fuhr der freundliche Mann mit dem silbernen Haar und dem Tweetjackett fort, »sondern einzig in kircheninterne Aufgaben, zum Beispiel in die Gehälter der Pfarrer und Priester und deren Ausbildung.«

Aber wie finanzieren die Kirchen dann ihre Krankenhäuser und Pflegeheime, fragte ich mich, doch auf darauf hatte der Mann eine Antwort:

»Diese sozialen Einrichtungen kosten etwa 42 Milliarden Euro im Jahr und werden zu 98,2 Prozent aus öffentlichen Geldern finanziert, die restlichen 1,8 Prozent tragen die Kirchen.«[4]

Wie eine Salzsäule saß ich damals vor meinen Computer, schaute mir seine verschiedenen Auftritte auf YouTube an und hoffte, dieser Dr. Carsten Frerk mochte falsch recherchiert haben.

In einem der Beiträge war jedoch Peter Beer, Generalvikar des Bistums Freising zu sehen, der mit weißem Band im Kragen in einem holzvertäfelten Büro saß und diese Zusammenhänge keineswegs abstritt, sondern eine spannende Rechtfertigung für die staatlichen Subventionen der Kirchen hatte:

»Sie zahlen ja auch für einen Abgeordneten, den sie nicht gewählt haben.«[5]

»Von einem säkularen Staat, in dem Religion und Regierung voneinander getrennt sind, kann hier keine Rede sein!«, bestätigte Frerk schließlich meinen neugewonnenen Eindruck. »Wir leben in der Kirchenrepublik Deutschland.«

Ich lachte laut auf und rannte danach wie verrückt durch meine WG und erzählte allen, was ich gerade gelernt hatte, googelte dann diesen Politologen, und fand noch unzählige weitere Fakten, noch mehr abstruse, himmelschreiend aberwitzige und zugleich bitterernste Tatsachen aus dem Reich der Götter und der Päpste, der Hirten und der Schäfchen, der unheiligen Allianz aus gewählten Volksvertretern und dem selbsternannten Bodenpersonal eines angeblich allmächtigen Schöpfergottes.

Ich griff damals nach meinem Telefon und rief meinen Vater an. Seit ich denken kann, ist er Kirchenmusiker in einer katholischen Gemeinde im gutbürgerlichen West-Berlin, ist aber keineswegs hardcore fromm – sondern in erster Linie Musiker.

»Tja, Philipp, so sehr ich die Kirchenmusik auch liebe und ...« Mein Vater ließ eine längere Pause. »... und so sehr ich auch an eine höhere Kraft glaube, die man Gott nennen könnte – so sehr muss man die Institution Kirche auch kritisch betrachten. Deswegen haben wir auch immer großen Wert darauf gelegt, dass ihr Kinder später selbst entscheiden könnt, wie ihr zur Religion stehen wollt.« Er lachte leise durch die Nase. »Diese Entscheidung war bei dir ja recht früh abzusehen, und jetzt hast du sie offensichtlich endgültig getroffen.«

Aber hallo! Der Glaube an Gott ist mir und meinen Geschwistern tatsächlich nie gezielt anerzogen worden, aber: Mein diffuser Glaube an einen weltanschaulich neutralen Staat und an die Kirche als soziale Einrichtung ist in diesen Tagen mit Karacho an der Realität zerschellt.

Bing: 19 855 Euro.

Selbstverständlich machte ich aus meinen neugewonnen Erkenntnissen kein Geheimnis, und auch nicht aus meiner damit verbundenen Haltung: Religiösem Hochmut muss die Stirn geboten und die Verflechtung von Staat und Kirche aufgelöst werden!

Mit dieser Überzeugung war ich in meinem Umfeld zwar keineswegs der Einzige – ganz im Gegenteil –, aber sehr wohl der Einzige, der die Angelegenheit für wichtig genug hielt, um großen Worten politische Aktivitäten folgen zu lassen. Also kontaktierte ich übers Internet erstmalig Menschen, die genau das in verschiedenen Verbänden taten, und traf eine erste Verabredung mit professionell Gottlosen.

Und hätte es vor diesem Treffen noch den berühmten Tropfen gebraucht, der mein Fass zum Überlaufen bringen würde, wäre es wohl dieser Moment gewesen: Ich betrete einen U-Bahnhof und stehe vor einem großen Werbeplakat, auf dem in weißer Schreibschrift auf einer linierten Schultafel zu lesen ist:

Werte brauchen Gott!

Bitte?! Zuerst fand ich diesen Satz zwar nicht so grausam wie sein britisches Pendant, denn immerhin wurde hier keine brutzelnde Hölle angedroht. Aber je länger ich auf der folgenden U-Bahnfahrt darüber nachdachte, desto grausamer fand ich auch die deutsche Version des religiösen Hochmuts – unterstellt er Menschen doch, aus sich heraus keine Werte entwickeln zu können, und damit Ungläubigen wie mir, überhaupt keine Werte zu haben. Und als wäre dies nicht schon frech genug, stammt der Satz auch noch aus der Feder einer Organisation, die eine blutrote Spur des Terrors in unseren Geschichtsbüchern hinterlassen hat und bis heute ein extrem erfolgreiches Geschäftsmodell fährt:

Die Kirche redet Menschen ihren Glauben zuerst ein und nutzt ihn dann schamlos aus.

Erschüttert von der Tatsache, dass ich als Passagier der öffentlichen Verkehrsmittel meiner Heimatstadt mit einer derart bodenlosen Frechheit konfrontiert wurde, las ich zu Hause nach, worum es bei der Werte-brauchen-Gott-Kampagne überhaupt ging – und kippte fast vom Stuhl.

Bing: 19 860 Euro.

Etwa zwei Jahre nachdem Hatun Sürücü für ihren »westlichen Lebensstil« von ihrem Bruder auf offener Straße erstochen wurde und dort elendig verblutete, entschied die Berliner Landesregierung, in einer kulturell und weltanschaulich vielfältigen Stadt wie Berlin in den Oberschulen einen staatlichen Ethikunterricht einzuführen. Dieser Ethikunterricht sollte zusätzlich zum konfessionell getrennten und in Berlin freiwilligen Religionsunterricht etabliert werden. Er sollte die Kinder, deren Eltern an verschiedene Götter glauben, lieber miteinander reden lassen, statt übereinander. Hier sollten sie lernen, dass es verschiedene Weltanschauungen und Religionen gibt, die verschiedene Regeln von ihren Anhängern fordern – aber eben auch, dass himmlische Regeln nicht über dem weltlichen Gesetz stehen, auch wenn dieser Eindruck rein sprachlich natürlich erweckt wird.

Das schmeckte kirchlichen Lobbygruppen und Parteien offenbar gar nicht, zumal der Religionsunterricht in Berlin ihrer Meinung nach sowieso nicht ernst genug genommen würde. Also gründeten sie die Initiative »Pro Reli«, fanden dafür einflussreiche Unterstützer in Politik und Medien und behaupteten rotzfrech, der Berliner Senat wolle – Achtung: den Religionsunterricht abschaffen!

Das war natürlich überhaupt nicht der Fall, aber mit dieser lupenreinen Lüge wollte die Gotteslobby nicht nur die

Einführung eines verpflichtenden konfessionsfreien Ethikunterrichts verhindern, sondern gleichzeitig den konfessionellen Religionsunterricht zum Regelfach erklären. Das ist er in Berlin nämlich bis dahin nicht: Die Teilnahme daran ist freiwillig, die Noten werden auf einem separaten Zeugnis aufgelistet und sind für die Versetzung in die nächste Klassenstufe absolut irrelevant. Statt also einen gemeinsamen Ethikunterricht einzuführen, forderte »Pro Reli« nun, dass Schülerinnen und Schüler sich entscheiden müssen zwischen Religion und Ethik – und zugleich, dass Religion ein Regelfach werden sollte, also benotet und versetzungsrelevant wie etwa Mathe, Deutsch oder Englisch.

Vordergründig forderte »Pro Reli« also Wahlfreiheit, wollte aber Wahlzwang einführen und damit die Freiheit einschränken. Und weil einer Organisation, die von sich behauptet, die Nächstenliebe erfunden zu haben, in Wirklichkeit aber für 1000 Jahre Finsternis und Verderben verantwortlich ist, schließlich alles zuzutrauen war, läuteten bei mir die Alarmglocken.

»Pro Reli« wollte also per Volksentscheid durchsetzen, dass Schülerinnen und Schüler nun auch in Berlin nicht nur mit Erkenntnissen, sondern auch mit Bekenntnissen schulische Erfolge erzielen konnten.

Angesichts finanzstarker Partner konnte die Kampagne offenbar alle Register ziehen, und so hingen schon bald Plakate in der ganzen Stadt, vorrangig auf U- und S-Bahnhöfen, auf denen die bewussten und gezielten Falschdarstellungen in verschiedener Form wiederholt wurden: Der Berliner Senat wolle den Religionsunterricht abschaffen, und das, obwohl doch die Vermittlung von Werten ausschließlich über Gott funktioniere. Selbiges wurde in Radiospots behauptet, in zahlreichen »Zeitungsartikeln« und Interviews und in sehr persönlichen Stellungnahmen: Angela Merkel, Frank-Walter Steinmeier, Wolfgang Thierse, Andrea Nahles, aber auch Günther Jauch und sogar schlaue Menschen wie Eckart von Hirschhausen waren sich nicht zu schade dafür, die Pippi-Langstrumpf-Kampagne der Gottesanbeter mitzutragen: Wie eh und je machten sie sich die Welt, widde-widde-wie sie ihnen gefällt.[6]

Mit derart gezinkten Assen im Ärmel strömten Pro-Reli-Aktivisten daraufhin nicht nur in Kirchen, sondern auch auf die Straßen und sammelten Unterschriften, um den Volksentscheid herbeizuführen – mit mäßigem Erfolg: Die Frist neigte sich ihrem Ende, die Unterschriften waren längst nicht genug, den Berlinern ging es offenbar wie mir früher: Reljohn? S'mirdochejaal!

Und als dem HERRN und seinem Bodenpersonal wohl nur noch ein Wunder hätte helfen können, da trat es ein – und zwar in Form der Berliner Verkehrsbetriebe.

Die lassen nämlich grundsätzlich keinerlei Unterschriftensammlungen in ihrem Geschäftsgebiet zu, machten aber für »Pro Reli« die erste und letzte Ausnahme in der Geschichte des öffentlichen Nahverkehrs. Ganze Horden von Klemmbrettchristen stürzten sich nun in die Bahnen und Busse, erzählten den Leuten, was sie selber glaubten – dass der Berliner Senat den Religionsunterricht abschaffen wolle, sie hingegen würden sich für die Freiheit einsetzen – und hatten so zum Ablauf der Frist genug Namen von Menschen zusammen, die entweder tatsächlich glaubten, getrennter Religionsunterricht verbessere den Dialog der Religionen, oder aber lieber einfach unterschrieben als hinterfragten.

Ich verfolgte den ganzen Zirkus Tag für Tag und verstand nun beim besten Willen nicht mehr, wie mir Religion jemals hatte egal sein können – so entrüstet war ich.

Bing: 19 900 Euro.

Auf dem Höhepunkt dieser Entrüstung schrieb ich meine ersten Beiträge auf einschlägigen Facebook-Seiten, befand mich auf einmal im virtuellen Planungsteam einer Kampagne, die Atheistenbusse auch durch Deutschland schicken wollte, und wurde schon bald zum ersten ganz realen Treffen eingeladen.

So spazierte ich also eines Nachmittags durch einen Kreuzberger Hinterhof in das Büroloft der Werbeagentur, wo sechs weitere Aktivisten sich bereits zum zweiten Mal trafen – und einer von ihnen war der Politologe Carsten Frerk. Erstmalig befand ich mich nun also in der Gesellschaft von Menschen, die mir zwar wildfremd waren, aber genauso angefressen wie ich von der Arroganz der Gotteslobby und ihren dreisten Lügen. Und weil ich meiner Entrüstung hier endlich mal Luft machen konnte, muss ich wohl so lange gesprochen haben, bis mich einer der Kampagneros unterbrach.

»Du scheinst ja ganz gern zu reden, was?« Lächelnd schob er mir ein Prepaid-Handy zu. »Ich würde dich ganz gern zum Pressesprecher unserer Kampagne ernennen. Hast du schon mal Interviews gegeben?«

Ich schüttelte den Kopf.

»Dann üben wir das heute noch. Was meinen die anderen?«

Die restlichen fünf Köpfe nickten, und nach einem ausführlichen Briefing war ich schließlich offizieller Pressesprecher der Buskampagne.

»Was machst du eigentlich beruflich?«, fragte der Initiator Peder mich schließlich, als die Gottlosen Sieben an diesem Tag ihre Sachen packten und ihre Arbeit beendeten.

»Na ja …«, antwortete ich wahrheitsgemäß. »Ich bin unser Pressesprecher.«

Die anderen lachten und schauten sich dabei etwas irritiert an.

»Mal im Ernst«, wollte Evelin, die Fotografin, nun wissen, »womit verdienst du deinen Lebensunterhalt?«

»Gute Frage!«, ich kratzte mich am Kinn. »Ich hab' vor zwei Wochen mein Pädagogik-Studium abgeschlossen, warte jetzt auf die Diplomnote und bewerbe mich währenddessen. Am liebsten würde ich natürlich etwas machen, das mir noch Zeit für unsere Kampagne lässt.«

»Dann werd doch Lehrer!«, schlug Evelins Mann Carsten vor. »Der Senat sucht doch händeringend welche, und das passt bestimmt gut zu dir. Zeit für die Gottlosigkeit hättest du außerdem noch.«

»Theoretisch schon, ja, aber ich …« Beim Gedanken, vor einer Klasse zu stehen, wurde mir heiß und kalt. »Ich will echt nicht in die Fußstapfen meiner Eltern treten!«

Bing: 19915 Euro.

Zwei Wochen später nehme ich eine Stelle als Assistent eines Grundschulleiters an, verdiene mir dabei ein paar Euro, und frage mich während meiner Arbeit in der Hausaufgabenbetreuung, wer heutzutage so verrückt ist, Lehrer zu werden – so crazy sind die Kids, so aggressiv und vielfach meilenweit hinter dem Lernstand ihres Alters.

Und während ich vormittags meinem Nebenjob in der Schule nachgehe, verbringe ich meine Nachmittage im Kreise der Gottlosen Sieben. Vor allem von Carsten Frerk kann ich dort lernen, wie lange er und verschiedene Verbände und Stiftungen sich schon für die Trennung von Staat und Kirche einsetzen, und wie heftig der Widerstand der Christenlobby in den Parteien und Amtskirchen ist – obwohl es sich beim sogenannten Säkularismus um einen Verfassungsgrundsatz handelt.[7]

Welche Rolle der Islam in diesem Zusammenhang bald spielen würde, deutet sich damals, im Jahre 2009, schon vorsichtig an.

Parallel dazu übersetzen wir den englischen Slogan – vielleicht typisch deutsch – etwas steif in:

Es gibt (mit an Sicherheit grenzender Wahrscheinlichkeit) keinen Gott

und basteln unsere Homepage. Hier können Befürworter der Aktion nicht nur spenden, sondern mit jeder einzelnen Spende abstimmen, welchen der fünf Untertitel sie auf den ersten Bussen sehen wollen. Die Nase vorn hat momentan:

Ein erfülltes Leben braucht keinen Glauben, unser aller Lieblingsuntertitel.

Und auch die Frage, wo wir die Aktion starten, ist unstrittig: natürlich in der Hauptstadt der Diaspora, in der satte 63 Prozent konfessionsfrei sind und weniger als zehn Prozent regelmäßig einen Gottesdienst besuchen – in Berlin![8]

Ein Telefonat mit dem zuständigen Büro der Berliner Verkehrsbetriebe ist ein kleiner Meilenstein der Aktion: Der Slogan geht locker klar, heißt es von dort, denn solange wir keinen Verfassungsgrundsatz brechen, können wir für alles werben!

Bing: 19 920 Euro.

So erklärt sich auch, wie so manch andere Werbung auf oder in den Fahrzeugen und auf den Berliner Bahnhöfen landen kann: »*Jeder, der an Jesus Christus glaubt, wird das ewige Leben haben – Johannes 3:36*«, zitiert etwa ein christlicher Jugendverband per U-Bahn-Plakat aus der Bibel. Auch die Rosenkreuzer, die eine so phantasievolle wie krude Mischung aus östlichen und westlichen Geheimlehren anbieten, dürfen hier werben. Und von fragwürdigen Sofortkrediten – »*Keine Schufa-Prüfung!*« –, die Konsumenten auch gern mal in die Privatinsolvenz locken, mal ganz zu schweigen, fahren sogar Doppeldeckerbusse durch unsere Hauptstadt, die ganzflächig mit Werbung für Berlins größten Edelpuff bedruckt sind: das »Artemis, Berlins erotischer Höhepunkt!«

Weltanschauliche Vielfalt scheint im Bereich der Werbung also gegeben zu sein, ethische Standards hingegen sind … sagen wir einmal: recht weit gefasst – dagegen ist die Feststellung, dass es im Universum mit rechten Dingen zugeht, dass also weder Heilige noch Geister oder eben heilige Geister in die Naturgesetze eingreifen, ja beinahe banal.

Bing: 19 950 Euro.

Als unsere Website veröffentlicht wird und die Pressemeldung mit unserem Slogan und ersten Fotomontagen rausgeht, weiß ich schlagartig, warum ich ein zweites Handy dafür habe: weil es schon jetzt kaum noch stillsteht. Mein Chef im Nebenjob, der Schulleiter, hat inzwischen festgestellt, dass ich rechnen kann, und hat mich von null auf hundert zum Mathelehrer befördert. »Sie unterrichten vorerst die 5a und die 6b, hier sind die Bücher, da sind die Klassen – noch Fragen?«

In jeder kleinen Pause verkrümele ich mich in eine stille Ecke, höre die Mailbox ab, rufe Journalisten zurück und beantworte immer wieder diese eine Frage:

»Warum machen Sie das?«

… um Himmels willen!, sagt zwar niemand, aber die Fragen sind gelegentlich alles andere als neutral: Warum beleidigen Sie religiöse Menschen? Wie können Sie behaupten, es gäbe keinen Gott? Das ist doch Blasphemie! Und warum müssen Sie in einem Staat, in dem die Regierung von der Religion getrennt ist, Werbung für ein Leben ohne Gott machen?!

Unser Plan geht also auf, denn jetzt kann ich den Journalisten in die Feder diktieren, was sonst nur furchtbar schwer in Zeitungen zu bekommen ist:

Unser Staat ist nur auf dem Papier weltanschaulich neutral, in der Realität ist er mit den Kirchen an unzähligen Stellen verflochten – wir leben in der Kirchenrepublik Deutschland, wie Carsten gern zu sagen pflegt.

Bing: 19 980 Euro.

Noch bevor also auch nur ein einziger Bus mit unserem Slogan unterwegs ist, verursacht unsere Kampagne schon einen kleinen Sturm im Wasserglas der Republik – von dem wir allerdings auch befürchten müssen, dass er darüber nicht weit hinausgehen wird. Denn mal ganz ehrlich: ein paar Ungläubige, die 20 000 Euro sammeln und auf ein paar Busse schreiben lassen, dass sie nicht an Gott glauben – na und? Da bellt doch im Deutschland des 21. Jahrhunderts kein Hund nach, vor allem nicht in Berlin!

Doch Toni J. (21) aus Düsseldorf ändert alles. Er spendet 20 Euro.

»Die BVG glaubt noch an Gott«

Wir tanzen und hüpfen, wir fallen uns in die Arme und stoßen mit Sekt an, doch dann klingelt mein Pressehandy – Stille kehrt ein, als ich rangehe.

»Die Buskampagne, Philipp Möller, hallo?« Ich lasse mich vom Freudestrahlen meiner gottlosen Kollegen anstecken. »Wie kann ich Ihnen helfen?«

»Mira Bach von der taz, hallo!« Ich schalte den Lautsprecher an und schreibe die drei großen Buchstaben T-A-Z an unser Whiteboard. »Glückwunsch erst mal zum erreichten Spendenziel«, sagt sie, »wie geht's jetzt weiter?«

»Danke! Wir rufen jetzt bei der BVG an und …«

»Den Berliner Verkehrsbetrieben?«

»Genau, und da buchen wir die ersten Busse!«

»Und die gestatten das auch, ja?«

»Haben sie gesagt, ja.« Ich grinse über beide Ohren. »Dort geben wir jetzt die ersten drei Busse in Auftrag und starten dann fahrplanmäßig unsere Buskampagne!«

»Wann wird das sein?«

Peder hält zwei Finger hoch und wackelt mit einem dritten.

»Morgen«, sage ich schnell und zwinkere Peder zu. »Spätestens übermorgen!«

Während die Dame von der taz weitere Fragen stellt, klopft es im Hintergrund fast permanent auf der zweiten Leitung an, dann klingelt auch Peders Telefon. Ich schalte den Lautsprecher also wieder aus und nehme die Journalistin ans Ohr, werde aber schnell von Peder unterbrochen.

»Wie bitte?!«, ruft er durch unsere Kampagnenzentrale. »Aber Sie hatten uns das doch zugesagt!«

»Was ist da los?!«, will Mira von der taz wissen.

»Gute Frage, bleiben Sie mal dran!«

»Sie machen Werbung für Jesus, die Bibel und für Berlins größten Puff«, schreit Peder fast ins Telefon, »wollen aber unsere Werbung nicht zulassen?!«

Ich nehme ihm das Telefon aus der Hand, schalte den Lautsprecher ein und halte mein Handy daneben.

»… bitten wir Sie wirklich um Verständnis dafür«, hören wir eine Frauenstimme sagen. »Aber die BVG ist kein Ort für weltanschaulich gefärbte Werbung!«

»Aber das ist doch Unsinn!«, hält Peder dagegen. »Bei Ihnen ist alles voll mit weltansch …«

»Tut mir leid, die Entscheidung ist getroffen.« Die Dame seufzt. »Wir werden Ihren Slogan keinesfalls im Geschäftsbereich der Berliner Verkehrsbetriebe zulassen. Auf Wiederhören.« Es klickt und tutet in der Leitung. Wir starren uns an. Die Sektlaune ist zerstört. Lange Gesichter. Peder pfeffert das Telefon auf den Tisch und reibt sich die Augen.

»Hallo?!«, tönt es plötzlich aus dem Pressehandy, »Herr Möller?«

»Ja!«, ich schalte den Lautsprecher wieder ein. »Haben Sie das mitgehört?«

»Klar!« Mira Bach lacht überschwänglich. »Und noch mal meinen herzlichen Glückwunsch!«

»Glückwunsch?!« Verdutzt schauen wir Kampagneros uns an. »Aber wir …«

»Ihnen dürfte ja wohl klar sein, was diese Ablehnung bedeutet – oder?!«

In einem Kreuzberger Hinterhof stehen jetzt sieben Leute im Büro einer Werbeagentur und starren gebannt auf ein Handy. Dann ruft die Reporterin:

»Das ist DER Skandal, das ist DIE STORY! Jetzt erzählen Sie mir bloß nicht, dass Sie es nicht darauf angelegt haben!«

»Äääähhh …«

Lautes Rascheln ist zu hören, im Hintergrund des Telefonats klappen Türen, forsch spricht die taz-Frau mit irgendwem, gibt Anweisungen und ist außer Atem. Dann wendet sie sich wieder an mich.

»Passen Sie auf: Ich rufe jetzt die BVG an und hol mir den O-Ton. Sie schreiben derweil die Pressemitteilung um, dann gehen wir damit gleichzeitig raus, okay?!«

»Klar …« Die anderen nicken. »Wann?«

»Wo sitzen Sie?«

»Kreuzberg, Südstern!«

»Ich bin in fünfzehn Minuten bei Ihnen!« Es raschelt wieder. »Dreizehn!«, dann tutet es.

Heidenspaß statt Höllenqual

Drei Tage nachdem unsere Werbung für ein Leben ohne Gott von der BVG mit der Begründung abgelehnt wurde, man wolle sich dort weltanschaulich neutral halten, stehe ich an einem U-Bahnhof und blicke dem überlebensgroßen Günther Jauch in die Augen.

»In Berlin geht's um die Freiheit!«, steht neben seinem freundlichen Gesicht auf dem fast neun Quadratmeter großen Werbeplakat von »Pro Reli«. Und »Freie Wahl zwischen Ethik und Religion« steht daneben.

Das Design: perfekt, die Slogans: ausgeklügelt, die Plakate: in der ganzen verdammten Stadt – und der Wahrheitsgehalt der Kampagne: genauso hoch wie die weltanschauliche Neutralität der BVG, nämlich gleich null.

Denn was hier als »freie Wahl« angepriesen wird – »Machen Sie die Freiheit stark« und »Gleiche Freiheit für Berlin!« –, ist in Wahrheit eine Wahlpflicht: Setzt die Kampagne ihre Forderung durch, können Schüler in Zukunft entweder den Religionsunterricht oder den Ethikunterricht besuchen. Die »freie Wahl« hingegen, Religionsunterricht zu besuchen oder eben nicht, besteht schon lange und soll auch nicht angerührt werden.

Vertieft in die perfekt-perfide Täuschung, die diese Kampagne betreibt, bekomme ich einen Heidenschreck, als die orangefarbene U-Bahn an mir vorbeidonnert. Dann nutze ich die Fahrt für ein kleines Nickerchen, denn mein Nebenjob als Lehrer kostet mich unfassbar viel Energie. Am Südstern steige ich schließlich aus und gebe auf dem Fußweg in die Agentur noch telefonische Interviews für Lokalzeitungen in Frankfurt am Main, Hannover und Hamburg – von wo wir inzwischen Absagen für unsere Gottlos-glücklich-Slogans bekommen haben.

»Was stört Sie an der Absage?«, will der Reporter aus der Hansestadt wissen.

»Dass religiöse Werbung auf den Hamburger Verkehrsmitteln zugelassen, aber unsere Werbung mit der Begründung abgelehnt wird, weltanschaulich neutral sein zu wollen.« Ein Feuerwehrauto rast mit Martinshorn an mir vorbei, dann spreche ich weiter. »Das ist Doppelmoral, das ist eindeutig weltanschauliche Diskriminierung.«

Zwei Dinge habe ich in den vergangenen Tagen gelernt: Die allermeisten Journalisten lieben kurze, knackige Statements – und unsere Kampagne! »Weiter so«, höre ich inzwischen oft nach den Interviews, »gut, dass das mal jemand macht«, oder »ich bin zwar noch in der Kirche, aber es ist unfassbar, dass Sie überall abgelehnt werden!«.

Überall? Gibt es nicht vielleicht doch noch die eine Stadt, die unsere Kampagne zulässt? Das kleine germanische Dorf, das sich dem langen Arm der Kirchen entziehen kann?

»Stuttgart, München, Fulda!«, schmeißt Peder mir sofort an den Kopf, als ich das Hauptquartier der Gottlosen Sieben betrete. »Alle mit der gleichen Begründung abgelehnt.«

Und schon klingelt mein Handy wieder, diesmal werde ich von einem Lokaljournalisten aus der Heimatstadt meines Vaters angerufen – dem erzkatholischen Fulda.

Bing: 22 050 Euro.

So kehrt in mein sonderbares berufliches Dasein nun fast so etwas wie Alltag ein: Um halb sieben klingelt mein Wecker, auf dem Weg zur Schule beantworte ich die ersten

Mails, ab acht Uhr schlage ich mich im Mathe- und inzwischen auch im Musik- und Englischunterricht mit meinen Schülern herum – teilweise im wahrsten Wortsinne! –, verlasse den heruntergekommenen Plattenbau dann um halb zwei mit dröhnendem Schädel und Pressehandy am Ohr, und fahre in die Gottlosen-Zentrale. Nach einigen Wochen stehen zwei Dinge fest:

Die Ablehnung der städtischen Verkehrsbetriebe – Berlin, Bremen, Dortmund, Dresden, Essen, Frankfurt am Main, Fulda, Hamburg, Hannover, Köln, Leipzig, München, Münster, Nürnberg, Potsdam, Regensburg und Stuttgart – ist quasi flächendeckend. Was also in anderen, vermeintlich konservativeren Ländern möglich ist, lässt sich im nur scheinbar aufgeklärten Deutschland nicht realisieren: Werbung für ein Leben ohne Gott.

Zugleich ist die Zustimmung aus der Bevölkerung nahezu überwältigend. Unsere Pressemeldung hat Redaktionen im ganzen Land dazu bewegt, weitestgehend positiv über uns zu berichten, die Überschrift der taz – *Die BVG glaubt noch an Gott*[9] – hat uns zahlreiche Unterstützer eingebracht, und die Spenden fließen und fließen und fließen.

Heute jedoch ist ein besonders spannender Tag: Spiegel Online hat sich nun zum zweiten Mal gemeldet, der Reporter kann kaum glauben, dass unsere Slogans landesweit abgelehnt werden. Für ihn steht sogar die Einschränkung der Meinungsfreiheit im Mittelpunkt der Ablehnung, und sein Artikel geht jeden Moment online.

»Los, aktualisier' die Seite noch einmal!« Ungeduldig stupse ich Peder an. »Der Artikel muss jeden Moment da sein …«

»Ist ja gut, Philipp – ganz ruhig!« Peder lächelt mich sanft an. »Wichtiger als der Artikel wäre jetzt mal eine Stadt, die uns zulässt … Ah!« Peder schiebt den Artikel auf den Beamer, dreht sich zur Leinwand um und liest vor: »Deutsche Städte wollen keine gottlosen Botschaften auf Bussen«[10]

Und es dauert keine halbe Minute, da ertönt der schöne Klang wieder: Bing! Und noch einmal: Bing! Dann wieder: Bing! Jetzt zweimal: Bing, Bing, dann dreimal: Bing, Bing, Bing, und während wir alle wieder wie gebannt auf die Leinwand starren und dem grünen Spendenbalken beim Wachsen zuschauen, will das Bingen gar nicht mehr aufhören. Parallel dazu meldet Peder nun schlagartig steigende Zugriffszahlen auf unserer Homepage, Carstens Handy klingelt Sturm, Robert twittert und facebookt sich die Daumen wund, ich hänge ebenso permanent am Telefon, dazu Bing, Bing, Bing, Bing, die Spendenfrequenz steigt jetzt sekündlich, plötzlich haben wir die 25 000-Euro-Marke geknackt, Bing, Bing, Bing, immer schneller trudelt das Geld ein, Melanie kommt kaum hinterher damit, das Spendenziel immer weiter zu erhöhen, 28 000 Euro, 29 000 Euro, dann sind die Dreißig geknackt, Bing, Bing, Bing, plötzlich habe ich »Die Zeit« am Telefon, Roger Willemsen will ein Interview mit mir[11], ich vertröste auf später, gern morgen früh, bleiben Sie mal eben dran, Bing, Bing, Bing, wir können es kaum fassen, 32 000 Euro, Robert starrt in sein Handy und lacht verrückt, Peder ebenso – und dann plötzlich: Stille.

Kein Bing mehr.

»Hallo?«, sagt die Mitarbeiterin der ZEIT aus dem Telefon, »Herr Möller?!«

»Moment bitte!« Ich nehme mein Handy vom Ohr und schaue Peder fragend an, der erfolglos versucht, unsere Seite zu aktualisieren und mit den Schultern zuckt. »Ich rufe Sie gleich zurück, ja?«

Noch immer kein Bing, kein Cent kommt mehr rein.

»Was ist denn los?!« Carsten beendet ebenfalls sein Gespräch. »Vielleicht Internet down?«

»Nee!« Robert schüttelt den Kopf. »Ich bin online.«

Einen Moment lang schauen wir uns sehr irritiert an, dann kann ich mir den Blick aus dem Fenster nicht verkneifen – gen Himmel.

»Meinst du … er war's?«, fragt Peder, der daraufhin schallend lacht und uns alle damit ansteckt. »Nein, dafür gibt es sicher eine ganz rationale Erklärung.«

Wieder kehrt Stille ein, die plötzlich unterbrochen wird vom Festnetztelefon der Agentur.

»Wer kann das denn jetzt sein?!« Peder runzelt die Stirn und geht ran. »Hallo?! Ja! Ja, genau, wir sind von der Buskampagne.«

Peder schaltet den Lautsprecher ein und legt das Telefon auf den Tisch.

»… von Helpedia, Sie haben bei uns diese Spendenkampagne für die Atheistenbusse geschaltet, oder?«

»Ja, was ist denn plötzlich los?!«

»Der Server ist eben abgestürzt!«, ruft die Stimme aus dem Telefon. »Wir hatten in den letzten Minuten mehr Zugriffe auf unsere Homepage als in den gesamten zwei Jahren, seitdem sie existiert!«

»Krass, die Leute fragen alle schon!«, schaltet Robert sich ein. »Dann geb' ich jetzt auf allen Kanälen raus, dass wir gleich wieder online sind?«

»Ja, auf jeden Fall!«, sagt der Mann von Helpedia, bei dem nun schnelles Tastaturgeklicker im Hintergrund zu hören ist. »Wir sind in zwei Minuten wieder am Start!«

Eine gefühlte Ewigkeit blicken wir wieder auf den Laptop und aktualisieren andauernd unsere Homepage, bis der Spendenbalken auf einmal wieder zu sehen ist und das schöne und vertraute Klingeln wieder einsetzt:

Bing, Bing, Bing.

Wir atmen auf, gehen dann wieder unseren Aufgaben nach und setzen uns am Abend zusammen.

»Also, Leute, wir haben ein ernsthaftes Problem!« Peder schiebt unsere Homepage auf den Beamer, wir alle blicken kopfschüttelnd auf die Leinwand. »Keine größere deutsche Stadt lässt unsere Kampagne zu, aber …« Er grinst. »Irgendwie müssen wir jetzt knapp vierzigtausend Euro loswerden. Vorschläge?«

Wir spinnen ein bisschen herum: eine Flugzeugkampagne? Ein Himmelsschreiber mit den Worten: »Hier oben ist auch kein Gott«? Affig und viel zu schnell verflogen. Vielleicht eine klassische Plakatkampagne?

»Hab ich gerade schon bei Ströer angefragt.« Peder schüttelt den Kopf. »Keine Chance!«

»Und das sind die Einzigen?«, will Melanie wissen.

»So ziemlich.« Peder wirft die Homepage mit deren Geschäftsnetz auf den Beamer. »Wenn du in Deutschland Plakatwerbung schalten willst, kommst du an denen quasi nicht vorbei.«

Also brainstormen wir weiter: eine Fahrradkampagne? Wirkungslos. Radiospots? Nicht nachhaltig genug, wir müssen Bilder erzeugen. Eine einzige Seite im Spiegel-Magazin? Dafür reicht unser Budget nicht.

»Sorry, aber das ist doch alles scheiße!« Carsten, der sich bis eben rausgehalten hat, haut auf den Tisch. »Wir haben den Leuten eine Buskampagne versprochen, also sollen sie auch eine bekommen! Evelin und ich haben da zufällig etwas entdeckt.«

Er gibt seiner Frau ein Zeichen, sie schließt ihren Laptop an den Beamer an und wirft eine Fotomontage auf die Leinwand, bei der uns allen sofort die Münder offen stehenbleiben.

»Das ist der Rote Riese«, erklärt Evelin uns. »Ein klassischer Berliner Doppeldecker, zufällig so rot wie die Londoner Busse.« Sie geht auf die Zehenspitzen und fährt mit den Fingern über die Flanke des Busses. »Der hat viel Platz für unsere frohe Botschaft!«

»Geil!«, rutscht es mir heraus. »Ist das etwa ein Cabrio?!«

»Exakt!« Carsten nickt. »Wir haben schon mit der Firma gesprochen. Den könnten wir im Frühling mieten, inklusive Fahrer und Sprit, und damit durch Deutschland fahren – unsere ganz eigene Buskampagne!«

»Unsere ganz eigene Buskampagne!«, flüstere ich und grinse über beide Ohren, doch Carsten hebt mahnend die Hand. »Wieso denn?«, will ich wissen, »Was spricht dagegen?«

»Der gigantische Organisationsaufwand!« Er tritt ans Whiteboard und zeichnet die Umrisse unseres Landes darauf. »Wenn wir das medienwirksam umsetzen wollen, dann müssen wir jede größere deutsche Stadt anfahren.« Wild setzt er Punkte in die Skizze und verbindet sie. »Die ganze Nummer dauert mindestens zwei Wochen, eher drei.«

»Und was kostet der Bus?«, fragt Peder.

»Ungefähr tausend Euro pro Tag, inklusive sämtlicher Nebenkosten.« Carsten nickt. »Finanziell passt das, und es ist eine Riesenchance – aber!« Er lässt sich in seinen Stuhl fallen und schaut mich an. »Das wird eine Heidenarbeit, auch für unseren Pressesprecher!«

»Eine Heidenarbeit, sagst du?«, ich grinse ihn an. »Aber sicher auch ein Heidenspaß!

Christenverfolgung 2.0

»Und damit heiße ich Sie herzlich willkommen, meine Damen und Herren, auf dem Sonnendeck des roten Riesen!« In der linken Hand halte ich ein Mikrophon, mit der rechten zeige ich nach oben. »Wir haben extra ein Cabrio gemietet, damit Sie freien Ausblick in den Himmel haben – und sehen Sie da oben auch, was ich sehe?« Die meisten unserer Fahrgäste haben Diktiergeräte in der Hand und schreiben parallel dazu lachend mit. »Genau, blauen Himmel, damit wir die allererste rollende Pressekonferenz in der Geschichte unserer Buskampagne bei strahlendem Sonnenschein abhalten können! Herzlich willkommen also zur Premiere«, rufe ich feierlich, »und zum ganz offiziellen Start – der Buskampagne!«

Applaus bricht los, denn ganz offensichtlich sind nicht nur Reporter an Bord unseres vollbesetzten Busses, sondern auch jede Menge Unterstützer. Ich bitte Carsten, Peder und Evelin zu mir nach vorne. Der Rest der Gottlosen Sieben hat sich im Laufe der Wochen eher wieder seinem beruflichen Leben gewidmet –, und so finden wir uns nach langer Planungsarbeit auf dem Oberdeck des Busses wieder, mit dem wir heute unsere dreiwöchige Tour durch Deutschland starten, und als Endhaltestelle haben wir eingegeben:

Startpunkt ist vorm Roten Rathaus am Berliner Alexanderplatz, wohin wir zum heutigen Tourbeginn alle eingeladen haben, die sich für unsere Aktion interessieren: Spenderinnen und Spender, Journalistinnen und Journalisten, sicherlich auch eine Handvoll streitlustiger Christinnen und Christen, aber so wie es aussieht hauptsächlich Gleichgesinnte. Sie alle tummeln sich im und vor allem auf dem Oberdeck unseres roten Riesen herum.

»Hinsetzen!«, tönt plötzlich eine schroffe Stimme aus den Lautsprechern. »Et jeht los!«

»Oh, das muss wohl Björn sein, unser Busfahrer!«, sage ich, während ich mich mit dem Hintern auf die Stange setze, die hinter der Frontscheibe ist, so dass mein Kopf nicht mehr aus dem Cabrio schaut. »Möchtest du unsere Gäste kurz begrüßen, Björn?«, frage ich ins Mikro.

»Nee!«, antwortet Björn. »Ick fahr Bus, du laberst – okee?«

»Na jut!« Wieder lachen die Leute an Bord. »Björn ist Berliner Busfahrer, der muss so sein, sonst ist das nicht authentisch. Können wir los, Björn?«

»Nee«, ruft er jetzt wieder.

»Wieso nicht?« Ich grinse das Publikum an, und gemeinsam erwarten wir den nächsten flapsigen Kommentar.

»Ick werd von 'nem Jesus-Bus blockiert. Wenn de ma rauskicken willst …«

Irritiert stehe ich wieder auf, drehe mich um und erblicke einen weißen Bus, der quer vor unserem parkt. Und während auf unserem Bus steht:

Es gibt (mit an Sicherheit grenzender Wahrscheinlichkeit) keinen Gott – ein erfülltes Leben braucht keinen Glauben

steht auf dem Reisebus:

Und wenn es ihn doch gibt … Gottkennen.de

Vor dem Bus steht eine kleine Gruppe freundlich lächelnder Menschen und winkt uns zu. Auf all ihren T-Shirts steht der gleiche Satz, wie auf ihrem Bus.

»Was soll der Mist?« Carsten steht inzwischen neben mir an der Frontscheibe des Sonnendecks und schüttelt den Kopf. »Weg da«, ruft er unwirsch, »wir haben einen straffen Zeitplan!«

»Nun mal nicht so unfreundlich!«, antwortet ein Mann, der tatsächlich Sandalen trägt und seine Hände vorm Mund zu einem Trichter formt. »Wir möchten uns Ihrer Tour gern anschließen.«

»Wie bitte?!« Carsten zeigt dem Mann einen Vogel. »Sie spinnen wohl! Wir haben unsere Kampagne fast drei Monate lang vorbereitet, und jetzt lassen wir uns von Ihnen ganz sicher nicht die Tour vermiesen – also: hopphopp!«

»Das war keine Frage!«, antwortet der Mann. »Wir leben in einem freien Land und können mit unserem Bus hinfahren, wo wir wollen!«

»Und das ist zufällig dort, wo wir hinwollen?«

»Genau!« Er wedelt mit unserem Tourplan und lächelt. »Drei Wochen lang.«

»Wissen Sie, was das ist?« Carsten dreht sich zu unseren Fahrgästen um und grinst. »Das ist Christenverfolgung, jawohl!«

Unser Publikum lacht laut. Sie sind inzwischen alle aufgestanden, einige haben Kameras in der Hand, andere schreiben mit.

»Wussten Sie von dem zweiten Bus?«, ruft ein Mann rein und hält uns seinen Recorder entgegen.

»Nein!«, antwortet Carsten lachend. »Wir sehen den zum ersten Mal!«

»Können Sie das mit der Christenverfolgung noch einmal hier in die Kamera sagen?«, ruft ein anderer.

»Klar!« Carsten überlegt kurz. »Wenn uns wirklich drei Wochen lang ein Bus folgen sollte, auf dem steht: Und wenn es ihn doch gibt, dann ist das Christenverfolgung!«

Aufgebracht steigen wir die Treppe unseres Roten Riesen herunter, verlassen ihn und finden uns auf einmal zwischen Kameras vor dem Christenbus wieder – und mitten im Gespräch mit dessen Birkenstock-Sprecher. Der Mann jedoch, der von oben sehr friedlich wirkte, macht von Angesicht zu Angesicht keinen so gechillten Eindruck mehr. Mit verschränkten Armen steht er vor mir, größer als ich, ziemlich breitschultrig, die Haut vernarbt, den Blick zwar lächelnd, aber die stahlblauen Augen weit aufgerissen, seine Miene unbewegt.

»Haben Sie etwa ein Problem damit«, fragt er leise und geht noch einen kleinen Schritt auf mich zu, »dass wir fragen, ob es ihn vielleicht doch gibt?«

Drei große Kameras sind nun auf uns beide gerichtet, dazu jede Menge Handys der umstehenden Menschen.

»An sich nicht.« Ich lächele, weiche aber nicht zurück. »Klingt aber ein bisschen nach einer Drohung.«

»Keineswegs, das ist ein Angebot!«

»Das wir dankend ablehnen.« Ich schaue an ihm vorbei nach dem Bus. »Was passiert denn mit uns, wenn es ihn doch gibt?«

»Gott liebt alle Menschen«, sagt er und faltet seine Hände, »auch die, die glauben, dass es ihn nicht gibt!«

»Ich glaube aber gar nicht, dass es Gott nicht gibt!«

»Aber das steht doch auf Ihrem Bus.« Er lächelt noch immer. »So ist das eben mit uns Theisten und Atheisten: Wir beide glauben etwas. Wir, dass es Gott gibt, und Sie, dass es ihn nicht gibt. Die Chance ist eins zu eins!«

»Wenn es nur einen Gott gäbe, wäre die Chance eins zu eins.« Die Kameras schwenken wieder zu mir. »Aber die Menschheit hat sich schon tausende Götter ausgedacht, und an die allermeisten dieser Götter glauben Sie ja schließlich auch nicht! Wir sind halt bloß einen Schritt weiter gegangen als Sie und glauben eben an keinen Gott – so einfach ist das.«

»Aber das ist doch das Glei…«

»Schluss jetzt mit dem Geschwafel!« Carsten geht forsch auf den Mann zu, der nun erstmalig seine Fassade verliert. »Das hier ist 'ne politische Aktion, kein Bibelkreis! Wenn Sie uns verfolgen wollen, bitte, aber dann jetzt – wir haben Termine!« Er lässt den verdatterten Typen stehen und zieht mich mit sich. »Lass dich bloß nicht auf das Gottes-Gewäsch ein!« Carsten schiebt mich in den Bus. »Mit der unsinnigen Frage nach Gott hat die Menschheit schon ganze Jahrhunderte verschwendet, das bringt doch nix!«

»Aber, na ja …« Ich halte mich fest, als wir losfahren. »Es steht ja immerhin auf unserem Bus!«

»Na und!« Carsten schüttelt den Kopf. »Aber doch nur, um Aufmerksamkeit zu erregen. Ob jemand an Gott glaubt oder nicht, ist doch scheißegal! Die Trennung von Staat und Kirche ist wichtig, Religion als Privatsache, das Hinterfragen der Privilegien – haben wir doch alles schon besprochen!«

»Stimmt.«

»Na also!« Er zeigt auf die Treppe. »Und jetzt ab auf die Bühne, du Rampensau, wir haben heute fünf Touren durch Berlin vor und müssen abends noch mit achtzig Sachen bis Rostock tuckern – let's rock!«

Und genauso machen wir es: Wir rocken die Veranstaltung. Sechs vollbesetzte Doppeldecker-Touren sind es am Ende, bei denen Carsten und Peder die Journalisten koordinieren, Evelin Fotos schießt und ich Interviews gebe und die Fahrten moderiere. Und dabei wiederhole ich sechsmal das ungefähr Gleiche:

Mit unserer Kampagne wollen wir darauf aufmerksam machen, dass Konfessionsfreie mit 33 Prozent neben 30 Prozent Katholiken, 29 Prozent Protestanten, 4,9 Prozent Muslimen und 0,2 Prozent Juden die größte weltanschauliche Gruppierung darstellen.[12] Dass die Zahlen im Jahr 2015 schon bei 36 Prozent Konfessionsfreien, 29 Prozent Katholiken, 27 Prozent Protestanten, 4,4 Prozent Muslimen und 0,1 Prozent Juden liegen werden, können wir damals natürlich nur vermuten. Dass wir formal Ungläubigen aber in weniger als 20 Jahren die 50 Prozent Hürde geknackt haben sollten, zeichnet sich schon recht deutlich ab – denn noch im Jahr 1990, als die Ossis die Quote der Konfessionsfreien schon dramatisch erhöht hatten, waren noch 72 Prozent Mitglied in einer der beiden Kirchen.[13]

Zudem wollen wir zeigen, dass ein Leben ohne Gott für extrem viele Menschen absolut selbstverständlich und alles andere als traurig und unmoralisch ist, wie so oft von Kirchenfunktionären behauptet wird. Und wir wollen ein Gegengewicht bieten zu religiöser Werbung, die den Menschen das Blaue vom Himmel verspricht.

Wir widersprechen ganz entschieden der immer wieder vorgetragenen Behauptung, Konfessionsfreie seien moralisch minderbemittelt, wie es Bischof Mixa kürzlich zur Osterpredigt wieder behauptet hat: »Eine Gesellschaft ohne Gott ist die Hölle auf Erden!«[14], hat er gesagt und dabei vielleicht vergessen, dass die Gesellschaft mit Gott weit über 1000 Jahre lang tatsächlich die Hölle auf Erden war – und für viele heute noch ist. Wir werden auch nicht müde, ständig zu wiederholen, dass sämtliche zentralen Werte unserer

Gesellschaft keineswegs dem Christentum entstammen, sondern – ganz im Gegenteil! – erbittert gegen Vertreter der Religion erkämpft werden mussten: Demokratie, Menschenrechte, speziell Frauenrechte, das Recht auf sexuelle Selbstbestimmung, die Akzeptanz homosexueller Menschen, aber auch Meinungsfreiheit, Pressefreiheit, die Freiheit der Kunst und der Wissenschaft und vor allem die Religionsfreiheit, also auch das Recht, frei von Religion sein zu dürfen – all das sind Errungenschaften der Aufklärung, die gegen Vertreter der Religionen erkämpft werden mussten.[15]

Und nicht zuletzt weisen wir immer wieder darauf hin, dass Deutschland alles andere als ein säkularer Staat ist: Kirchensteuer, Religionsunterricht an staatlichen Schulen, theologische Fakultäten, die arbeitsrechtliche Sonderstellung von Caritas und Diakonie, die massive Subventionierung der zwei großen Kirchen, deren höhere Angestellte allesamt nicht von der Kirchensteuer, sondern von allgemeinen Steuergeldern bezahlt werden, die hohe Zahl religiöser Politikerinnen und Politiker, die Existenz der CDU, die vielen Gesetze, die auf religiösen Überzeugungen beruhen … die Liste ist fast endlos, die Beispiele mannigfach.

»Was sagen Sie denn zum Scheitern von ›Pro Reli‹ am vergangenen Sonntag?«, ruft ein Journalist schließlich rein. »Das müsste sie doch freuen.«

»Aber sicher!«, rufe ich ins Mikrofon. »Glücklicherweise hat die Landesregierung ja noch Richtigstellungen veröffentlicht, die die Falschdarstellungen der Christenkampagne ins Licht der Realität geholt haben. Wir sind froh, dass Berliner Schüler nun weiterhin einen gemeinsamen Ethikunterricht besuchen können, während sie – oder ihre Eltern – über den Besuch des Religionsunterrichts weiterhin selbst entscheiden.«

Und als hätten wir es so geplant, bricht exakt nach der

letzten Tour der Himmel auf und überschüttet die gesamte Stadt mit einem heftigen Platzregen. Unter einer Brücke schließen wir das Verdeck, halten noch an einer Tankstelle, kaufen kaltes Bier und heiße Würstchen und verlassen die Stadt und den Regen Richtung Ostsee.

Stille kehrt erstmalig ein im Bus, einzig das gigantische Dieseltriebwerk verrichtet jetzt gut hörbar seine Dienste.

Wie paralysiert sitzen Carsten und ich schließlich im Oberdeck, starren zur Sonne, die feuerrot links der A24 Richtung Norden untergeht, und stoßen auf den ersten Tag an – da überholt uns der Christenbus. Carsten flitzt nach unten, holt ein großes Pappschild und einen Edding, schreibt damit »Achtung, Christenverfolgung!« drauf und stellt es in die Heckscheibe – auf dass unsere Verfolger es ab morgen immer wieder lesen dürfen.

Während der Fahrt überholen uns unzählige Autos, aus denen gewinkt wird, Daumen nach oben werden uns gezeigt und kein einziger Stinkefinger. Die Leute lachen und fotografieren unseren Bus.

»Irgendwie habe ich mit mehr Gegenwind gerechnet.« Ich winke einem Handy, das aus einem Familienkombi gehalten wird, während der rote Riese gemächlich vor sich hin tuckert. »Die Menschen sind ja alle total begeistert von unserem Bus!«

»Klar!« Carsten legt seine Füße auf der Stange ab, die zu meinem Hauptsitz hier oben geworden ist. »Berlin und die Ex-DDR sind ja auch die religionsfreieste Zone des Planeten Erde!«

»Echt?«

»Absolut, ja! Die sozialistische Regierung um Honecker konnte neben ihrer Politreligion natürlich keine andere absolutistische Lehre dulden!«

»Du meinst, zwei Ideologien, die von sich behaupten, die unumstößliche Wahrheit zu kennen und daher das Maß aller Dinge zu sein, können nicht nebeneinander existieren?«

»Exakt!« Carsten öffnet uns noch zwei Bier, wir stoßen an. »Es ist wirklich erstaunlich: Egal, um welche Fragen es geht, die Ossis stimmen der religiösen Position dramatisch weniger zu als die Wessis.«

»Also kriegen wir ab Hamburg Stress?«

»Stress ohnehin nicht, auch die alten Bundesländer sind ja voll mit ungläubigen Gläubigen.« Er nimmt einen Schluck aus der Flasche. »Du weißt ja: U-Boot-Christen!«

»U-Boot-Christen?«

»Ja, die tauchen einmal im Jahr in der Kirche auf, und zwar zu Weihnachten. Oder die Taufschein-Christen, die eben nur auf dem Papier religiös sind, aber mit kaum einer Lehre der Kirchen übereinstimmen. Frag doch mal hundert Christen, an welche Punkte des Apostolischen Glaubensbekenntnisses die noch glauben …«

»Vielleicht sollten wir das mal tun?« Ich kaue auf meiner Unterlippe. »Sowas wie den Wahl-o-mat, aber für den Glauben …«

Carsten und ich schauen uns an und sagen im Chor: »Den Glaub-o-mat!«

Wir prosten uns lachend zu und hören hinter uns Evelins Objektiv zuschnappen.

»Euch geht's gut, was?« Sie setzt sich zu uns. »Was meint ihr: Wird die restliche Reise auch so flockig wie der heutige Tag?«

Gute Frage. Auch ich bin gespannt, wie man auf den folgenden 3000 Kilometern auf uns und unsere Werbebotschaft reagieren wird – in Rostock, Schwerin, Hamburg, Bremen, Münster, Dortmund, Hagen, Essen, Düsseldorf,

Köln, Bonn, Frankfurt am Main, Mannheim, Heidelberg, Karlsruhe, Stuttgart, Tübingen, Ulm, Augsburg, München, Regensburg, Nürnberg, Chemnitz und Dresden, bevor wir in drei Wochen dann die Abschlussparty wieder in Berlin feiern.

»Unser Helferlein, der Sven, ist mit dem Wohnmobil schon da«, sagt Evelin, »und hat direkt neben deinem Hotel, Philipp, einen guten Standort für uns gefunden!«

Um Hotelkosten zu sparen, haben wir nämlich zusätzlich ein Wohnmobil gemietet, mit dem Carsten und Evelin die komplette Kampagne begleiten. Ich hingegen bin wegen meiner Arbeit als Lehrer ja leider nur an den Wochenenden dabei und bin daher in Hotels eingebucht. Dort angekommen schlafe ich wie ein Stein, und als ich am nächsten Morgen die Hotellobby betrete, schwirren zahlreiche Rentnerinnen und Rentner durch den Frühstücksbereich.

»Host's scho g'sehe?«, fragt eine ältere Dame mit Filzhut, Karohemd, Lederhosen und Wanderschuhen einen Mann am Büfett, der Filzhut, Karohemd, Lederhosen und Wanderschuhe trägt.

»Na!« Neben dem Rührei lässt er noch ein bisschen Platz auf seinem Frühstücksteller und legt dann sieben Nürnberger daneben. »Wos denn?«

»Denna Bus!«, sagt die Frau und bedient sich ebenso reichhaltig an der frühen Fettbombe. »Des is fei'a Bleedsinn!«

Schnell schmiere ich mir ein paar Brötchen, verpacke sie in Servietten und laufe zwischen unzähligen aufgescheuchten Filzhüten auf den Parkplatz, wo unser Begleitwohnmobil steht – und der rote Riese, der längst umzingelt ist von Menschen mit Wanderstöcken, kurzen Hosen und langen Strümpfen.

»Joa gibt's denn dess?« Ein kolossaler Mann stützt sich auf seinen Stock, an dem viele Metallwappen befestigt sind, und legt schnaufend seinen Kopf in den Nacken. »Es gibt kahn Gott?«

»Wahrscheinlich!«, ergänze ich und zeige auf unsere umständliche Klammer. »Das Glauben überlassen wir lieber den Gläubigen!«

»Woss?« Er dreht sich zu mir und schaut mich aus einem roten Gesicht an. »Homm Sie dess mitzuverantworten?«

»Ja.« Ich lächele ihn an, doch der Mann hebt seinen Stock.

»Mei, sind Sie denn deppert?!«, ruft er, woraufhin die anderen schnell wittern, dass ich zu dem Bus gehöre und sich um mich versammeln.

In einem Meer aus krummen Wanderstöcken und wackelnden Filzhüten erblicke ich in der Ferne meine Kampagneros, die auch schon umzingelt sind. Für Einzelgespräche reichen meine Fremdsprachenkenntnisse ja noch aus, aber in der Flutwelle aus bayerischen Vorwürfen drohe ich akustisch vollends zu versinken.

»Jetzt lasst's den Buab in Ruh!«, setzt sich da plötzlich eine krächzende Stimme durch, und kurz danach taucht eine sehr alte, sehr kleine Frau aus der Masse auf und lächelt mich an. Ihre Haut ist wie aus faltigem Papier und aus ihrem Filzhut hängt langes, schneeweißes Haar. »Ihr wisst's ganz genau, wos die Pfaffen ongrichtet homm!«, schimpft sie in den Kreis, der nun langsam größer wird. »Zeit wird's, dass die Jugend 'amoal was sagt gege die Verbrecher!« Sie zwinkert mir zu und stößt mir ihren Wanderstock gegen die Brust. »Weiter so! Und iha?« Sie dreht sich um und hebt wieder ihren Stock. »Schleicht's eich!«

Langsam geht sie durch den Korridor, der sich nun vor

ihr zwischen den Filzhüten bildet, die zwar noch leise meckern, aber nun weitgehend das Interesse an mir verloren haben. Nur ein kleiner Mann bleibt stehen und kommt mir sehr nahe.

»Aber oans tät ich doch wisse wolle!«, näselt der hagere Mann, der wohl um die sechzig sein wird, und hebt dabei seinen Zeigefinger. »Wie wird a Mensch so a Atheist wie Sie?«

»Ich bin kein Atheist geworden«, sage ich und weiche einen halben Schritt zurück. »Wie alle anderen Menschen auch bin ich ohne den Glauben an Gott zur Welt gekommen und er wurde mir nie anerzogen.«

»Nie anerzoge, he?« Er verschränkt die Hände hinter dem Rücken und schaut zu mir nach oben, wobei er seine Oberlippe hochzieht. »Aber warum dann so ein Kreuzzug gegen Gott?«

»Ein Kreuzzug?!« Ich muss kurz lachen. »Während der Kreuzzüge haben Christen unzählige Menschen brutal abgeschlachtet, um ihren Glauben in der Welt zu verbreiten. Sind Sie sicher, dass der Vergleich angemessen ist?«

»Naaaa!« Er schüttelt den Kopf. »Aber warum hamm sie denn so oan Hass auf die Kirchen?«

»Ich habe keinen Hass auf die Kirchen! Ich finde sie einfach nur in höchstem Maße unredlich und unethisch und halte Religion für gänzlich ungeeignet, Politik zu gestalten.«

»Aber wos kann denn der liebe Gott dafür? I'man …« Wieder zieht er seine Oberlippe hoch. »Wie is dess denn so g'laufe, bei iahne ols Kind?«

»Gut.« Ich nicke. »Ich hatte eine total friedliche Kindheit, und Gott hatte durchaus seine Chance bei mir!«

Die geistliche Aspirin

Das Tollste im Leben ist schaukeln. Wenn man von ganz hinten nach vorne saust und dann ganz oben ankommt, dann bleibt man nämlich für einen klitzekleinen Moment in der Luft stehen, nur ganz kurz. Man sieht dann nichts außer blauem Himmel, und das mag ich sehr. Das Allertollste ist aber das Abspringen! Als wir letztens einen Schaukelweitsprungwettbewerb in meiner 3a gemacht haben, hab ich gewonnen. Bei der Landung hab ich mir zwar den linken Knöchel umgeknickt, aber das hat keiner gemerkt.

Glaube ich. Hoffe ich. Weiß ich aber nicht.

»Philipp, kommst du?«, ruft meine Mama aus dem großen Garten von Papas Kirche zu mir herüber. »Es geht lohos!«

»Ja-ha!«, rufe ich von der Schaukel zurück, die am Rand des Gartens im Sand steht. »Gla-heich!«

»Nein, jetzt!«

Sie zeigt auf die Kirchturmuhr, wo der große Zeiger kurz vor der Zwölf steht, und dann sehe ich, wie sie die Gruppe der anderen Eltern verlässt und auf mich zukommt. Wahrscheinlich meint sie es jetzt wirklich ernst, denn heute ist schließlich ein wichtiger Tag: meine Erstkommunion, bei der ich zum ersten Mal diese Jesus-Oblate mit dem komischen Namen essen darf, den ich immer vergesse. Und ich kriege Geschenke, aber die Nicole, unsere Kommunionslehrerin, hat gesagt, das ist nicht so wichtig wie die Oblate.

Nicole ist komisch. Sie sagt, sie ist unsere Kommunionsmutter, aber ich hab doch schon eine Mutter, und die ist viel lieber und viel schöner und auch viel schlauer. Mein Papa sagt aber, es ist nicht schwer, schlauer als Nicole zu sein, denn als der liebe Gott die Intelligenz verteilt hat, war sie gerade Kuchen essen. Deswegen schaut sie wohl auch immer in die Bibel, das dicke Buch, das der liebe Gott den Menschen diktiert hat, wenn sie uns von den Zehn Geboten erzählt.

»Ich sag's ein letztes Mal«, ruft meine Mutter jetzt und wedelt mit einer schwarzen Schleife. »Die Messe geht gleich los, und du musst dir noch … Nein, halt!«

Meine Mama stößt einen kurzen Schrei aus, als ich kurz vor der höchsten Stelle von der Schaukel abspringe und durch die Luft fliege. Ich sehe, wie sie ihre Hände vor den Mund reißt, und mache Laufbewegungen, weil man dann weiter fliegt, dann lande ich im Sandboden.

»Bist du denn von allen guten Geistern verlassen?!« Meine Mama kniet sich zu mir und schlägt den Sand von meinem schwarzen Anzug weg. »Irgendwann brichst du dir noch alle Knochen, Junge!«

Als sie mir die Schleife umbindet, kommt meine kleine Schwester angerannt. Sie wird dieses Jahr eingeschult und denkt deswegen, sie ist oberschlau. Kleider mag Lisa nicht, wie die anderen Mädchen, sondern will immer anziehen, was ich anhabe, deswegen trägt sie heute auch einen schwarzen Anzug.

»Warum darf Philipp heute so'n Keks essen, Mama, und ich nicht?« Sie schießt ein bisschen Sand durch die Gegend. »Das ist voll unfair!«

»Weil dein Bruder jetzt viele Wochen lang immer Sonntags den Kommunionsunterricht besucht und sogar die Beichte abgelegt hat«, erklärt sie Lisa. »Und Nicole sagt, die Kinder kennen jetzt den Unterschied zwischen einfachem Brot und Wein und den heiligen Gaben der Kommunion.«

»Was ist der Unterschied, Philipp?« Lisa zieht an meinem Jackett. »Bittebitte, ich will's auch wissen.«

»Der Unterschied ist …« Die Fliege ist ganz schön eng am Hals, aber als ich sie locker machen will, schüttelt meine Mama nur den Kopf. »Den Unterschied verstehst du noch nicht«, sage ich zu meiner Schwester. »Dafür bist du noch zu klein!«

Wieder tritt Lisa in den Sand, diesmal so doll, dass Mama schimpft, da sehe ich meine Oma und meinen Opa über die Wiese langsam auf den Spielplatz zulaufen. Die haben beide hellgraue Haare und schrumpelige Haut und riechen immer beide ganz doll nach Pfefferminze. Meine Oma sagt immer »Jessas«, wenn sie sich ärgert, oder wenn sie sich freut, und mein Opa spielt auch Orgel – wie mein Papa. Und Klavier. Und malt Bilder. Und klebt große Mosaike. Und schreibt Gedichte. Er war mal Lehrer und Schulleiter und hat früher, nach dem Krieg, achtzig Kinder in einer Klasse unterrichtet – ganz allein, weil die meisten anderen Männer tot waren. Und zusammen mit meinem Papa ist er der schlauste Mann der Welt, glaube ich, denn er weiß alles übers Universum und hat im Dachboden ein riesiges Fernglas, mit dem man die Sterne sehen kann. Heute sind die beiden extra aus Fulda hergekommen, in ihrem alten Mercedes, was immer sehr lange dauert, weil man zweimal durch eine Lücke in einer Mauer fahren muss und die Polizisten dann immer alle Autos durchsuchen und mit Spiegeln gucken, ob unten einer am Auto hängt, was ja eigentlich gar nicht geht, weil es viel zu gefährlich ist.

Scheiße ist die Mauer, sagt mein Papa immer wenn wir in den Urlaub fahren, einfach scheiße, und deswegen muss sie weg. Das sagt man zwar eigentlich nicht, aber sogar meine Mama sagt, die Mauer ist scheiße, und die sagt sonst wirklich nie scheiße, also wird's wohl stimmen, dass die Mauer scheiße ist. Scheiß Mauer, so!

»Herrje, du bist doch gerade erst getauft worden«, sagt meine kleine Oma und schlägt ihre Hände vor der Brust zusammen. »Und jetzt bist du fast so groß wie ich und empfängst schon die heilige Kommunion. Jessas, wo ist nur die Zeit geblieben?«

»Da oben, Oma!«, sagt Lisa und zeigt auf den Kirchturm. »Guck, gleich ist es zwölf Uhr …«

»Zeit für deinen Auftritt, mein lieber Philipp!«, sagt mein Opa und überreicht mir eine lange, weiße Kerze. Dann zwinkert er mir zu und spricht leiser weiter. »Und wenn der Gottesdienst geschafft ist, haben wir im Kofferraum noch etwas für dich …«

Geil, Geschenke! Fröhlich laufe ich mit meiner Familie auf den Hintereingang der Kirche zu, nur mein Papa fehlt, der sitzt schon oben auf der Empore an der Orgel. Hier im Pfarrgarten ist nicht so viel los, denn die meisten gehen vorne rein, beim Haupteingang, aber mein Papa hat mal gesagt, der Orgelspieler darf überall in der Kirche hingehen, also darf es seine Familie auch. Wir laufen über den grünen Rasen an einem großen Baum vorbei, der im Sonnenlicht einen langen Schatten bis auf die bunten Fenster der Kirche wirft. Es ist Frühling, und die Sträucher und Blumen blühen bunt, worüber sich meine Oma und meine Mama sehr freuen. Als wir vorm Eingang angekommen sind, klopft meine Mama mir noch einmal den Sand von der Hose und wischt mit einem Taschentuch über meine schwarzen Schuhe, die aussehen wie Papas Orgelschuhe. Dann gehen wir rein.

Ich dachte immer, die Kirche von meinem Papa wäre total riesig, aber im Italienurlaub sind wir dann mal in die Kirche gegangen, die dem Chef vom Chef von Papas Chef gehört, der direkt für den lieben Gott arbeitet – und der hat erst mal eine riesige Kirche! Die hier ist aber auch ganz schön, weil durch die bunten Fenster das Licht auf die Kirchenbänke fällt, die so schön nach altem Holz riechen.

So wie die Sündenkammer, in der ich Papas Chef letztens etwas beichten sollte, obwohl ich doch gar nichts Schlimmes gemacht hatte.

Meine Mama tunkt ihre Fingerspitzen in eine Steinschale hinterm Eingang und bekreuzigt sich dann damit, und heute ist glaube ich der richtige Tag, um ihr das mal nachzumachen. Erst Stirn, dann Solarplexus, dann links, dann rechts, immer erst zum Herzen, das weiß ich, aber komisch fühlt es sich trotzdem an. Könnte aber auch an der engen Fliege liegen, die bei jeder Bewegung an meinem Hals zwickt und drückt.

Der Weg vom Hintereingang bis zum Mittelgang der Kirche ist nicht weit, aber die Kirche ist so voll, dass ich mich ein bisschen durchdrängeln muss, bis ich mich in der Reihe der anderen Kinder am Anfang des Mittelgangs anstellen kann. Ganz viele Stimmen sind um mich herum zu hören, vor allem von Erwachsenen, aber alle sprechen leise. Meine Mutter drückt mir noch ein Küsschen auf die Stirn, malt dann mit dem Daumen ein Kreuz darüber und sagt das Gleiche wie immer abends, wenn wir ins Bett gehen:

»Behüt' und beschütz' dich der liebe Gott!« Dann setzt sie sich neben meinen Opa.

Schnell wische ich das Küsschen weg und schaue zu den anderen Kindern, die heute mit mir Kommunion machen und auch alle ganz schick aussehen. Die Jungs tragen Anzüge, wie ich, und die Mädchen ganz doll weiße Kleider, und wir alle haben eine Kerze in der Hand. Jetzt kommt Nicole mit einem Feuerzeug und zündet alle 27 Kerzen an, wobei sie sich ständig die Finger verbrennt. Die anderen Kinder hier kenne ich nicht so richtig gut, weil aus meiner Klasse sind nur ganze wenige Kinder dabei: die fiese Stella, die zickige Julia und mein Freund Achim. Voll dumm eigentlich von den anderen, keine Kommunion zu machen, dabei kriegt man danach voll viele Geschenke, das weiß doch wohl jedes Kind.

Dann sind ganz plötzlich alle still, und als ich auf die Zehenspitzen gehe, sehe ich, dass die großen Kinder, die schon so eine rote Verkleidung tragen dürfen, aus einer Tür an der Seite der Kirchenbühne kommen und Weihrauch schwenken. Und jetzt ertönt auch die Orgel von meinem Papa, den ich nicht sehe, weil wir ja noch unter der Empore stehen, auf der er immer sitzt. Früher war ich oft mit ihm da oben und durfte die Zahlen in die kleine Kiste eintippen, die dann an die Kirchenwand gestrahlt wird, damit alle Gottesdiener die richtige Seite im Gesangbuch aufschlagen und das Lied mitsingen können. Da oben ist es am tollsten, weil da nur mein Papa und ich hindürfen, höchstens noch der Pfarrer, aber der muss ja immer unten auf der Bühne sein. Von oben kann man voll gut den Gottesdienst beobachten, und als ich einmal unten mitgemacht hab, fand ich das irgendwie komisch und wollte wieder oben sein. Von da kann man nämlich auch die dünnen, fast unsichtbaren Schnüre sehen, an denen das riesige Holzkreuz über der Bühne hängt.

Jetzt kommt Papas Chef raus, der immer am dollsten von allen hier verkleidet ist, und immer wenn er auftaucht, werden alle ganz leise.

»Liebe Kommunionskinder, liebe Gemeinde«, sagt er, und seine Stimme hallt durch die ganze Kirche. Dann setzen sich alle gleichzeitig hin, was ein komisches Geräusch macht, so als würde ein Riese sich hinsetzen. »Der heutige weiße Sonntag ist der Tag der Ersten Heiligen Kommunion und einer der wichtigsten Tage im Leben junger Christen.« Er zeigt auf uns. »Ihr, liebe junge Christen, habt heute die Chance, euch zu Gott bekennen, der sich in Jesus Christus den Menschen offenbart hat.«

Damit meint er uns. Ein bisschen aufgeregt bin ich ja schon, denn immerhin darf ich heute wirklich zum ersten Mal diese Hostie essen – genau, Hostie heißt die! –, für die sich die Erwachsenen immer ganz lange anstellen, noch länger als für Pommes im Strandbad. Und wenn sie dann die Hostie im Mund zergehen lassen oder kauen, darf man sie nicht ansprechen, weil sie dabei ganz doll beten.

Irgendwie komisch ist das, vor allem weil der Pfarrer immer sagt, das ist der Leib und das Blut von Jesus. Aber Mama und Papa haben mir mal zu Hause erklärt, dass man das nur so sagt, und dass es trotzdem noch Brot und Wein ist und für die Kinder Traubensaft.

»Beim Abendmahl hörten die Apostel erstmalig diese Worte«, sagt der Pfarrer jetzt und hält seine Arme seitlich ein bisschen hoch. »Das Brot, das ich euch geben werde ist mein Fleisch für das Leben der Welt. Wer mein Fleisch isst und mein Blut trinkt, der hat das ewige Leben, und ich werde ihn auferwecken am Jüngsten Tag.«

Das mit dem Jüngsten Tag hat die Nicole uns zwar im Kommunionsunterricht erklärt, aber ich find's trotzdem ganz schön kompliziert: Der Jesus ist ja Gottes Sohn, aber gleichzeitig auch Gott selbst, also ungefähr so, als wäre ich gleichzeitig Philipp und auch mein Papa und mein Papa auch ich. Nicole sagt, so einfach ist das nicht, aber das würden wir dann später verstehen, wenn wir noch älter sind. Jedenfalls ist Jesus vor 1989 Jahren genau an Weihnachten geboren worden, in einem Stall in Bethlehem, und später dann, ungefähr in Papas Alter, von den bösen Römern an ein Kreuz genagelt worden, wo er verblutet ist. Und das Schlimme daran ist: Das ist wirklich passiert, also ganz in echt! Das war damals an dem Freitag vor Ostern, den man deswegen Karfreitag nennt, weil Kar heißt traurig. Am Ostersonntag haben ein paar Frauen dann aber sein leeres Grab gefunden, und Nicole sagt, dafür gibt es nur eine Erklärung: Jesus ist von den Toten auferstanden, aber meine Eltern sagen, das ist wieder nicht ganz ernst gemeint, sondern eher eine Geschichte, aus der man etwas lernen soll. Was, weiß ich auch noch nicht, aber so viel weiß ich schon: Wenn man einmal tot ist, so wie Mamas Papa, dann kann man gar nicht wieder lebendig werden, da werden meine Eltern schon recht haben. Und die haben eigentlich immer recht, weil sie können sehr gut denken und haben viel mehr Bücher gelesen als Nicole. Die hat immer nur ein Buch dabei, höchstens zwei, dabei macht Bücher lesen schlau, weiß ja auch jedes Kind. Jedenfalls hat es dann noch mal ein paar Tage gedauert, bis der Jesus nach dem Aufstehen in den Himmel gefahren ist, und an dem Tag muss meine Mama nicht unterrichten gehen in der Schule, und fast alle haben frei, bloß mein Papa nicht, was eigentlich ungerecht ist. Aber jetzt wird es wichtig, denn am Jüngsten Tag kommt Gott wieder als Jesus auf die Erde zurück und entscheidet für alle Menschen auf der Erde, ob sie gut oder böse waren. Die Guten holt er dann zu sich in den Himmel, wo alles ganz schön ist, und die Bösen kommen in die Hölle zum Teufel, hat Nicole im Kommunionsunterricht gesagt. Aber zum Glück wusste ich ja von zu Hause, dass das alles nicht ernst gemeint ist.

»Komm her zu mir und geh mit mir!«, sagt der Pfarrer jetzt laut, und Nicole reißt ihre Augen auf – das ist unser Zeichen: Jetzt sollen wir hinter ihr her auf die Bühne gehen und uns mit unseren Kerzen in der Hand im Halbkreis hinter dem Altar aufstellen. »Wer zu Jesus geht, darf auch sein Wort hören«, sagt der Pfarrer, und wir laufen wie eine Entenfamilie hinter Nicole her. »Der darf die Wunder Jesu miterleben und darf erkennen, dass es einen Himmel gibt.«

Dass es einen Himmel gibt, weiß ich auch so, da muss man ja nur nach oben gucken. Und dahinter ist das unendliche Universum, mit unendlich vielen Sternen, von denen mein Opa mir schon manche durchs Fernrohr gezeigt hat. Jetzt laufen wir durch die Mitte der Kirche, und alle Erwachsenen gucken uns an. Meine Fliege drückt furchtbar, und am rechten Rand der Kirche sehe ich die Holzkabine, in der ich Papas Chef meine Sünde beichten musste. Ich habe wirklich lange überlegt, was ich da sagen soll. Was richtig Schlimmes hab ich ja nicht gemacht, aber Nicole hat uns mal eine Geschichte aus ihrem Buch vorgelesen, in der Jesus sagt: Wer ohne Sünde ist, werfe den ersten Stein, und dann wirft keiner einen Stein, weil alle mal irgendwann Mist gebaut haben. Ich natürlich auch, aber das verrate ich ganz bestimmt niemanden, bin ja nicht doof. Deswegen musste ich mir was ausdenken, was genau mittelschlimm ist. Denn wenn es zu wenig schlimm ist, merkt der Pfarrer sicher, dass ich was verheimliche, und wenn es zu doll schlimm ist, denkt er nachher noch, ich hätte das wirklich gemacht und petzt es an meine Eltern. Und dann muss ich erklären, dass ich das gar nicht gemacht habe, sondern mir nur für die Sündenkammer ausgedacht habe, und kriege dann wieder Ärger, weil ich den Pfarrer angelogen habe – was ja auch verboten ist. Deswegen darf der Pfarrer es nicht merken.

Lügen habe ich nachher aber trotzdem als Sünde genommen und dem Pfarrer erzählt, dass ich mal meine Oma angelogen habe, also die Mama meiner Mama, die hier in Berlin wohnt und bei der Lisa und ich oft am Wochenende schlafen. Ist natürlich Quatsch, weil meine Oma voll lieb ist und alles erlaubt, sogar vorm Fernseher essen und zwei oder drei Schlucke Erwachsenencola trinken. Deswegen muss man die gar nicht anlügen, weil man sowieso fast immer kriegt, was man will. Ich glaub, ich bin beim Beichten ein bisschen rot geworden, aber zum Glück ist's ja dunkel in der Kammer, und durch das Gitter konnte ich den Pfarrer nur ganz schlecht erkennen, also hat er's bestimmt auch nicht gemerkt. Und dass ich ihn damit angelogen habe, ist ja auch nicht so schlimm, denn ich hab ja gleichzeitig gebeichtet, dass ich gelogen hab. Bloß komisch gerochen hat's da drinnen, nicht so schön wie die alten Holzbänke, und die Stimme des Pfarrers war auch ein bisschen böse, da hab ich etwas Angst bekommen.

Jetzt gehen wir auf die Bühne, und Nicole zeigt uns schon wieder, wo wir stehen sollen, dabei haben wir das doch jetzt echt schon zehntausend Mal geübt. Ich stehe ungefähr in der Mitte, so dass ich hinterm Altar bin und die ganze Kirche sehen kann, und bin nach Julia und vor Franz dran. Julia hat ein sehr schönes Kleid an, aber ich mag sie trotzdem nicht, weil sie immer so hoch spricht und so schnell heult. Bin jetzt eher mal gespannt, wie sich die Hostie gleich anfühlt, auch wenn's nur Brot ist.

»Liebe Erstkommunikanten«, sagt der Pfarrer jetzt zu uns. Ein Ministrant kommt zu ihm auf die Bühne und stellt eine goldene Schüssel und einen goldenen Becher auf den Altar, verneigt sich dann vor dem Pfarrer und geht wieder. »Der Guido hat mir hier eine goldene Schale und einen goldenen Kelch gebracht – danke, Guido. Kann mir denn jemand von euch sagen, was in ihnen drin ist – bevor sie zur Gabenbereitung an den Altar gebracht werden?« Er nickt Julia zu, die sich sofort gemeldet hat. »Ja, Julia?«

»Der Leib Christi«, sagt sie, doch der Pfarrer schüttelt den Kopf.

»Noch nicht!«, sagt er. »Noch sind es einfache Hostien, ganz normale Brothostien. Und im Kelch ist Wein. Aber dann …« Er hebt seinen Zeigefinger und spricht lauter weiter. »… spricht der Priester ein großes, wichtiges Gebet, das eucharistische Gebet, und darin kommen die Worte Christi vor.« Er nimmt eine der Hostien aus der Schale und zeigt sie Julia. »Nehmt, das ist mein Leib, der für euch hingegeben wurde. Und das ist mein Blut«, sagt er und hebt den Becher hoch, »vergossen für euch. Und wenn der Priester dieses Gebet im Namen der heiligen Kirche gesprochen hat, dann hast du recht, Julia.« Julia lächelt. »Dann ist es der Leib Christi. Dann ist Jesus in dieser Schale wirklich gegenwärtig!« Er schaut uns der Reihe nach an und hält dabei die Schale hoch. »Die Hostie sieht noch immer wie Brot aus, aber es hat sich etwas verändert – Jesus ist jetzt gegenwärtig, liebe Kinder!«

Moment mal – jetzt also doch in echt? Meine Eltern haben doch gesagt, das ist nur eine Geschichte! Ich muss also gleich ein echtes Stück Körper essen? Und Blut trinken?

Ich schlucke und spüre dabei die Fliege an meiner Kehle.

»Und das ist etwas ganz Großartiges!«, sagt der Pfarrer in unsere Runde. »Jesus ist hier – und deshalb sind wir nicht mehr allein mit unseren Sorgen.«

Bin ich doch gar nicht! Seit ich denken kann, sagt meine Mama, dass ich mit allen Sorgen zu ihr kommen kann, immer. Und sogar als ich mit dem Fußball die Scheibe von unserem Nachbarn zerschossen habe und der ganz furchtbar doll geschimpft und gesagt hat, dass ich jetzt ein Jahr lang kein Taschengeld mehr kriegen dürfte, haben meine Eltern die Scheibe repariert und mir trotzdem Taschengeld gegeben. Und bei allen Hausaufgaben helfen sie mir, und wenn ich mich mit meinen Freunden streite und traurig bin. Ich hab wirklich noch nichts erlebt, bei dem meine Eltern mir nicht helfen konnten. Und warum das Brot auf einmal verzaubert sein soll, verstehe ich auch nicht so richtig – nur weil Papas Chef das sagt, was Jesus früher gesagt hat?

»Und wenn von den geweihten Hostien etwas übrig ist«, sagt der Pfarrer jetzt und zeigt auf einen verzierten Schrank an der Rückseite der Bühne, »dann stelle ich sie dort hinten in den Tabernakel. Jesus ist also immer da, immer gegenwärtig, in jeder heiligen Messe, und das ist doch etwas ganz, ganz Tolles! Bei einem Freund muss ich immer wieder anrufen, aber bei Jesus weiß ich, dass er immer da ist, und er sagt: Ich liebe dich und ich will dein ganzes Leben lang dein Freund sein.«

Also irgendwie kommt mir das komisch vor. Meine Mama und mein Papa lieben mich schon, und einen Freund hab ich auch, Tayfun heißt der, und der ist richtig cool. Und Moritz auch. Und Jan sowieso. Drei tolle Freunde reichen mir eigentlich, und die meisten anderen Kinder aus meiner Klasse sind auch ganz nett.

»Liebe Brüder und Schwestern, liebe Eltern der Kommunionskinder.« Der Pfarrer dreht sich jetzt wieder zur Gemeinde. »Sie haben nun die Kinder bis zur Erstkommunion begleitet, aber manchmal habe ich den Eindruck, dass viele heute gar nicht mehr wissen, dass Jesus uns Christen damit das kostbarste und heiligste Geschenk unseres Lebens gemacht hat. Deswegen will ich sie auffordern, ihren Kindern vorzuleben, was es heißt, im Namen des Herrn zu leben, in Ehrfurcht vor ihm und vor seinem Sohn Jesus Christus.« Einer hustet. »Wenn ich den Leib des Herrn empfange, dann trage ich eine riesige Verantwortung, dann passiert etwas mit mir«, sagt der Pfarrer jetzt immer lauter. »Das ist schließlich keine geistliche Aspirin, die ich mir da abhole! Wenn ich zum Tisch des Herrn trete, dann werde ich entprivatisiert, dann erkenne ich an: Du, Christus, du bist die Richtschnur und das Haupt meines Lebens. Du darfst über mich verfügen, ich gebe mich dir hin!« Seine Stimme hallt in der Kirche. »Amen!«[16]

»Amen«, sagen auch die Menschen auf den Kirchenbänken, dann spielt mein Papa ein Lied auf der Orgel. Ich sehe ihn ganz klein an seinem Orgeltisch sitzen und wünschte, er wäre jetzt bei mir, damit er diese verdammte Fliege locker machen kann. Als der Pfarrer gerade nicht guckt, probiere ich es mit einer Hand selbst, aber das Ding sitzt einfach zu fest. Ich atme tief durch und merke, dass ich schwitze. Die Kerze in meiner Hand nervt mich auch, außerdem kamen mir die Gottesdienste schon im Sitzen immer ganz lange vor, und jetzt muss ich die ganze Zeit stehen. Als mein Papa das Lied fertig gespielt hat, greift der Pfarrer nach der Goldschale und hält sie Achim hin, der als Erster in unserem Halbkreis steht. Jetzt geht es also endlich los, super.

»Und nun sprich mir nach, Achim«, sagt der Pfarrer, hebt eine der Hostien aus der Schale und hält sie ihm vor die Nase. »Herr, ich glaube an dich!«

»Herr«, sagt Achim und hebt seine Hände, die er zu einer Schale geformt hat, noch etwas höher. »Ich glaube an dich!«

Der Pfarrer legt die Hostie in Achims Hand, und Achim starrt sie an, dann schaut er zu seinen Eltern, die in der ersten Reihe sitzen. Die wohnen in einem sehr großen Haus, gleich bei der Kirche, und ihr Auto glänzt immer ganz doll. Achims Papa ist ein Politiker, der lächelt jetzt, und seine Mama tupft sich eine Träne von der Wange, dann steckt Achim sich die Hostie in den Mund. Stille herrscht in der ganzen Kirche, und ich beobachte, wie alle Kinder Achim angucken. Was passiert jetzt wohl? Achim schließt die Augen beim Kauen, schluckt und … öffnet sie dann wieder.

Und?, würde ich ihn am liebsten fragen, merkst du schon was? – aber in der Messe sollen wir keine Fragen stellen, hat Nicole gesagt, und vor mir stehen schließlich nur noch elf Kinder, dann bin ich selbst dran. Ich muss ja bloß sagen, dass ich an ihn glaube, dann darf ich auch endlich den Leib Christi in mich aufnehmen. Jetzt ist Stella dran, und auch bei ihr passiert nichts – bekommt die Hostie, kaut, schluckt, dann geht der Pfarrer mit der Schale zu dem Jungen neben Stella. Zehn Kinder sind jetzt noch vor mir, und meine Fliege wird irgendwie immer enger. Was sag ich denn, wenn der gleich vor mir steht? Oje, nur noch neun Kinder, jetzt wird die Sache langsam ernst. Soll ich das auch einfach so wiederholen? Würde das denn stimmen, wenn ich sage: Herr, ich glaube an dich? Und wenn nicht, ist das dann eine Lüge, und ich werde dafür bestraft? Muss ich dann wieder in die Kammer? Noch acht Kinder, Himmel, jetzt ist es doch bestimmt zu spät, um noch auszusteigen, oder? Ist das so wie beim Fünfer – wenn man einmal oben steht, muss man auch springen? O Gott, was mach ich bloß?

Moment mal – Gott? Das ist doch die Idee! Warum frag ich ihn nicht einfach direkt? Hab ich doch alles gelernt: Hände falten, Augen schließen und in Gedanken mit ihm sprechen. Unter dem Tuch, das meine Hände vor dem heißen Wachs schützt, sind meine Hände sowieso um die Kerze gefaltet, und der Pfarrer ist ja abgelenkt, dürfte gar nicht auffallen, wenn ich kurz meine Augen schließe … Also:

Hallo Gott, ich bin's, Philipp Möller, der Sohn von deinem Orgelspieler. Hörst du mich? Hallo?

Keine Antwort, aber die Nicole hat ja auch gesagt, Gott hat keine normale Stimme, also muss man in sich hineinhören. Na gut, noch mal:

Hallo, Gott?! Ich weiß nicht, ob du mich hören kannst, aber ich hätte ein paar Fragen an dich. Wie du ja sehen kannst, bin ich hier bei dir zu Hause und darf heute zum ersten Mal deinen Sohn essen. Bisher dachte ich eigentlich, das sagt man nur so, aber dein Pfarrer hat ja eben noch mal gesagt, dass es ganz echt ist! Stimmt das?

Ich horche ganz tief in mich hinein, konzentriere mich so gut wie möglich, höre aber keine Antwort. Aber meine Eltern hatten bisher immer recht, also wird das schon kein Fleisch und kein Blut sein, was ich da gleich essen muss. Sieht man ja auch. Noch acht Kinder.

Trotzdem wäre es wirklich gut, Gott, wenn du mir das mal beantwortest. Weißt du, ich soll ja gleich vor allen sagen, dass ich an dich glaube, und da wüsste ich das schon gerne. Hallo?

Ich schließe ganz doll meine Augen, was ja mit den Ohren leider nicht geht, aber ich höre einfach keine Antwort, tut mir leid! Nur die Stimmen der anderen Kinder, die sagen, dass sie an ihn glauben, die kommen immer näher. Oje, nicht, dass ich gleich meinen Einsatz verpasse, das wäre peinlich. Aber zum Glück ist ja Julia vor mir dran, und die hat ja so eine hohe Stimme, die höre ich auf jeden Fall, kann es also noch ein bisschen probieren.

Gott? Hier ist immer noch Philipp Möller. Kannst du mir bitte nur ganz kurz beantworten, ob die Hostie jetzt nun aus Brot oder aus Fleisch ist? Wenn du gerade nicht sprechen kannst, schick mir doch ein Zeichen oder so, wie in der Bibel. Okay?

Ich öffne die Augen, aber alles ist wie bisher, kein Zeichen, Mist. Dafür sind jetzt nur noch sieben Kinder vor mir.

Äh, tut mir leid, dass ich noch mal nerven muss, aber die Zeit drängt, und bevor ich hier vor allen sage, dass ich an dich glaube, würde ich gerne mal mit dir sprechen. Gott?!

Noch sechs Kinder.

Und wie sieht es mit der Beichte aus? War das jetzt

schlimm, dass ich den Pfarrer angelogen habe? Das war eine Notlüge, ehrlich, der wollte doch irgendwas hören!

Fünf.

Okay, ich geb's ja zu, ich hab letztens bei Bolle an der Kasse einen Schokoriegel eingesteckt, aber das ist auch gemein, die liegen da immer so lecker, und fast nie wollen Mama und Papa mir einen kaufen. Das war's: Ich hab geklaut, aber ich schwöre, ich mach's nie wieder!

Vier Kinder sind jetzt noch vor mir.

Man, Gott, jetzt sag doch auch mal was! Meinst du nicht, das reicht, wenn meine Eltern sich um mich kümmern? Die sind wirklich toll, und bis die mal sterben bin ich ja schon ganz groß.

Drei Kinder.

Na gut, du willst also nicht darüber reden, dann machen wir es doch einfach so. Ich probier das jetzt mal aus mit der Hostie, und dann sehen wir weiter, ja?

Zwei.

Ich muss dafür zwar wieder den Pfarrer ein bisschen anlügen, denn im Moment weiß ich gar nicht, was ich glauben soll. Aber wenn die Hostie wirkt, dann … dann glaub ich auch an dich – versprochen!

»Herr«, ertönt jetzt Julias hohe Stimme neben mir. »Ich glaube an dich.«

»Also, Philipp!« Der Pfarrer nimmt eine der Hostien aus der goldenen Schale und hält sie mir vor die Nase. »Sprich auch du mir nach: Herr, ich glaube an dich!«

»Gut.« Ich sehe meinen Papa am Geländer der Empore stehen. Er ist extra aufgestanden, und obwohl er so weit weg ist, sehe ich, dass er lächelt. »Herr«, sage ich und mache auch ein Schälchen mit meinen Händen. »Ich glaube an dich!«

Jetzt wollen wir doch mal sehen, was passiert. Die Hostie ist leicht, schmeckt nach gar nichts und klebt sofort an meinem Gaumen fest. Aus Fleisch ist sie schon mal nicht, aber ich schließe trotzdem meine Augen und horche wieder in mich rein. Vielleicht hat der Pfarrer ja doch recht, und gleich spüre ich, wie sich die Hostie verwandelt und höre plötzlich Gott.

Hallo? Haaallooo?!

Nix.

Als endlich alle Kinder eine Hostie bekommen haben und mein Vater noch ein Lied gespielt und alle Menschen in der Kirche dem Pfarrer ein Gebet nachgesprochen haben, darf ich von der Bühne gehen. Ganz viele Leute kommen auf mich zu und sagen alle Gott segne dich, aber ich renne durch die Leute und suche meinen Papa.

»Hey, Großer«, höre ich plötzlich seine Stimme. »Herzlichen Glückwunsch!« Er kniet sich zu mir herunter, runzelt aber sofort seine Stirn. »Alles in Ordnung?«

»Nee!« Ich puste die Kerze aus und lege sie auf den Boden. »Mama hat die Fliege zu eng gemacht!«

»Oje, komm mal her.« Mit einem Handgriff schlägt er meinen Kragen hoch und löst die Fliege. »Frauen tragen keine Fliegen, weißt du, daher weiß Mama das nicht. Soll ich sie lockerer stellen?«

»Ablassen!«, sage ich und reibe meinen Hals. »Danke, Papa! Kann ich dich noch was fragen?«

»Klar!« Er zeigt auf die Hintertür. »Vielleicht draußen? Das Wetter ist so schön …«

»Diese Hostie«, beginne ich, als wir Hand in Hand den Garten betreten, wo jetzt ganz viele Kinder und noch mehr Eltern und Großeltern herumstehen. »Ist die nun aus Brot oder aus Fleisch?«

»Was würdest du denn sagen?«

»Na ja …« Ich schaue ihn von unten an. »Aus Brot.«

»Dann ist es auch Brot.« Er lächelt mich an, dann winkt er seinen Eltern. »Aber Oma und Opa haben noch ein Geschenk für dich!«

»Das ist im Kofferraum«, sagt mein Opa und nimmt mich an die Hand. »Wenn man ins Weltall schaut«, sagt er auf dem Weg zum Parkplatz, »kriegt man ja eine ungefähre Idee davon, wie groß es ist – und wie unglaublich klein wir sind. Aber auch auf der Welt gibt es so vieles zu entdecken, dass man gar nicht erst ins All schauen muss, um etwas Spannendes zu finden.« Er greift in den Kofferraum und reicht mir das Geschenk. »Herzlichen Glückwunsch zur Erstkommunion, Philipp!«

Ich verstehe zwar nicht so recht, was er mir damit sagen will, aber das Geschenk sieht riesig aus – wahrscheinlich ist ein Fernrohr drin, wie cool! Ich reiße das Geschenkpapier auf und finde:

Ein Mikroskop.

»Damit kann man Dinge entdecken«, sagt er, »die man mit dem bloßen Auge nicht sieht. Und wenn der ganze Rummel hier vorbei ist …« Er zeigt auf den Garten der Kirche, wo noch immer ganz viele Leute herumwuseln, »… dann zeige ich dir mal, wie die Welt aussieht, wenn man ganz genau hinschaut!«

Als die Mauer fällt, sagt unsere Relilehrerin an der Schule, das hat der liebe Gott gemacht, aber meine Eltern erklären mir das anders. Ich höre mir die Geschichten dann noch eine ganze Weile an, und erst als ich in die fünfte Klasse komme, melde ich mich vom Religionsunterricht ab. Soll keiner sagen, ich hätte Gott keine Chance gegeben.

Gottes Comeback

»... und man muss noch nicht einmal ganz genau hinschauen«, sagt der Mann hinter dem Rednerpult und reißt dabei seine Arme in die Luft, »um festzustellen, dass wir Menschen selbstverständlich aus den gleichen Prozessen hervorgegangen sind wie alle anderen Lebewesen auf der Erde auch – dass wir also nicht nur Kultur-, sondern auch Naturwesen sind!« Er beruhigt sich wieder etwas und richtet sein volles, gräuliches Haar. »Und um genau diese Frage wird es in den kommenden Wochen gehen: Wer oder was bestimmt unser Dasein?«

»Ich hab doch gesagt, der legt pünktlich los!«, zische ich meinen besten Unikumpel Benjamin an. »Und spannend ist das Thema auch!«

»Sorry!« Er zeigt auf sein Getränk. »Nach zwei Rouladen, Kartoffeln und Salatbeilage mit Pudding zum Nachtisch brauch ich so'n Drink – sonst penn' ich hier sofort ein!«

»Ja ja, Frappuccino ist super!«, sage ich und schlürfe an meinem. »Aber jetzt lass uns mal hinsetzen, ich glaub' der Typ ist cool, und das ist seine letzte Veranstaltung vor der Rente!«

Wir stehen im hinteren Teil des Audimax der Rost- und Silberlaube, wie unser Campus der Freien Universität Berlin genannt wird, und blicken von oben herab in einen riesigen Saal. Beim ersten Rundgang haben wir Erstsemester damals gelernt, dass dieser Hörsaal 1a knapp vierhundert Sitzplätze hat, und davon sind heute mindestens drei Viertel belegt.

Benjamin zeigt auf zwei freie Plätze in unserer Nähe, für die niemand aufstehen muss, also eilen wir dort hin und setzen uns.

Seit dem ersten Semester kennen Benjamin und ich uns nun, haben immer mehrere Veranstaltungen gemeinsam belegt, haben den gleichen Schwerpunkt im Pädagogik-Studium gewählt, die Erwachsenenbildung, und sind längst richtig dicke Kumpels geworden – nicht zuletzt wegen unserer gemeinsamen Leidenschaft für lange Nächte in Elektroclubs. Im vergangenen Semester haben wir beide unser Vordiplom bestanden, haben das mit unseren Freundinnen so ziemlich über die gesamten Semesterferien gefeiert und dann in der letzten Woche, als das Vorlesungsverzeichnis erschien, ein Seminar entdeckt, dessen Ankündigungstext in uns etwas geweckt hat, was während des Grundstudiums nicht immer so richtig vorhanden war:

aufrichtiges Interesse.

Abgesehen von der supercoolen Sofia de la Rosa nämlich, die mit Herz und Verstand für die ganz pragmatischen Seiten der Erwachsenenbildung zuständig ist, hat noch niemand hier so spannende Fragen gestellt wie Professor Petersen jetzt:

»Was macht eigentlich die Natur des Menschen aus? Wie kommen die Wünsche, Vorlieben, Abneigungen und Hoffnungen des Einzelnen zustande? Und wo?« Er verlässt das Rednerpult mit dem Umhängemikrofon vor der Brust und geht auf die Streber in der ersten Reihe zu. »Welche Rolle spielt unsere Sozialisation dabei, und welche unser Erbgut? Welche Prozesse finden in dem Organ statt, in dem unsere gesamte Persönlichkeit verankert ist, also im Gehirn? Was wissen wir inzwischen über Hormone und ihre Bedeutung für unser Handeln und Empfinden?«

»Hormone sind richtig geil«, sagt ein Typ hinter mir, woraufhin er und sein Sitznachbar grunzen.

»Jungs!« Ich drehe mich um. »Wollt ihr mit dem Humor vielleicht in eine Kneipe umziehen?«

»Erst zu spät kommen, dann meckern, he?«

»Sch!«, sagt eine ziemlich alte Frau vor uns, die locker fünfunddreißig ist, dann sind wir alle wieder leise und hören dem Prof zu, der jetzt wieder emotional wird.

»Wie konnte sich eigentlich über Jahrzehnte, vielleicht sogar Jahrhunderte eine sozialwissenschaftliche Tradition etablieren, in der das naturwissenschaftliche Bild des Menschen systematisch unterschätzt und stellenweise geradezu geleugnet wird – bis heute?! Welche Vorbehalte gibt es gegen die Soziobiologie, die Evolutionspsychologie oder gegen Neurowissenschaften – und wie plausibel sind solche Vorbehalte? Wie vollständig kann ein Menschenbild sein, das uns nicht im Kontext des seit Milliarden Jahren und noch immer andauernden Prozesses sieht, aus dem wir hervorgegangen sind«, fragt er und wird wieder ruhiger »– der Evolution? Wie tragfähig kann eine Weltanschauung sein, die die Erkenntnisse der Naturwissenschaft nicht berücksichtigt? Und nicht zuletzt: Welche Folgen können wir aus dem evolutionären Verständnis des Menschen ziehen – auf wissenschaftlicher, aber auch auf gesellschaftlicher Ebene?« Er räuspert sich und schaut dann mit zusammengekniffenen Augen in die ersten Reihen. »Und wenn Sie mir nicht glauben, dass die Sozialwissenschaften auf diesem Feld einen immensen Nachholbedarf haben«, beginnt er lächelnd, »dann gehen Sie mal nebenan in unser Institut für Soziologie, hier an der Freien Universität Berlin, und erzählen denen, dass menschliches Verhalten nicht durch unsere Kultur, sondern auch durch unsere Natur determiniert ist …« Er lacht jetzt laut, reißt dann seine

Arme in die Luft und wird wieder lauter. »Da fliegen sie aber achtkantig raus!«

Professor Petersen strafft seinen Pullunder und sortiert seine Unterlagen auf dem Rednerpult, dann schaut er in den Hörsaal. Ich bin total baff, denn für mich und viele meiner Kommilitoninnen und Kommilitonen waren bisher eher solche Fragen relevant:

Was ist der Unterschied zwischen instrumenteller und operanter Konditionierung? Warum sabbert der Hund, wenn die Glocke läutet? Was hat Pawlow mit Piaget und Pestalozzi gemeinsam oder auch nicht, und warum sollen wir den ganzen Kram auswendig lernen, wenn sowieso alles im Internet steht? Warum finden eigentlich alle Mädels die Theorien von Pierre Bourdieu so gut – nur weil er Franzose war? Lernen Studenten am besten, wenn sie während einer Lehrveranstaltung a) jedes Wort mitschreiben, oder b) Textstellen in sechs verschiedenen Farben mit Lineal unterstreichen, oder c) aufmerksam zuhören und versuchen, dem Inhalt zu folgen oder d) wenn sie zu spät kommen und dann stören? Ist es überhaupt okay, wenn ich Studenten sage, oder werde ich dann von den Studierenden der Genderwissenschaft gelyncht? Und könnten wir uns die ganze Debatte um politisch korrekte Bezeichnungen nicht einfach sparen, indem wir statt Professorinnen und Professoren und Kommilitoninnen und Kommilitonen einfach Profs und Studis sagen? Und wie führe ich als Studi eine multifaktorielle Varianzanalyse durch, ohne dabei den Verstand zu verlieren? Gehörte diese Multidingsbums-Analyse jetzt zu den prüfungsrelevanten Themen, oder darf ich die direkt wieder vergessen? Welche Seminare und Vorlesungen muss ich wirklich besuchen, und welche kann ich mir eiskalt in die Studienbuchseite schreiben? Gilt jetzt diese Anwesenheitspflicht, und was passiert wenn ein Student die Liste verschwinden lässt? Und warum rauchen eigentlich alle in den Gängen und aschen in leere Kaffeebecher, obwohl überall Rauchverbotszeichen kleben? Welches Mensa-Essen bietet die meisten Kohlenhydrate zum geringsten Preis? In welchem Uni-Café gibt es den besten Cappuccino und die schönsten Studentinnen? Und nicht zuletzt: Was antwortet man später eigentlich, wenn jemand fragt: Ah, du bist Diplom-Pädagoge – welches Fach unterrichtest du denn? Bisher lautet meine Antwort nämlich: gar keins, na super!

»Krasser Prof, krasses Thema«, sagt Benjamin und schlürft an seinem Frappuccino. »Hoffentlich müssen wir hier keine Referate halten.«

»Also, verehrte Damen und Herren«, sagt Professor Petersen nun, »Leistungspunkte gibt's nur für Referate, auf Hausaufgabenkontrollen hab ich keine Lust mehr, tut mir leid. Freiwillige vor?«

»Fuck!«, sagt Benjamin.

»Niemand?« Der ältere Herr lässt seinen Blick durch den riesigen Saal schweifen. »Ah ja, da oben – wie heißen Sie?«

»Möller«, sage ich, und als sich etwa 300 Studenten zu mir umdrehen, entsteht ein sonderbares Geräusch. Meine Kehle schnürt sich leicht zu. »Philipp Möller mit Ö, wie …«

»Ökonomie, schon klar!« Er notiert sich etwas, kneift dann seine Augen zusammen und schaut zu mir nach oben. »Haben Sie denn schon ein bestimmtes Thema im Blick?«

»Kann ich mir das jetzt aussuchen?«

Die Studis lachen leise.

»Nein«, sagt er lächelnd, »das steht auf dem Semesterplan.«

»Ach ja, klar!« Möglichst unauffällig nehme ich unter den Klapptischen das Blatt von Benjamin entgegen, aber das Gekicher wird lauter. »Hier, das!«, sage ich schnell, um mir noch zwei Sekunden Zeit zu verschaffen und entdecke dann das richtige Stichwort. »Hirnforschung im 21. Jahrhundert!«

»Das ist gut«, sagt der Professor und grinst, »da haben Sie sich das aufwendigste Thema herausgesucht.«

Der Saal lacht jetzt, ich grinse blöd, und mein Gesicht wird warm.

»Glückwunsch!«, sagt Benjamin und prustet.

»Aber dafür ist es auch das wichtigste Thema – und deswegen bekommen Sie am meisten Zeit dafür«, sagt der Professor nun, woraufhin das Lachen schnell verebbt. »Alle anderen Referate sind deutlich früher dran, und wer hier keine Leistungspunkte erzielen will, nun …« Für alle ersichtlich schmeißt er die Anwesenheitsliste in den Papierkorb. »… dem empfehle ich den Cappuccino im Psychologen-Café. Und Sie, Herr Möller, kommen dann nach der Veranstaltung direkt zu mir, dann bekommen Sie die Literatur ja? Weitere Referentinnen oder Referenten?«

»Schleimer!«, sagt Benjamin leise.

»Wenn dann Streber«, flüstere ich zurück.

»Kannst dich ja beim nächsten Mal ganz nach vorne setzen!«

»Mach ich vielleicht auch, na und?«

»Oder seine Tasche tragen.«

»Das machen nur Schleimer.«

»Oder die Tür aufhalten.«

»Das mach ich nur für Feministinnen, die das nicht wollen.« Ich drehe mich zu Benjamin um. »Sorry Alter, dass ich mich ausnahmsweise mal wirklich für etwas interessiere …«

»Oh, Herr Professor«, sagt er mit hoher Stimme. »Ihre Vorlesung war ja soooo interessant!«

»Jetzt halt doch mal … auch ein Referat!«

»Bist du verrückt?« Er schlürft den Rest aus seinem modernen Kaffeemischgetränk, bis es leise gluckert. »Doch nicht vor 300 Leuten!«

»Hm, stimmt schon.« Ich stelle mich mental hinter das Rednerpult und schaue in etwa 600 Augen, wobei mein Puls sofort steigt. »Das hab ich in dem Moment irgendwie nicht bedacht …«

Als die Verteilung der Referate gelaufen ist, nimmt der Professor seinen roten Faden wieder auf.

»Zu Beginn möchte ich ihnen drei Grundannahmen vorstellen, die der Psychologe und Sprachforscher Steven Pinker in seinem Buch …« – er hält einen fetten Wälzer hoch – »… ›Das unbeschriebene Blatt‹ als die drei fatalsten Denkfehler bezeichnet, die sich in unserem Selbstbild eingeschlichen haben: das unbeschriebene Blatt, der edle Wilde und der Geist in der Maschine.«

»Schreibst du jetzt etwa mit?«

»Ich mache mir Notizen fürs Referat, hallo?!«

»O tempora, o mores!« Benjamin rutscht in seinen Klappstuhl. »Aber Samstag im Berghain biste schon noch am Start, ja?«

»Ja-ha, Ruhe jetzt!«

»Die Idee vom unbeschriebenen Blatt – der berühmten leeren Tafel, der Tabula rasa«, fährt unser Professor fort, »geht tatsächlich davon aus, dass wir Menschen ohne jegliche vorherige Prägung zur Welt kommen.« Er schüttelt den Kopf. »Wie wir aber spätestens von Herrn Möller erfahren werden, ist die Realität meilenweit davon entfernt! Schon die DNS der Samen- und Eizelle unserer Eltern enthält Informationen darüber, zu welchem Typ wir uns entwickeln …«, sagt er und hebt jetzt den Zeigefinger, »… können! Und während der Schwangerschaft schreitet der Wachstumsprozess unseres Gehirns unter dem hormonellen Einfluss der Mutter so stark voran, dass wir bereits als echte Persönlichkeit auf die Welt kommen!« Er breitet die Arme aus. »Wie das Bild unseres Lebens schließlich einmal aussehen wird, ist dabei zwar noch offen, aber der Rahmen dieses Bildes ist durch genetische Bedingungen und pränatale Entwicklungen schon einmal gesetzt. Und fragen Sie sich bitte selbst: Was soll an dieser Erkenntnis schlecht oder problematisch sein? Der gesamte Behaviorismus – Pädagogen aufgepasst! – beruht auf der Idee, man könne aus jedem Menschen alles machen!« Er schlägt sich gegen die Stirn. »Henry Ford hat beispielsweise gesagt, man gebe ihm jedes beliebige Kind, und mit der nötigen Zeit und den nötigen Mitteln mache er aus jedem beliebigen Menschen einen Spezialisten einer beliebigen Fachrichtung. Entschuldigen Sie bitte meine Ausdrucksweise, aber auf diesem Blödsinn beruht bis heute unser Schulsystem! Die gleichen Lehrbücher für alle, denn alle Menschen sind von Geburt an gleich. Die gleichen Prüfungen, die gleichen Bewertungsmaßstäbe, die gleichen Stundenpläne – im Lichte heutiger Erkenntnis? Alles Unsinn! Ich will Ihnen etwas zeigen …«

Er legt eine Folie auf den Overheadprojektor. Sie zeigt eine Zeichnung eines Old-School-Lehrers, dessen Pult vor einem Baum steht. Vor dem Baum sitzen ein Vogel, ein Affe, ein Elefant, ein Pinguin, ein Hund, und neben dem Hund steht ein Glas mit einem Goldfisch drin. In der Sprechblase des Lehrers steht: ›Aus Gründen der Fairness ist die Aufgabe für alle gleich: Klettert auf den Baum.‹

Viele Studenten lachen.

»Wer jetzt lacht, hat wohl noch nicht besonders viel studiert«, sagt Professor Petersen grinsend, »denn das ist die Lieblingsfolie aller Dozenten, die die Unsinnigkeit der sogenannten Chancengleichheit veranschaulichen wollen.

Das zu hinterfragen ist wichtig, viel wichtiger aber noch ist es, das dahinterstehende Bild vom Menschen zu hinterfragen! Und das ist genau die Annahme, alle Menschen seien von Grund auf gleich – das lässt sich einfach nicht mehr halten!«

Wieder stellt er sich ans Pult, sortiert ein paar Unterlagen, nimmt die Folie vom Projektor und trinkt einen Schluck Wasser – und gibt uns damit die kurze Möglichkeit, seine Worte zu reflektieren. Oder bunt zu unterstreichen, je nachdem.

Ich bin zunächst einmal beeindruckt von seiner Leidenschaft, doch sein letzter Satz hallt in mir irgendwie unschön nach, und auch Benjamin schüttelt den Kopf.

»Na super! Wenn wir Menschen nicht alle gleich sind«, sagt er, »dann kann man uns ja auch schön ungleich behandeln – Diskriminierung, here we come!«

»Eines müssen wir dabei natürlich bedenken!« Streng und wieder mit erhobenem Zeigefinger schaut der Professor in den Saal. »Wir Menschen sind nicht alle gleich – aber alle gleichwertig!«, tönt es nun aus den Lautsprechern. »Das ist vielleicht die wichtigste Formel, auf die man die Erkenntnis bringen kann, dass wir Menschen von Natur aus unterschiedlich gelagerte Stärken und Schwächen, Vorlieben und Abneigungen haben. Wie diese sich nun entwickeln, das ist schließlich eine Frage der Sozialisation, und dafür brauchen wir ein gerechtes Gesellschaftssystem! Aber leider vermögen es ja nicht einmal unsere Schulen, soziale Unterschiede auszugleichen, ganz im Gegenteil – sie verstärken die ungleichen Bedingungen sogar, die jedes Kind von zu Hause mitbringt! Aber das ist ja auch kein Wunder«, sagt er wieder lauter. »Aus einem falschen Menschenbild resultiert eben auch eine falsche Politik! Die Ketten der sozialen Ungerechtigkeit aufzusprengen, das ist doch vor allem eine

Aufgabe der Sozial- und der Bildungspolitik! Und unsere Schulen werden wir nur umbauen können, wenn wir auch umdenken.« Er steht wieder am Pult. »Wir werden Menschen nur gerecht, wenn wir sie anerkennen, wie sie sind: unterschiedlich.«

Wieder trinkt er Wasser und gibt uns einen Moment Zeit, unsere studentische Arbeit zu verrichten. Und in mir taucht dabei vor allem diese Frage auf: Ist unser Schulsystem wirklich so ungerecht? Haben in Deutschland nicht alle Schülerinnen und Schüler die Möglichkeit auf einen Schulabschluss, mit dem sie schließlich den Beruf ergreifen können, der ihren Stärken und Vorstellungen entspricht – also: zumindest theoretisch?

Damit werde ich mich jedoch ein anderes Mal befassen müssen, denn Professor Petersen kommt zum zweiten Denkfehler.

»Hinter der Vorstellung, die Steven Pinker ›den edlen Wilden‹ nennt, verbirgt sich eine Annahme, die direkt aus dem ersten Fehler hervorgeht, aber noch eine weitere Dimension ins Spiel bringt. Sie lautet: Der unbeschriebene Mensch sei grundsätzlich gut und erst die Welt mache ihn zu einem schlechten Wesen.« Er verzieht den Mund. »Im christlichen Menschenbild kommen wir ja grundsätzlich als Sünder auf die Welt, und was das für die Psyche der Menschen bedeutet hat, wissen wir ja – soll aber nicht unser Thema sein. Denn die Annahme, die sich im edlen Wilden ausdrückt, ist aus zwei Gründen problematisch: Sie entspricht nicht der Realität, und sie geht von der Existenz eines Guten aus, dem das Böse gegenübersteht. Mit Verlaub, aber mit solchen Konstrukten, Gut gegen Böse, können wir vielleicht Star Wars oder Harry Potter verstehen, oder eben die Bibel, aber mit der Realität haben sie überhaupt nichts zu tun!«

Ich muss lachen, bin dabei allerdings der Einzige und werde wieder von ziemlich vielen Leuten ziemlich komisch angeschaut. Professor Petersen hingegen läuft jetzt auf seiner Bühne entlang.

»Natürlich gibt es Handlungen, die ethisch verwerflich sind und deshalb verboten werden müssen, weil sie die Rechte anderer Lebewesen einschränken oder verletzen, aber absolute Kategorien von Gut und Böse gehören in Drehbücher oder heilige Schriften, mit redlicher Wissenschaft oder Philosophie hat das nichts zu tun!«

»Bist du eigentlich religiös?«, will Benjamin leise wissen.

»Ich? Religiös?!« Ich neige meinen Kopf zu ihm und flüstere. »Ich bin direkt nach der Kommunion aus dem Religionsunterricht ausgetreten, und seit vielen Jahren glaube ich hauptsächlich an die drei großen M.« Ich schaue ihn von der Seite an und grinse. »Mädels, Musik und Marihuana!«

»Ja, wir sind eben Brüder im Geiste!« Benjamin faltet seine Hände und bewegt kurz stumm seine Lippen. »Aber jetzt hast du ja noch ein Hobby mit M dazubekommen: menschseinfragendiskutieren.« Er weist mit dem Kinn nach vorn, wo der Prof jetzt weiterspricht. »Hör gut zu – für dein Referat!«

»Dass wir Menschen also ausschließlich von unserer Umwelt versaut werden – so möchte ich das mal nennen –, ist aber nicht nur inhaltlich falsch, sondern wird unserer Gesellschaft auch keineswegs gerecht. Die News sind nicht umsonst voll von Mord und Totschlag – weil sie eben News sind: Neuigkeiten, nichts Alltägliches! Und dort, wo wir Menschen das bipolare Denken zwischen Gut und Böse und Falsch und Richtig und schwarz und weiß überwunden haben, und stattdessen gesellschaftliche Spielregeln für ein faires Miteinander ausgehandelt haben, dort können wir Menschen auch ein weitgehend selbstbestimmtes und friedliches Leben führen!« Er atmet durch und schaut auf die Uhr. »Aber lassen Sie mich zum dritten und vielleicht kräftigsten Denkfehler kommen, der unser Selbstbild seit langem beherrscht: zum Geist in der Maschine.«

Eine Weile lang sieht unser Prof so aus, als müsste er sich dazu entscheiden, mit welchem Beispiel er anfangen soll, und so steht er eine kleine Ewigkeit ans Rednerpult gestützt und starrt ins Leere.

»Wenn ich darüber nachdenke«, sagt er plötzlich leise, »wie mächtig diese Vorstellung war und noch immer ist …« Er lacht kurz durch die Nase und blickt dann wieder ins Publikum. »… und wie haarsträubend falsch zugleich …« Er schüttelt langsam den Kopf, »… dann weiß ich manchmal nicht, ob ich darüber lachen oder weinen soll. Wissen Sie – dies ist meine letzte Lehrveranstaltung als Professor für Soziologie, und nach allem, was ich gelesen und geschrieben habe, was ich erfahren und gelernt und gelehrt habe, bin ich zu einer Erkenntnis gekommen, der ich nach bestem Wissen und Gewissen meine letzte Veranstaltung widmen kann …«

Benjamin kichert. »Jetzt hör gut …«

»Ruhig!« Ich ramme ihm den Ellenbogen in die Seite und lehne mich dann nach vorn.

»Dass unser Gehirn anfängt, sich selbst zu verstehen, ist die mit Abstand größte wissenschaftliche Revolution der Menschheitsgeschichte.«

Er lässt diesen Satz im Saal stehen. Stille herrscht. Niemand schlürft, niemand unterstreicht bunt, kein Mucks ist zu hören. Von meinem Hirn geht ein Kribbeln auf die Kopfhaut über und breitet sich dann langsam aber sicher als die schönste Aha-Effekt-Gänsehaut meines Lebens über dem Rücken aus. Die Tragweite dieser Erkenntnis kann ich momentan nur erahnen, aber eines wird mir intuitiv klar: Für solche Momente sitze ich hier.

Denn Bildung ist nicht bloß ein Prozess, bei dem Methoden vermittelt werden sollen, die Menschen später im Beruf einsetzen können. Bildung soll uns auch nicht ausschließlich den Zugang zu dem Wissen ermöglichen, das die Menschheit bisher generiert hat, nein:

Kern der Bildung ist es, in Menschen das vitale Interesse zu wecken, sich diese Welt zu erschließen.

Und der Stille nach zu urteilen, die nun um mich herum herrscht, hat Professor Petersen genau dies soeben nicht nur bei mir geschafft.

»Aber fangen wir vorne an …« Er holt tief Luft. »Die Vorstellung vom Geist in der Maschine wird auch als Dualismus bezeichnet und geht davon aus, dass unsere Persönlichkeit unabhängig von unserem Körper existiert. Die immaterielle Seele, der Geist, so lautet insbesondere die religiöse Vorstellung, wohne nur im materiellen Körper der Maschine und könne auch unabhängig von dieser Maschine existieren.« Wieder geht er ein bisschen vorn spazieren. »Und auch, wenn ich damit unter Umständen auf persönliche Befindlichkeiten treffe, muss hier gesagt werden: Der Dualismus lässt sich mit keiner einzigen Erkenntnis in Einklang bringen, die das Gehirn inzwischen über sich selbst gewonnen hat! Als sich dem berühmten Mitarbeiter einer amerikanischen Eisenbahngesellschaft Phineas Gage[17] 1848 bei Sprengarbeiten eine Metallstange durchs Gehirn bohrte, starb er nicht, aber er erlitt schwere partielle Hirnverletzungen – und wurde infolge deren zu einer anderen Persönlichkeit! Ausgehend von dieser wundersamen Beobachtung entwickelte sich die Hirnforschung bis heute zu einer Disziplin, die noch immer ziemlich am Anfang steht, inzwischen aber genau den gleichen Effekt beschreiben kann, der auch bei Gage eintrat – und zwar bei der Alzheimer-Demenz. Bei dieser neurodegenerativen Krankheit führt das Absterben relativ winziger Teile des Gehirns schon zum völligen Wandel der Persönlichkeit. Und inzwischen können wir dem Gehirn mit Hilfe der funktionalen Magnetresonanztomographie sogar live und in Farbe bei der Arbeit zusehen! Spätestens im Lichte dieser und tonnenweise ähnlicher Erkenntnisse müssen wir den Dualismus endgültig ad acta legen und ein monistisches Bild vom Menschen anerkennen: Ich bin mein Körper, und mein Körper ist ich, und wenn mein Körper mal nicht mehr ist, nun …« Unser Prof bleibt vor einer Studentin stehen, die mit ihrem Baby auf dem Arm im Hörsaal sitzt. »Dann bin auch ich nicht mehr!«

Er lächelt die junge Frau an und geht dann zum Pult zurück. In den verbleibenden Minuten seiner Einführungsveranstaltung vertieft er die drei großen Denkfehler und zeigt gegen Ende auf einen Bücherstapel, der neben seinem Pult auf einem Tisch liegt:

»Ich weiß, die Auseinandersetzung mit Wissenschaft und Philosophie ist deutlich aufwendiger, als zu glauben, wir könnten uns selbst und die Welt nicht verstehen – aber ich verspreche Ihnen: Es lohnt sich!«

»Tschüss, Streber«, sagt Benjamin und drückt mich zum Abschied. »Und Samstag feiern, ja?«

»Ja ja«, sage ich und steige die Treppen herab zum Rednerpult.

Zwei andere Studenten stehen noch vor mir und holen sich ihre Literatur ab, also hab ich ein bisschen Zeit, den Hörsaal aus dieser Perspektive zu betrachten. Von hier aus erscheinen mir die Sitzreihen endlos, die Anzahl der Plätze vollkommen unüberschaubar und die Bühne, auf der ich hier stehe, wie ein Präsentierteller, auf dem Kritiker mich gnadenlos verspeisen könnten.

»Und das wäre dann für Sie!« Herr Petersen reicht mir lächelnd eine Zeitschrift, und sein Atem riecht nach Pfefferminze. »Die will ich aber wiederhaben, klar?«

»Das war's?« ›Gehirn und Geist‹ steht auf dem Cover und darunter ›Manifest der Hirnforschung‹. »Mehr muss ich nicht lesen?«

»O doch!« Ein herzliches Lachen entfährt dem älteren Herren. »Betrachten Sie die Hirnforschung als einen Startpunkt. Und wenn Sie damit durch sind, kommen Sie zu mir in die Sprechstunde, dann besprechen wir Ihr Referat.« Er zeigt auf den Hörsaal, der inzwischen vollkommen leer ist. »Haben Sie denn schon mal vor so vielen Menschen gesprochen?«

»Nein. Um ehrlich zu sein, nicht.« Ich blicke in den Raum und spüre, wie meine Handflächen kalt werden.

»Keine Sorge«, sagt er, »irgendwann ist ja bekanntlich immer das erste Mal. Und ich sage Ihnen: Wer gut vorbereitet ist, muss sich auch keine Sorgen machen!« Er räumt die restlichen Bücher zusammen und nimmt den großen Stapel in die Hand. »Ach, Herr Möller, haben Sie noch einen Moment Zeit?«

»Klar, wieso?«

»Würden Sie mir eben mit meiner Tasche helfen? Die Bücher sind so schwer.«

Mein erstes Mal

»Die Buskampagne, Philipp Möller, guten Tag.«

»Oh, guten Tag.« Sarahs Lachen zaubert durchs Telefon ein Lächeln in mein Gesicht. »Das ist dein Privathandy, mein Lieber!«

»Echt?« Ich nehme das Telefon vom Ohr und lasse den Blick durchs Lehrerzimmer schweifen. »Sorry, ich komme schon ganz durcheinander!«

Kein Wunder eigentlich, denn die Buskampagne ist in vollem Gange, und meinen Nebenjob als Vertretungslehrer muss ich schließlich auch noch irgendwie rocken. Die Kampagne hingegen begleite ich immer von donnerstagabends bis sonntagabends, und von Montag bis Donnerstag unterrichte ich offiziell Mathematik. Inoffiziell bändige ich verschiedene Rudel wildgewordener Kids und bin schon happy, wenn wir die 45 Minuten unfallfrei überstehen und nebenbei noch ein bisschen Rechnen üben. Mein Pressehandy ist jedoch auch hier mein ständiger Begleiter – genau wie der liebe Gott und der ganze Rattenschwanz, der an ihm hängt.

»Und, was hältst du davon?«, höre ich Sarah am Telefon sagen.

»Bitte?« Ich schüttele meinen Kopf. »Wie war deine Frage?«

»Mein Lieber, das passiert nicht zum ersten Mal, dass du mir nicht zuhörst!«

»Sorry, ich sag' dir – dieses Religionsthema ist einfach so unfassbar komplex!« Ich reibe meine geschlossenen Augen. »Und je mehr ich darüber lese, desto …« Mein anderes Handy klingelt. »Moment, ja?« Ich lege mein privates Telefon auf dem Tisch im Lehrerzimmer ab, fummele das andere aus meiner Hosentasche und gehe ran. »Die Buskampagne, Philipp Möller, guten Tag.«

»Guten Tag Herr Möller« sagt eine freundliche Herrenstimme, »Georg Häberle vom Südwestrundfunk, guten Tag.«

»Guten Tag Herr Häberle!«, sage ich deutlich in beide Telefone und drücke Sarah weg. Und weil einige Kolleginnen mich nun schräg anschauen, stehe ich auf und verlasse mit einem Telefon in der Hand und dem anderen am Ohr fluchtartig das Lehrerzimmer. »Wie schön, dass Sie anrufen! Wie kann ich Ihnen weiterhelfen?«

»Indem Sie unsere Einladung annehmen und als Talkgast an unserer Sendung teilnehmen!« Er schmunzelt hörbar. »Als Titel haben wir uns etwas überlegt, das Ihnen gefallen dürfte: Mehr Schein als Heiligkeit – wie glaubwürdig ist die Kirche?«

»Ungefähr so glaubwürdig wie ihre eigenen Märchen.« Ich lache, und Herr Häberle stimmt ein. »Das Märchen von der Jungfrau Maria zum Beispiel, oder das von der Sozialkirche, die ihre Gelder an die Armen verteilt!«

»Und wegen exakt solcher Statements brauchen wir Sie in der Sendung!« Ich höre Papier rascheln. »Darf ich das als eine Zusage verstehen?«

»Aber sicher doch! Wie ist der genaue Termin?«, frage ich, obwohl ich ganz genau weiß, dass ich so ziemlich alles andere dafür absagen würde.

»In drei Wochen? Moment …« Schnell greife ich nach ein paar Flyern für Inklusion, die auf einem Fensterbrett liegen, und raschele damit. »Ich schaue mal eben in meinen Kalender … Ja, das passt!«

»Super! Wir haben ein paar heiße Themen auf dem Plan und wirklich spannende Gäste dazu, unter anderem Deutschlands jüngsten Bischof und einen waschechten Piusbruder … Na ja!« Er lacht lange und laut. »Mich dürfte man dazu in keine Talkshow setzen, ich würde ausflippen! Aber Ihre Zusage freut uns sehr, alles Weitere läuft dann wie bei anderen Talkshows auch.«

»Äh – gut.«

»O mein Gott!«, sagt er und klingt dabei so, als würde er seine Hand vor den Mund nehmen. »Ist das etwa …«

»Meine erste Talkshow?« Mein Herz schlägt schneller. »Ja!«

Drei Wochen später landet mein Flieger in Stuttgart, und ich hole mit Marmelade in den Knien und Pudding in den Oberarmen mein Rollköfferchen aus dem Overheaddepartement. Seit dem Telefonat mit Herrn Häberle nämlich, vor allem aber seit dem ausführlichen Vorgespräch mit dem Moderator, Wieland Backes, habe ich einen gefühlten Dauerpuls von Hundertachtzig. Und spätestens jetzt trifft wohl auch eines der ältesten Atheisten-Vorurteile auf mich zu: Ich denke hundertmal mehr über Gott nach als die meisten Menschen, die an ihn glauben.

Um ganz ehrlich zu sein, stehe ich in letzter Zeit morgens mit Gott auf, zerbreche mir unter der Dusche erfolgreich den Kopf über die Dreifaltigkeit, versuche beim Frühstück erfolglos das Theodizee-Problem zu lösen, lese auf der Bahnfahrt in die Schule die neuesten Schlagzeilen aus der Wunderwelt religiöser Wahnvorstellungen, schüttele in den kleinen Pausen meinen Kopf über den religiös bedingten Kreationismus und Sexismus vieler Viertklässler aus muslimischen Elternhäusern, helfe in der großen Pause einem neunjährigen Mädchen nach einem Streit ihr Kopftuch wieder zu befestigen, das sie vor den lüsternen Blicken der Männer schützen soll, beruhige meine geschundene Lehrerseele auf dem Heimweg mit Vivaldis Stabat Mater im Kopfhörer, enttarne am Nachmittag zum wiederholten Male die Pascal'sche Wette als Stumpfsinn, diskutiere abends die Unvereinbarkeit von Wissenschaft und Theologie und denke auch beim Einschlafen über nicht mehr und nicht weniger nach als Gott und die Welt – so vielschichtig erscheint mir Religion inzwischen, so unüberschaubar und komplex und zugleich so absurd und gefährlich.

Kurz vor meiner ersten Talkshow bin ich also zweifelsfrei auf einem vorläufigen Höhepunkt meiner Fassungslosigkeit über den schier endlosen Glaubensunsinn angelangt. Nur während des Unterrichts ist Ruhe in meinem Atheistenhirn, denn da benötige ich jede einzelne Zelle und Synapse, um die Kids in Schach und davon abzuhalten, sich gegenseitig die Köpfe einzuschlagen.

»Viel Spaß in Stuttgart«, sagt der Flugbegleiter beim Ausstieg, was ich mit einem gequälten Lächeln beantworte. Dann ziehe ich mein Rollköfferchen mit nassen Handflächen am Gepäckband vorbei und schließlich durch die Milchglasschiebetür des Flughafens.

»Hallo, Herr Möller!«, ruft einer der vielen Anzugmänner, die mit Namensschildern am Ausgang warten. Der große, kantige, blondierte Mann mit Sonnenbrille winkt mich zu sich. »Georg Häberle«, sagt er mit tiefer, aber weicher Stimme und gibt mir die Hand. »Wie schön, dass Sie da sind!« Er nimmt die Sonnenbrille ab und schaut mich aus stahlblauen Augen an. »Sie müssen heute wirklich alles geben, versprechen Sie mir das?«

»Ich tue, was ich kann, klar.« Mein Herz schlägt so laut,

dass ich meine eigene Stimme wie aus dem Nachbarraum wahrnehme. »Sind die anderen Gäste denn schon da?«

»Ja – deswegen sag ich das doch!« Er schlägt die Hände überm Kopf zusammen und läuft mit mir los. Am Wagen angekommen nimmt er mir meinen Koffer ab, stellt ihn nach hinten und öffnet mir dann die Beifahrertür. »Unterwegs erzähle ich Ihnen noch ein bisschen etwas zu unseren Gästen, ja?« Er schaut auf meine Hand. »Sind Sie nervös?«

»Mega!«

»Ach, das brauchen Sie aber nicht, ehrlich! Ich bin ja hier eigentlich zur Neutralität angehalten, aber – ich sag Ihnen jetzt mal etwas!« Wieder nimmt er seine Sonnenbrille ab und schaut mich aus nächster Nähe an. »Diese Kirchenbrüder sind vielleicht unangenehme Typen, das glaubt man kaum!«

»So schlimm?«

»Schlimmer! Wenn Sie mich fragen …« Mit dem Zeigefinger malt er einen Kreis um seine Schläfe. »Aber machen Sie sich selbst ein Bild – und vor allem gar keine Sorgen, Herr Möller!« Er schlägt mir locker auf die Schulter und setzt seine Brille wieder auf. »Glauben Sie mir: Solche Typen demontieren sich von ganz allein.« Er lächelt, dann mustert er mich. »Aber sagen Sie mal: Ein silbernes Sakko – muss das sein?«

»Das ist grau! Sieht das etwa nicht gut aus?« Ich schaue an mir herab und streife den Stoff glatt. »Ich bin extra noch mal zu H&M gegangen …«

»Grundgütiger!« Er richtet mein Revers und rümpft die Nase. »Und dazu ein hellblaues Hemd? Wollen Sie sich heute noch als Bankkaufmann bewerben, oder was?« Mit hochgezogener Augenbraue schaut er auf meinen Koffer. »Was haben Sie denn noch so mit?«

»Ich hätte noch ein anderes Hemd.«

»Farbe?«

»Weiß mit Streifen.«

»Streifen gehen gar nicht. Was noch?«

»Nur noch mein Gottlos-glücklich-Shirt.«

»Echt?« Er grinst. »Zeigen Sie mal her!« Als ich es ihm gegeben habe, hält er es mit ausgestreckten Armen vor sich und liest den Untertitel vor. »Ein erfülltes Leben braucht keinen Glauben – das ist doch super! Das ist doch die pure Dauerprovokation, das nehmen wir!« Er freut sich wie ein Schneekönig. »Und jetzt los, wir müssen gleich im Schloss sein …«

Wenige Minuten später fahren wir in der einsetzenden Dämmerung durch ein schmiedeeisernes Tor einen Kiesweg hinauf und landen vor dem pompös verzierten und beleuchteten Barockschlösschen, in dem die Sendung aufgezeichnet wird. Ich puste meine Hände trocken, atme einmal durch, und nachdem ich aus dem VW-Bus gestiegen bin, nehme ich alles wie in einem Film wahr: die Regieassistentin, die mich in das Schloss hinein- und in die Maske führt, das Puder auf meiner Haut, die vielen Hände, die ich anschließend schütteln muss, die Häppchen, die wir backstage zu essen bekommen, das Antlitz der zwei Geistlichen, die in Talar und Robe und mit so protzig großen Kreuzen um den Hals durch die Gegend schweben, dass ich fast schon wieder lachen muss. Aber auch nur fast.

»Hi, ich bin Benedikt«, stellt sich mir plötzlich ein eher schmächtiger Typ vor, der mir heute offensichtlich den Titel des jüngsten Gastes abnimmt. »Du bist der Atheist, oder?«

»Um genau zu sein, bin ich Naturalist, aber bei dem Begriff denken viele, ich würde in meiner Freizeit immer nackt herumlaufen.« Ich grinse schief und ermahne mich innerlich, solche Kommentare in der Sendung eher zu vermeiden. »Atheist ist also okay. Ich bin Philipp, hallo.«

»Ich bin Benedikt«, sagt er und öffnet sich eine Cola. »Was glaubt denn ein Naturalist?«

»Gar nichts, das ist der Kern des Naturalismus.«

»Aber ist das nicht auch ein Glaube?«, fragt er vorsichtig. »Dass es eben nichts gibt?«

»Nee, dass es nichts gibt glauben Nihilisten. Naturalisten hingegen glauben einfach nicht. Sie halten keine Behauptungen für wahr, nur weil sie irgendjemand aufgestellt hat und niemand sie widerlegen kann.« Ich sehe seine gerunzelte Stirn und greife dann doch wieder auf die Formel meines Freundes Michael Schmidt-Salomon zurück. »Als Naturalist gehe ich davon aus, dass es im Universum mit rechten Dingen zugeht und dass weder Götter noch andere Fabelwesen in die Naturgesetze eingreifen.«

»Okay, das kapier ich!« Er nickt und lächelt. »Und deswegen lauft ihr ständig nackt herum?«

»Deswegen nicht, nein.« Wir lachen, wobei uns der Piusbruder kurz anschaut. »Und du?«, frage ich Benedikt. »Was bist du?«

»Ich bin dann wohl auch Naturalist, auch wenn ich das bisher nicht wusste.« Er räuspert sich. »Und Missbrauchsopfer.«

»Bitte?« Mein Lächeln friert ein.

»Ich bin als Kind von unserem katholischen Pfarrer sexuell missbraucht worden.«

»Ach du Scheiße«, rutscht es mir heraus.

»Exakt.« Er schluckt und wartet, bis der Piusbruder lächelnd an uns vorbeigeschwebt ist. »Der Täter wurde zwar gesetzlich verurteilt, von der Kirche aber einfach versetzt und konnte unbehelligt weiterfummeln.«

»Das ist ja unglaublich!«

»So wie fast alles in der Kirche, ja.« Benedikt zuckt mit den Schultern. »Hat dort aber leider System und Tradition.«

»Guten Abend, allerseits!«, hören wir plötzlich die sonore und ruhige Stimme eines außerordentlich freundlichen älteren Herren. »Ich begrüße Sie alle ganz herzlich zu meiner Sendung! Bevor es aber losgeht, möchte ich Sie gegenseitig bekannt machen und noch ein paar Kleinigkeiten zum Ablauf sagen. Bitte, setzen Sie sich.«

Wieland Backes weist auf einen Stuhlkreis und setzt sich als Letzter dazu. Reihum stellt er alle Gäste vor: den Militärbischof und Münsteraner Weihbischof, Franz-Josef Overbeck, den katholischen Piusbruder Andreas Steiner, die Kulturbeauftragte der evangelischen Kirche Petra Bahr, das Missbrauchsopfer Benedikt Treibel, den Vorsitzenden des Lesben- und Schwulenverbandes Deutschland Axel Hochrein, den gottlos glücklichen Philipp Möller und Ilona Baumgärtner, die über Jahre hinweg eine ehrenamtliche Tafel für die evangelische Kirche aufgebaut, dann aber keine Festanstellung bekommen hat, weil sie konfessionsfrei ist.

»Sie sehen, das wird eine spannende Runde«, sagt Herr Backes, »aber wir haben auch ganze neunzig Minuten Zeit. Sie bekommen jetzt ihre Mikrophone angesteckt, dann machen wir im Saal noch Fotos für die Presse, und auf der Bühne finden Sie ihre Namensschilder auf den Plätzen. Gut?«

Er nickt uns freundlich zu, dann durchschreiten wir gemeinsam den Backstagebereich und trippeln dabei brav hinter Herrn Backes her. Auch Benedikt pustet seine Hände trocken, als wir den Saal betreten, in dem bereits das Publikum um die gutausgeleuchtete Bühne herum sitzt und klatscht, als der Gastgeber den Saal betritt. Alles ist viel kleiner, als es im Fernsehen aussieht, und jeder einzelne Platz ist besetzt.

»Herr Bischof«, sagt plötzlich eine ältere Dame, an der wir vorbeilaufen und steht halb auf. »Darf ich Sie gnädigst bitten?«

Mit offenem Mund beobachte ich, wie die Dame vor ihm niederkniet und seinen Ring küsst.

»Amen«, sagt sie dann, bekreuzigt sich und setzt sich wieder, doch hinter ihr stehen nun schon zwei weitere Frauen und ein Mann und schauen den Bischof mit großen Augen und gefalteten Händen an.

»Vielleicht besser danach«, sagt er, und schon setzen die drei sich schnell wieder hin.

Einen Goldring, davor niederkniende Frauen und das Gehalt eines Staatssekretärs – habe ich mir vielleicht doch die falsche Weltanschauung ausgesucht?

An einer Bar, die am Rande des Saals steht, stellen wir uns für ein Foto auf, und als der Fotograf uns darum bittet zu lächeln, flattert meine gesamte Oberlippe.

Auf der Bühne angekommen finde in mein Namensschild auf einer Couch und nehme gegenüber dem Bischof Platz, der mich durch seine rahmenlose Brille aus kleinen Augen anschaut und seinen Ring dreht. Noch schlimmer hat es jedoch Benedikt getroffen, den die Redaktion – sicherlich aus dramaturgischen Gründen – zwischen die zwei Würdenträger gesetzt hat. Mit großen Augen schaut der Junge nach rechts und links und zieht dabei seine Schultern zusammen. Ich schlucke und beobachte dann, wie Wieland Backes den Saal verlässt.

»Aufzeichnung beginnt in zehn!«, ertönt eine männliche Stimme aus Lautsprechern, woraufhin Ruhe im ganzen Saal einkehrt. »In fünf, vier – und bitte!«

Die Zuschauer applaudieren, als der Moderator den Saal betritt, dem Publikum winkt und sich dann vor einer mobilen Kamera positioniert.

»Glauben Sie an Gott?«, fragt er langsam und hält dabei seine Hände an den Fingerspitzen vor der Brust. »Die Mehrheit der Deutschen bejaht diese Frage. Glauben Sie der Kirche? Da rühren sich doch bei vielen erhebliche Zweifel.«

Dass der Glaube an Gott den allermeisten Menschen von der Kirche beigebracht wurde, rufe ich jetzt besser nicht rein. Auch nicht, dass zwar 59 Prozent der Deutschen an Gott glauben, aber nur 25 an einen persönlichen, wie er im Christentum beschrieben wird, und 34 an irgendeine höhere Kraft.[18] Und auch der Hinweis von Giordano Bruno, der im Jahr 1600 als Ketzer bei lebendigem Leibe verbrannt wurde, dass die allgemeine Meinung eben nicht immer die wahrste ist, erscheint mir für einen Zwischenruf zu lang.[19]

»Seit der Sache mit den Piusbrüdern«, fährt Herr Backes fort, »will die Kritik am Papst nicht mehr verstummen. Und seit dem Berliner Glaubenskampf um den Religionsunterricht steht auch die Frage im Raum: Geht's hier eigentlich um Seelenheil oder eher um Macht und Einfluss der Kirchen auf die Gesellschaft? Lebt die Kirche, ob katholisch oder protestantisch, eigentlich das, was sie predigt? Oder gilt: Mehr Schein als Heiligkeit – wie glaubwürdig ist die Kirche?«

Lässig spaziert er zu der Bar und stellt seinen ersten Gast vor: Ernst Cran, der nicht bei uns in der Runde sitzt. Vierzehn Jahre lang war er als evangelischer Pastor unterwegs, hat dann aber mit seiner Kirche gebrochen und ist nun »konfessionsbefreiter Theologe«, wie er sich selbst nennt. Mit wenigen Worten berichtet der sympathische und sehr ordentlich gekleidete Mann, dessen Glatze im Scheinwerferlicht glänzt, warum er seine sicherere Stellung als quasi verbeamteter Pfarrer aufgegeben hat.

»Ich hatte als empfindsamer, denkender, fühlender und Gott suchender Mensch zu entscheiden zwischen der Institution und dem Herrn Jesus«, sagt er und lächelt mild, »und ich habe mich für den Herrn Jesus entschieden.« Doch Wieland Backes gibt sich nicht zufrieden mit Allgemeinplätzen, sondern hakt nach. Herr Cran lächelt und spricht mit sanfter Stimme weiter, doch seine Sätze prasseln herab wie Batmans Faustschläge:

»Als Theologe muss ich sagen, dass diese Kirche das, was sie sagt, selbst nicht glaubt.«

Crash!

»Ich war einem Apparat ausgeliefert, der mir das Denken abgenommen hat.«

Kapow!

»Die Lehre von der Freiheit der Theologie ist im evangelischen Bereich eine Lüge.«

Bam!

»Man hat sich Dingen verhaftet, die als heilige Kühe gepflegt werden, die aber nur dazu dienen, die Existenz der Kirche zu sichern.«

Ouch!, denke ich mir, dann kann ich ja auch eigentlich wieder nach Hause fliegen. Denn wenn ein Mann, der vierzehn Jahre lang innerhalb dieser Institution gearbeitet hat, das kirchliche Gesamtkonzept in weniger als einer Minute in der Luft zerreißt, dann ist in Sachen Glaubwürdigkeit doch schon fast alles gesagt – oder?

Nach einem kleinen Ausflug in Behauptungen über Jesus – bei denen ich mich immer frage: Woher wissen manche Leute eigentlich so genau Bescheid über eine Figur, die keinerlei persönliche Aufzeichnungen hinterlassen hat, für die es keinen einzigen historisch belegten Augenzeugen gibt und deren Aussagen allesamt erst nach etwa 60 bis 100 Jahren stiller Post zu Papier gebracht wurden? – hat der Expfarrer aber noch eine knackige Aussage auf Lager:

»Jesus wollte nie am Kreuz sterben, er wollte nie als Christus verehrt werden, und er wollte schon gar keine Kirche gründen!«

Etwas schräg zwar, einer Figur, die von Kirchengründern erfunden wurde, zu unterstellen, sie wollte diese nie gründen, aber jetzt holt der betende Batman zum finalen Schlag aus:

»Das sind alles theologische Lebenslügen, die man kultiviert hat, um einen Apparat aufrechtzuerhalten, der Einfluss und Macht ausübt, der mit Angst arbeitet – evangelisch wie katholisch! – und alles andere im Sinne hat als das, was er zu tun vorgibt, nämlich den Menschen zu dienen.«

Ich feiere innerlich das Game-over der Kirchen, doch leider lässt Wieland Backes keine Zeit, diese extheologische Abrissbirne zu verdauen. Doch schon hier müsste die Sendung eigentlich kurz angehalten und ein wichtiger Satz festgehalten werden, denn genau das ist die Essenz der Religionskritik:

Nicht selbständige Prediger, die auf dem freien Markt der Mythologien ihre Version des Seelenheils feilbieten, und auch nicht der privat gelebte Glaube stehen im Zentrum der Religionskritik, sondern der Staats-Kirchen-Apparat mit all seinen politischen, juristischen und finanziellen Verstrickungen. Und weil Gott nun einmal das wichtigste Machtinstrument der Kirchen ist, muss er eben auch als dieses enttarnt werden. Oder andersherum:

Würden die Glaubensbosse sich nicht so viel Macht von ihrer angeblich allmächtigen Vatergestalt pumpen, könnten Gläubige ungestört ihr Seelenheil damit finden, ohne dass wir nervigen Atheisten ständig erklären müssten, dass das alles nur ausgedacht ist.

Wieland Backes kramt aber noch etwas Cooles hervor, und zwar ein Foto des ehemaligen Staatsgeistlichen mit seinen drei jugendlichen Kindern.

»Drei Kinder von drei Frauen sind jetzt auch nicht gerade der Standard in deutschen evangelischen Pfarrhäusern«, sagt er trocken. »Aber Sie waren ein echtes Enfant terrible und haben sogar eine Rockband gegründet, und die hatte den Namen: Die groben Popen – wir zeigen ein Video.«

Einige Zuschauer zucken zusammen, als Rockmusik aus den Lautsprechern ertönt und auf den Bildschirmen der Expfarrer in Talar und weißer Schärpe auf einem Klingelbeutelstab Luftgitarre spielt, während sein Bandkollege den Altar als Schlagzeug benutzt. »Macht nichts, du wirst auferstehen«, rocken er und seine Kumpels schließlich in Lederjacken ins Mikro, und so langsam wird mir klar, warum der Typ seinen Job verloren hat.

Aber so cool ich ihn und seine Haltung auch finde, so sehr tut mir diese Form der Kunst regelrecht weh im Hirn. Offenbar schlägt hier nämlich meine leicht katholische Kinderstube durch, in der es genau ein einziges Element gab, das ansatzweise als heilig gelten könnte – als unantastbar und erhaltenswert also: die Kirchenmusik.

Der Funke des Christentums ist also höchstens musikalisch auf mich übergesprungen, denn in meinen Ohren gibt es kaum etwas Ergreifenderes, Nobleres und im schönsten Sinne Niederschmetternderes als etwa Mozarts Requiem oder Vivaldis Gloria.

Okay, außer schwedischem Progressive-Metal vielleicht. Und Pink Floyd. Und so ziemlich alles, was Steven Wilson produziert. Und den späten Aufnahmen von Steely Dan. Und den frühen von Pearl Jam. Und dem Ami-Hip-hop der Neunziger. Und John Mayer, John Scofield, John Petrucci, Guthrie Govan, Plini, Steve Vai, Steve Morse, Mike Stern und vielen, vielen anderen, die ihre Musik mit Leidenschaft und Finesse produzieren – und in geistiger Freiheit.

Anders gesagt: In der Kirchenmusik lenkt mich die großartige künstlerische Leistung der Komponisten erfolgreich von dem ideologischen Überbau ab. Von christlicher Rockmusik hingegen fühle ich mich regelrecht beleidigt – musikalisch wie intellektuell.

Doch ein anderer Gedanke geistert mir durch den Kopf, der mir in meiner Sammlung religiöser Rätsel noch gefehlt hat: der Zölibat.

Auf dem Foto, das die Redaktion von dem heiligen Hardrocker herausgekramt hat, sehen wir also einen Mann mit seinen drei Kindern. Okay, dass er die mit drei verschiedenen Frauen gezeugt hat, mag manchem noch ungewöhnlich vorkommen, ist es aber nicht und spielt hier auch gar keine Rolle. Viel wichtiger ist doch diese eigentlich total banale Erkenntnis:

Auch Popen wollen poppen – ist doch klar!

Und was, um alles in der Welt, sollte denn daran bitte problematisch sein? Wie käme ein Mensch dazu, allein aufgrund seiner beruflichen Position kein sexuelles Verlangen mehr zu verspüren? Und wenn es dabei nicht um die berufliche Position geht: Wie viel Hochmut kann ein Mensch besitzen, sich aufgrund einer spirituellen Eingebung angeblich freimachen zu können von der ›natürlichsten Sache der Welt‹?

Gleich geht ja die Talkshow los, und daher habe ich nicht so richtig viel Zeit, es zu verstehen, aber so viele Fragen bleiben offen:

Wie kommt eine Institution, die von sich selbst behauptet, die Religion der Liebe zu vertreten, dazu, ihren wichtigsten Mitarbeitern die Liebe zu verbieten? Wie muss sich jemand fühlen, der seit Wochen, Monaten, Jahren, Jahrzehnten nur Selbstbefriedigung betrieben oder verbotenen Sex hat – und uns gleichzeitig weismachen soll, nichts davon gehabt zu haben, weil er es angeblich durch die Liebe zu einer imaginären Vaterfigur ausgleichen kann?

Schnell steigt Wieland Backes ins Thema ein, und während ich so langsam meine Nervosität in den Griff bekomme, schießt Overbeck schon ganz harte Munition Richtung Rock'n Priest zurück:

»Die Kirche ist diejenige Institution, die uns überhaupt zeigt, wie Moral zu verstehen ist«, sagt er schnell und ohne eine Miene zu verziehen, und doch finde ich, dass ihm das Joker-Lächeln verdammt gut stehen würde. »Und was die Werte sind, wie ein Mensch zu leben hat, damit er ein erfülltes Leben finden kann.«

Swoosh! Das sitzt. Vielleicht hat der Franz-Josef mit dieser Position damals im Priesterseminar eine 1,0 mit Sternchen und persönlicher Auszeichnung vom Oberpriester bekommen, aber ich bin mal so frei und bringe seinen Satz aufs Wesentliche: Ohne Kirche kein erfülltes Leben.

Ich hingegen weiß aus eigener Erfahrung, dass ein erfülltes Leben nicht einmal einen Glauben braucht – weshalb das auf meinem T-Shirt steht –, aber eine Kirche braucht es erst recht nicht. Dass ein Bischof dies natürlich anders darstellen muss, ist okay, aber ob er für solche Herablassungen mindestens 8000 Euro monatliches Bruttogehalt plus Dienstwohnung, Dienstwagen und Fahrer aus allgemeinen Steuergeldern erhalten sollte, das muss man schon fragen dürfen.

Wieland Backes hingegen ist weniger beeindruckt davon

als ich. Er lässt einen winzigen Moment der Stille stehen, dann schaut er den Bischof an.

»Das müssen sie ein wenig erhärten«, sagt er, »durch Fakten.«

Fakten von einem Bischof zu fordern, lieber Herr Backes – das nannte man mal Ketzerei.

»Wenn Sie an Fakten sehen, was wir zu Ehe und Familie sagen, dann wird klar: Das gehört zu den Grundfesten der Gesellschaft.«

Moment, wir stoppen wieder, denn dieser Satz ist so ein Schlag in die Magengrube aller Menschen, die nicht so leben, wie die katholische Kirche sich das vorstellt – und das dürften viele sein –, dass selbst der Herr Weihbischof einmal schlucken muss.

Doch jetzt ist es so weit: Wieland Backes holt mich in die Diskussion und gibt mir die Chance zu beweisen, dass ich erstmalig an einer solchen Debatte teilnehme.

»Herr Möller«, fragt er mich ganz offen. »Ist die Kirche glaubwürdig?«

Und statt anhand kurzer Beispiele zu erklären, wo die Kirche nicht nur im Konflikt mit ihren eigenen Ansprüchen steht – die Religion der Liebe zu sein, die die Liebe verpönt –, sondern auch mit deutschem Gesetz – Nächstenliebe predigen und Diskriminierung am Arbeitsplatz leben –, begebe ich mich als Talkshow-Rookie lieber ganz freiwillig auf das dünne theologische Eis – und spreche über Gott, aber wie!

»Gott ist ganz offensichtlich eine Erfindung der Menschen«, sage ich und wackele dabei nervös mit dem Fuß. »Da wird mir wohl niemand widersprechen.«

Moment mal – habe ich das jetzt echt gesagt? Hach, Möllerchen, wie schön und einfach doch die Welt wäre, wenn du recht hättest, denke ich mir schon während dieses dämlichen Satzes, mit dem ich mich nicht nur als Anhänger des Naturalismus geoutet habe, sondern auch des Naivismus.

Bestens trainiert holt der Bischof zu einem Kombinationsargument aus.

»Es gibt zwei Hinweise auf Gott«, sagt er. »Der eine ist philosophischer Natur und zeigt deutlich, dass, wer auf das Menschsein selbst deutlich rekurriert und darüber nachdenkt, deutlich an eine Instanz kommt, die das Unbedingte benennt.«

Äääh, ja, sicher doch Herr Bischof, alles wird gut! Verwirrten Menschen soll man ja immer erst einmal recht geben, sonst besteht die Gefahr, dass sie gänzlich durchdrehen. Aber während ich mich ernsthaft frage, ob in Messwein wirklich nur Alkohol steckt, verpasse ich die Chance, ihn auf seine nächste Aussage festzunageln.

»Und das Zweite ist für uns die Offenbarung, das heißt die Geschichte Gottes mit uns Menschen, die wir in der Heiligen Schrift finden.«

Könnte ich dem Vertreter Gottes auf Erden jetzt dazwischengrätschen, müsste ich sagen: Lieber Herr Overbeck, Sie meinen also, dass wir Menschen über das Menschsein nachdenken, ist schon ein Hinweis auf die Existenz Gottes, ja? Okay. Und die sehen Sie dann bewiesen durch die Heilige Schrift – richtig? Wenn ich das also mal zusammenfassen dürfte, dann lautet Ihre Argumentation: Der Mensch fragt, die Bibel antwortet, der Mensch glaubt und – zack: Feddich is die Laube?!

»Für uns Christen steht am Anfang natürlich noch Jesus«, sagt er, »in dem nicht nur ein Mensch auf uns zukommt, sondern Gott selbst.«

Ach ja, sorry, da war ja noch etwas. Aber hier ist die Entstehung der heiligen Mischpoke nun endgültig perfekt:

Weil unsere christlichen Vorfahren 99,9 Prozent der naturwissenschaftlichen und philosophischen Erkenntnisse der alten Griechen verbrannt haben[20], wissen wir tatsächlich so ziemlich nichts – wie gut also, dass es die Bibel gibt! Sie enthält alle Antworten auf alle Fragen und sagt uns, dass ab jetzt nur noch ein einziger Gott existiert, dessen Ebenbild wir sind – okay, abgesehen davon vielleicht, dass wir nichts wissen und er alles. Und wer alles weiß, der kann eben auch alles, zum Beispiel das Universum basteln. Damit wir unwissenden Menschen von dieser großartigen Tat überhaupt erfahren, beamt dieser Gott sich in eine jungfräuliche Gebärmutter hinein und taucht dann zur Wintersonnenwende – sorry: zu Weihnachten als Drei-in-eins-Gott auf: als Vater, als Sohn und als Heiliger Geist. Das alles wissen wir aus der Bibel, und dass die Bibel die Wahrheit enthält, wissen wir, weil sie das Wort des allwissenden Gottes ist. Und dass er allwissend ist, wissen wir ja, weil es in der Bibel steht, die ja wiederum wahr sein muss, weil sie vom allwissenden Gott geschrieben ist.

Entschuldigen Sie bitte meinen verspäteten jugendlichen Leichtsinn, Herr Bischof, aber: Wollen Sie uns eigentlich verarschen?

Auf manche Menschen, denen dieser Zirkelschluss von Kindesbein an als Wahrheit verkauft wurde, mag das ja Eindruck schinden, aber probieren Sie das mal in eine Excel-Tabelle einzugeben! »Diese Operation ist nicht möglich«, dürfte es da heißen, »die Zelle bezieht sich auf sich selbst.«

Dass der Mann sich aber mit solchen Kapriolen selbst demontiert, wie der Redakteur es mir versprochen hat, wage ich momentan zu bezweifeln, denn immerhin hat diese Verwirrungstaktik in den letzten 2000 Jahren auch ganz gut funktioniert.

Okay, sie musste hier und dort mal durch ein Kreuzzügchen oder ein Inquisitiönchen unterstützt werden, höchstens noch durch den ein oder anderen Hexenwahn – aber wir wollen ja nicht immer so kleinlich sein und die alten Kamellen aufwärmen, gelle?

Axel Hochrein vom LSVD macht das besser als ich. Als Schwuler fühlt er sich vom Statement des Bischofs zur Familie provoziert und stellt ihm klare Fragen:

»Ich bin ein homosexueller Mensch«, sagt er. »Bin ich jetzt Teufelswerk oder ein Fehler Gottes?«

Der Bischof wiederum beweist, dass jeder, der von einem Bischof eine sachliche Antwort erwartet, lange warten kann: »Jeder Mensch gehört in den Plan Gottes selbst«, sagt er, »aber die Frage ist ja: Wie lebt der Mensch mit den von Gott gegebenen Gaben.«

Und jetzt sind wir endlich am Nerv der Frage angelangt: bei der Liebe.

»Die Piusbrüder sind ja den Homosexuellen gegenüber nicht besonders aufgeschlossen«, setzt Wieland Backes nach, zeigt auf Herrn Hochrein und wendet sich dabei an Pater Andreas Steiner von den Piusbrüdern. »Gehört er jetzt dazu, zur Menschheit, oder nicht?«

Doch bevor wir den Mann dazu hören, muss ein ganz kurzer Blick auf die Piusbruderschaft her:

Wir schreiben das gotteslästerliche Jahr 1969: Studis demonstrieren, Hippies kopulieren und das Zweite Vatikanische Konzil ist gerade mal vier Jahre alt. Religionsfreiheit und Ökumene und ähnlichen Blödsinn hat Papst Johannes, der XXIII., mit seinen Brüdern in dieser fünfjährigen Konferenz beschlossen, und damit wird es dem französischen Erzbischof Marcel Lefebvre endgültig zu bunt! Seine Karriere dort war zwar steil – Marcel durfte sogar schon mal den päpstlichen Thronassistenten spielen –, aber bereits 1963 will er mehr stramme Linie für diesen verweltlichten und verweichlichten Haufen und nimmt 1969 die Bitte einiger Schüler an, sie in den ursprünglichen Lehren der heiligen Kirche zu unterrichten. Weil die Nummer recht gut läuft, schlägt ihm ein Vorgesetzter daraufhin vor, einen eigenen Orden zu gründen, und so entsteht 1970 die traditionalistische Fraternitas Sacerdotalis Sancti Pii X, kurz FSSPX, benannt nach dem 10. Pius-Papst, der auch kein so rechter Freund von Modernisierung und Öffnung der Kirche und sonstigem Gedöns war. Ab sofort spielen sich die Piusbrüder als die Ultras innerhalb der katholischen Kirche auf, verlieren schnell deren offizielle Anerkennung, wittern überall liberale Komplotte gegen sich und vor allem gegen Jesus, pöbeln ständig gegen die Päpste, machen keinen Hehl aus ihrer judenfeindlichen Haltung – die haben immerhin Gott auf dem Gewissen! –, und als sie einfach so, ohne Erlaubnis des Papstes, ganz normale Menschen in Priester verzaubern, fliegen sie 1988 achtkantig raus aus dem Laden: exkommuniziert, kein Paradies mehr, das war's! Davon lassen sich die Piusbrüder, die inzwischen weltweit Filialen aufgemacht haben, aber nicht einschüchtern, sondern bringen einen alten Freund des inzwischen verstorbenen Gründers an die Front: Franz Schmidberger aus der Schwäbischen Alb, ein Mann der ersten Stunde. Im Jahre 2008, also kurz vor unserer lustigen kleinen Gesprächsrunde hier, schreibt der Franz einen Brief an alle deutschen Bischöfe, in dem steht, dass die »Juden unserer Tage nicht nur unsere ältesten Brüder im Geiste« sind, sondern auch »des Gottesmordes mitschuldig, so lange sie sich nicht durch das Bekenntnis der Gottheit Christi und die Taufe von der Schuld ihrer Vorväter distanzieren«[21]. Dem bayerischen Papst Benedikt scheint das zu gefallen, also hebt er die Exkommunikation wieder auf und holt die Piusbrüder wieder in seinen Konzern hinein.

Und einer, der zu dieser Bruderschaft gehört, sitzt nun vor mir.

»Der liebe Gott liebt natürlich alle Menschen«, antwortet er auf die Frage, ob auch Schwule und Lesben zur Menschheit gehörten. »Das ist ja klar, aber es muss eben auch Regeln zum Zusammenleben geben.«

Um aber die Frage nach den Juden voranzubringen, konfrontiert der Moderator Herrn Steiner mit dem wörtlichen Zitat aus Franz' Brief, hat dabei allerdings nicht mit der sprachlichen und argumentatorischen Brillanz seines Talkgastes gerechnet.

»Was ja keiner weiß«, sagt er und faltet seine Hände im Schoß, »ist, dass der Herr Schmidberger das zurückgenommen hat.«

Ach, zurückgenommen also! So hat der Schwaben-Franz das sich wohl gedacht: Erst die Juden als Gottesmörder bezeichnen und sie allesamt zum Konvertieren auffordern, und dann, wenn ihn die Gesellschaft daran erinnert, dass Adolf tot und der Nationalsozialismus verboten ist, stellt er sich einfach hin und sagt: War nicht so gemeint, sorry.

Aus der Nummer kommt der Piusbruder nicht mehr raus, doch Herr Backes erlöst ihn von seinem Leiden und holt den Bischof wieder ins Boot:

»Was sagt denn der vereidigte Sachverständige dazu?«

»Sie müssen wissen, dass jede Form des Antisemitismus in der heiligen römisch-katholischen Kirche keinen Platz hat!«

Das Publikum beklatscht diese Geschichtsverfälschung, ich jedoch muss kurz aufpassen, dass ich bei diesem Satz nicht vor laufender Kamera ohnmächtig werde.

Denn was für mich kaum zu glauben war und sicherlich

auch für den Großteil der in Deutschland lebenden Christen schwer verdaulich sein wird, ist eine sehr gut belegte Tatsache, die die katholische Theologin Uta Ranke-Heinemann auf den Punkt bringt:

»Die zweitausendjährige Geschichte des Christentums ist eine Geschichte zweitausendjähriger Judenverfolgung.«[22]

Dass der Hass auf Juden bedeutend älter ist als der Nationalsozialismus, habe ich nach dem Abi dann auch irgendwann mitbekommen. Warum Martin Luthers Schrift »Von den Juden und ihren Luegen« den Philosophen Karl Jaspers zu der Aussage bewegt hat: »Was Hitler getan, hat Luther geraten, mit Ausnahme der direkten Tötung durch Gaskammern«[23], ist mir auch erst klargeworden, als ich einen Blick in diese Hetzschrift geworfen habe. Wie sehr der Antisemitismus aber mit den zeitlichen und geistigen Wurzeln des Christentums zusammenhängt, hat der Exchrist Uwe Lehnert in seinem »endgültigen Abschied von Christentum und Kirche« zusammengetragen.[24]

In unserer Talkshow hingegen ist keine Zeit für historische Richtigstellungen, und so bleibt die dreiste Falschdarstellung des Staatspredigers leider im Raum stehen. Wieland Backes hingegen scheint auch eher am Thema Liebe interessiert zu sein und lässt Herrn Overbeck noch einmal zu Wort kommen.

»Liebe ist nicht nur ein Gefühl, so sehr es Zuneigung geben kann«, räumt er ein, »sondern hat mit dem zu tun, was im Schöpfungsplan Gottes steht, und das ist Fortpflanzung. Und darum ist die normative Größe der Liebe, in diesem menschlichen Maße, die zwischen Mann und Frau, die auf Fortpflanzung aus ist.«

Und genau das passiert eben, wenn man die Realität nicht anerkennen will: Kirchenvertreter halten an Aussagen fest, die schon vor 2000 Jahren falsch waren, im Lichte heutiger Erkenntnis aber geradezu lächerlich sind.

Denn Homosexualität ist ein natürliches Phänomen, das bei allen Spezies und in allen menschlichen Kulturen vorkommt und das es immer schon gegeben zu haben scheint. Zudem eignet es sich bestens, um den zentralen Unterschied zwischen Moral und Ethik zu erläutern, den mein Philosophiefreund Michael Schmidt-Salomon sehr klar formuliert hat[25]:

Moral teilt mentale Zustände und Handlungen in Gut oder Böse, in Richtig oder Falsch, in moralisch oder unmoralisch ein, liefert dafür aber nur willkürliche Kriterien, die je nach Kultur oder Religion unterschiedlich und sogar gegensätzlich sein können.

Im Falle christlicher Moral wird Homosexualität als falsch angesehen, weil die christliche Mythologie einen Schöpfungsplan beinhaltet, der allein auf Fortpflanzung angelegt und in dem Homosexualität entsprechend nicht vorgesehen ist. Dass diese Schöpfungsgeschichte allem widerspricht, was wir inzwischen über die Entstehung der Arten wissen, ist für christliche Moralwächter vollkommen irrelevant – es passt nicht in ihr Weltbild, und damit gilt es als böse, falsch und unmoralisch.

Ethik hingegen unterscheidet nicht zwischen Gut und Böse, sondern fragt, wie fair oder unfair eine Handlung ist. Mentale Zustände hingegen sind ethisch vorerst irrelevant. Ethik fragt ausschließlich bei ausgeübten Handlungen, ob durch sie die Rechte oder Interessen eines anderen verletzt werden – ob durch sie also Leid entsteht, und wenn ja, wie viel.

Aus ethischer Perspektive ist der mentale Zustand, sich sexuell (auch) von Gleichgeschlechtlichen angezogen zu fühlen, gänzlich irrelevant. Einvernehmliche homosexuelle Handlungen sind genauso unproblematisch wie alle anderen einvernehmlichen sexuellen Aktivitäten zwischen Volljährigen, weil sie durch das Selbstbestimmungsrecht gedeckt sind und kein Leid verursachen.

Werden Menschen jedoch aus moralischen Gründen Handlungen untersagt, die kein Leid verursachen würden, nach denen sie aber ein Verlangen haben, dann entsteht sehr wohl Leid. Ethische Überlegungen gehen daher immer von einem souveränen Individuum aus, das uneingeschränkt selbstbestimmt handeln kann, solange es die Rechte anderer Individuen achtet. Weil homosexuelle Handlungen im Christentum aber unterdrückt werden, gilt folgende einfache Formel:

Christliche Moral verursacht Leid und ist daher unethisch.

Für Christen, die ihre Religiosität nicht weiter hinterfragen, mag das hart klingen, aber im Sinne eines selbstbestimmten Lebens, in dem so wenig Leid wie möglich geschehen soll, ist das Hinterfragen moralischer Prinzipien von höchster Bedeutung. Für mich als freies, selbstbestimmtes Mitglied einer solidarischen Gesellschaft ist der Unterschied zwischen religiöser Moral und säkularer Ethik also recht simpel:

Der moralische Kompass der Religion hilft nur bei der Orientierung zwischen Himmel und Hölle, der ethische Kompass hingegen bildet die vollen 360 Grad ab, die das Leben zu bieten hat.

Hören wir uns aber an, wie aufrecht der christliche Hardliner mit der soften Stimme zur Sittenlehre seiner Religion steht.

»Es gibt eine Schwulendemonstration, die heißt Christopher-Street-Day«, sagt Wieland Backes zum Piusbruder, wofür der Moderator strenggenommen vom Rest der LSBTTIQ-Bewegung, also von Lesben, Bisexuellen, Transsexuellen, Transgender, Intersexuellen und Queers Ärger bekommen müsste. »Und was hier vielleicht keiner glaubt – Sie sind dort ein permanenter Gast.«

Also doch?!

»Allerdings am Rande«, fügt Herr Backes hinzu, worüber der Bruder in der schwarzen Kutte schmunzeln muss.

»Auf der anderen Seite«, sagt er schnell und lächelt nett.

Gar nicht nett ist hingegen, was Pater Steiner und seine Glaubensbrüder auf die Plakate schreiben, mit denen sie vom christlichen Ufer aus das bunte Fest der Liebe beobachten: *Rettet Kinder vor Perversionen*, zum Beispiel, oder *Aids: Geißel der Unzucht.*

Vielleicht bin ich ja einfach noch zu unerfahren für die Teilnahme an solchen Talkshows, oder zu impulsiv, aber als die Redaktion diese Bilder auf die Monitore schickt, regt sich in mir der spontane Impuls, dem Faschobruder dafür einfach mal eins in die Fresse zu zimmern. Hab ich noch nie getan und habe es auch nicht vor, denn immerhin verletzte ich damit ganz klar sein Recht auf körperliche Unversehrtheit – aber die Gedanken sind schließlich frei und nicht strafbar und im diesem Fall auch ganz spontan.

»Wollen Sie Schwule gerne umpolen?«, fragt Wieland Backes in aller Seelenruhe. »Therapieren?«

»Ja«, sagt der Bruder und verhaspelt sich dann, fängt sich aber wieder mit dem Satz: »Wir wollen den Weg zu Christus zeigen.« Dann verhaspelt er sich noch einmal, bringt aber noch ein starkes Stück zustande: »Wir sagen nicht, dass wir die besseren Menschen sind, aber wir sagen: Homosexualität ist vor Gott unerlaubt. Dass wir alle Sünder sind, ist ja klar, ich geh' auch zur Beichte. Jeder geht ...« Nee, das fällt jetzt sogar ihm auf, dass der Satz in die falsche Richtung läuft. »Jeder hat Fehler, aber da hat die Kirche die Lösung: Liebe ist eine geistige Größe, der Geschlechtsakt ist nur Ausdruck dieser Liebe. Der liebe Gott ist die Liebe. Der reine Geist ist die Liebe, und wir wollen den Menschen anbieten: Vielleicht macht dich das glücklich.«

Mal abgesehen davon, lieber Piusbruder, dass derart hohle Sätze auch auf jeder Esoterik-Messe angeboten werden, wäre das vielleicht der richtige Moment, um Ihnen mal meine Perspektive auf die Liebe zu schildern:

Liebe ist ein unbeschreiblich schönes Gefühl, aber kein unerklärliches. Liebe lässt schlaue Menschen dumme Dinge tun. Liebe wird im Herzen verortet, kribbelt im Bauch – und oft noch ein Stückchen weiter unten –, entsteht aber im Hirn. Liebe ist ein natürliches Phänomen, das viele Facetten und viele Funktionen hat: Sie sichert unser Überleben, unsere Fortpflanzung, unser Wohlbefinden oder unser soziales Miteinander. Sie entsteht aus einer unüberschaubaren Wechselwirkung aus Erfahrungen, Vorlieben, Zuneigungen, Zufällen, genetischer Harmonie und unterbewusst wahrgenommenen Signalen und Gerüchen. Sie kann unser Hirn und damit unseren gesamten Körper in einen absoluten Ausnahmezustand versetzen, kann uns Tiefpunkte und bekanntlich auch Höhepunkte verschaffen, kann uns Euphorie und Kummer bescheren, Zuversicht und Reue. Liebe ist spontan und unberechenbar, und doch ist sie alles andere als mysteriös: Sie lässt sich nicht nur erfahren, sondern auch erklären, beobachten, messen und sogar beweisen.

»Waren Sie eigentlich schon mal verliebt?«, fragt mich plötzlich die evangelische Pfarrerin.

»Klar, schon oft!«

»Dafür hätte ich gerne mal einen Beweis!«, sagt sie.

Das könnte jetzt schwierig werden, zumal vor laufender Kamera, aber was sie damit eigentlich sagen will, ist ein alter Trick der Berufsreligiösen, um uns Skeptiker als seelenlose Maschinen darzustellen, die wegen ihres mangelnden Zugangs zur spirituellen Religiosität zu einem tristen, technokratischen und trostlosen Leben ohne Liebe verdammt sind. Vereinfacht ausgedrückt geht dieser Trick so:

Wir können die Liebe nicht beweisen, sagen manche Religiöse, aber wir spüren, dass es sie gibt – und genau so sei es eben auch mit Gott. Wer also aus dem kritischen Rationalismus heraus die Existenz Gottes als haltlose Behauptung abtut, der könne auch nicht an die Liebe glauben, für die es ebenso wenig Beweise gäbe.

Wird diese Argumentation dann auch noch, wie jetzt in der Talkshow, mit einem süffisanten Lächeln vorgetragen, mag sie in der ersten Zehntelsekunde sogar plausibel erscheinen – aber das war es dann auch schon. Denn erstens gibt es nachweislich jede Menge Menschen, die Gott nicht spüren, von Liebe aber geradezu durchflossen sind. Zweitens sind nicht alle Dinge real, die wir als real empfinden – zum Glück! Und drittens gibt es für die Liebe sehr wohl Fakten, und zwar ungefähr eine ganze Bibliothek voll:

Eine steigende Herzfrequenz, wenn wir an den geliebten Menschen denken, die Steigerung der Leitfähigkeit der Haut durch Schweißaustritt, die massive Ausschüttung von Glückshormonen bei dessen Anwesenheit und die von Stresshormonen bei seiner Abwesenheit, verstärkte Durchblutung bestimmter Hirn- und Körperbereiche, erweiterte Pupillen, unser Verhalten gegenüber dem oder der Geliebten, Mimik, Gestik, die Bewegung unserer Augen, bei längerer Liebesbeziehung die gemeinsame Übernahme bestimmter Verhaltensweisen und Angewohnheiten, Ticks, Geschmäcker, Ausdrucksweisen und sogar unsere Art zu gehen ändert sich, wenn Liebe im Spiel ist – reicht das etwa nicht?

Natürlich lassen sich einige Symptome auch bei Menschen nachweisen, die im Gebet zum Gott, an den sie glauben, sehr nahe sind. Aber das ist kein Beweis für die Existenz dieses Gottes, sondern für die Existenz des Glaubens – und die wiederum zweifelt wohl niemand an.

Das Publikum klatscht jedoch, denn hier hat Frau Bahr mich kalt erwischt: der Atheist, der immer nur auf Fakten besteht und keine Emotionen zulassen will. Ich könnte heulen, wenn mir so etwas unterstellt wird, aber auch das käme in einer Talkshow wohl eher schlecht an. Und zugleich verstehe ich gut, woher der Applaus rührt.

Vielleicht weckt die neurobiologische Entschlüsselung der Liebe in manchen Menschen Unbehagen, weil sie hinter der wissenschaftlichen Erklärung eines Phänomens auch eine Entzauberung befürchten. Was nicht mehr mysteriös ist, könnte doch auch langweilig werden, gar nüchtern – oder? Zugegeben: Die Liebe als chemischen Prozess im Gehirn zu verstehen ist nicht gerade Stoff für einen Liebesbrief – aber ohne diesen chemischen Prozess kämen wir nie auf die Idee, einen solchen Liebesbrief zu schreiben!

Unbekannte Phänomene zu beleuchten, also verklärte Dinge zu erklären, kann aber vor allem einen positiven Effekt haben. Denn Unbekanntes löst in uns Ängste aus, und Dinge, vor denen wir Ängste haben, bekämpfen wir in der Regel auch – wie in dem Fall der religiös motivierte Kampf gegen alle Formen der Liebe, die nicht zwischen Mann und Frau oder zum Christengott stattfinden. Ausgehend von der christlichen Lehre, gleichgeschlechtliche Liebe sei falsch, wurden nicht selten Dämonen für diese »Krankheit« verantwortlich gemacht und die »Erkrankten«

mindestens ausgegrenzt, oft gefoltert und nicht selten verbrannt oder zu Tode gequält, um die befürchteten Dämonen zu verjagen – vielerorts bis heute.

Mit zunehmendem Verständnis der Homosexualität als natürliches, erklärbares und vor allem unproblematisches Phänomen kam auch Akzeptanz dafür auf – zumindest bei denen, die nicht mehr an die Schöpfungsgeschichte oder Dämonen glauben. Und genau dieser Vorgang legt einen furchtbar einfachen Zusammenhang offen, dessen sprachlicher Parallele kein Zufall ist:

Etwas zu verstehen führt dazu, Verständnis dafür zu entwickeln.

Doch so schön Liebe auch sein mag – ob Homo, Hetero, Bi, Trans, Inter, Queer oder Rudelbums mit Anfassen –, hat sie eben auch hässliche Facetten, und auch die stehen heute Abend noch auf der To-do-Liste unseres Moderators:

»Wer hochmoralische Ansprüche hat, muss hohe Moral vorleben«, sagt Wieland Backes mit Blick auf den Bischof. »Da kommen wir jetzt mal ganz konkret auf das Beispiel sexueller Missbrauch. Wenn ich der kirchenkritischen Gruppe ›Wir sind Kirche‹ Glauben schenken darf, dann gibt es eine Schätzung, dass etwa zwei Prozent der Priester sich an Kindern und Jugendlichen vergehen oder vergangen haben.« Er schaut dem Bischof in die Augen. »Zieht die Kirche insbesondere Pädophile an?«

»Nein, aber innerhalb einer so großen Gruppe kommt das leider vor. Wir wissen, dass es auch in anderen Gruppen ähnlicher Art, in denen es auch viel Kontakt mit jungen Leuten gibt, solche Phänomene auch gibt, die nur nicht immer an die Öffentlichkeit kommen. Das ist aber keine Entschuldigung für das, was alles vorgefallen ist und entsprechend behandelt werden muss.«

Oder kürzer gesagt: Wo Kinder sind, gibt es auch Kindesmissbrauch, aber wir von der katholischen Kirche gehen damit wenigstens offen um. Aha.

»Sie meinen, in einem mittelständischen Maschinenbaubetrieb«, fragt Herr Backes nun ruhig, »gibt es genauso viele Pädophile wie in der Kirche?«

Der Bischof wiederholt sich, doch nun, ziemlich genau zur Halbzeit der Sendung, wird erstmalig Benedikt Treimer ins Gespräch geholt – das Missbrauchsopfer. Eine bedrückende Stimmung entsteht schon, als er erzählt, katholisch aufgewachsen zu sein, und wir ein Foto von ihm als Ministrant sehen. Auf dem Dachboden sei es dann geschehen, 1999, erzählt Benedikt, wo der Pfarrer mit ihm und seinen zwei Geschwistern nach einer Feier im Pfarrhaus fangen spielen wollte.

»Zuerst hat er meinen Bruder gefangen und von hinten in die Hose gefasst«, sagt er in bayerischem Dialekt. »Und später hat er das Gleiche auch mit mir gemacht, also von hinten gefangen und dann in die Hose gefasst. Dann hat er vorgeschlagen, dass meine Geschwister sich verstecken sollen, und wir solange im Nebenraum warten. Dort hat er mich dann aufgefordert, meine Hose herunterzulassen. Ich hab das auch gemacht, weil ich völlig perplex und eingeschüchtert war. Weil ich eben gläubig erzogen worden bin und mir das nie habe vorstellen können, dass ein Pfarrer überhaupt so etwas machen kann.« Eine lange Pause entsteht, Stille herrscht im ganzen Saal, und Wieland Backes lässt ihn weiterreden. »Dann hat er mich wieder im Genitalbereich berührt, hat mir äußerst unangenehme Fragen gestellt, zum Beispiel, ob ich schon mal einen Samenerguss hatte, und alles unter dem Vorwand, mich nur aufklären zu wollen, und dass das unser Geheimnis bleibt, und dass ich bloß nichts meinen Eltern sagen soll.«

Den Rest der Geschichte muss Wieland Backes dem jungen Mann, der zwischen den zwei Geistlichen sichtlich nervös ist, aus der Nase ziehen. Und diese Geschichte geht so: Benedikt selbst sagt nach dem Vorfall nichts, aber seine Schwester, die die Übergriffe auf beide Brüder mitbekommen hat, sorgt noch am selben Abend dafür, dass zu Hause alles berichtet wird. Seine Eltern können es im ersten Moment nicht glauben, rufen aber am nächsten Morgen den Täter an und konfrontieren ihn mit den Vorwürfen. Der streitet alles ab, doch weil die Eltern ihren Kindern vertrauen, rufen sie seinen Vorgesetzten, den Stadtpfarrer an. Der wiederum glaubt ihnen sofort und versetzt den Pfarrer von einem Tag auf den anderen in eine andere Gemeinde. Einen Hörsturz habe er, heißt es in der offiziellen Begründung, und noch Resturlaub, und damit ist er weg. Zur Anzeige bringt die Familie den Fall nicht, weil Benedikt selbst das nicht will – in so einem kleinen Ort, sagt er, weiß sofort jeder Bescheid. Von der Kirche erhält die Familie einen Geldbetrag dafür, keine Anzeige zu erstatten. Der Forderung der Familie, dass dieser Mann nicht mehr in der Arbeit mit Kindern oder Jugendlichen eingesetzt werden darf, widersprechen die vorgesetzten Priester jedoch. Ein Jahr später wird bekannt, dass der Täter auch aus der nächsten Gemeinde urplötzlich versetzt wird, und zugleich leidet Benedikts Vater wegen des sexuellen Übergriffs auf seine Söhne unter so starken psychischen Problemen, dass er an einer Gruppentherapie teilnimmt. Eine andere Patientin ist es schließlich, die den Fall zur Anzeige bringt, woraufhin der Pfarrer wegen mehrfachem sexuellen Missbrauch zu drei Jahren Haftstrafe auf Bewährung verurteilt wird. Im Jahr 2001 allerdings wird er von der katholischen Kirche schon wieder als Pfarrer in einer Gemeinde eingesetzt, wo er Ausflüge mit Ministranten in Schwimm- und Spaßbäder macht. Von dort wird er allerdings wieder versetzt, und durch Zufall erfährt Benedikts Familie, dass er 2004 in einer Gemeinde landet, in der bekannt ist, dass der Pfarrer die Jugendlichen abends ins Pfarrhaus einlädt und mit ihnen Alkohol trinkt. Von seiner Verurteilung wegen sexueller Delikte an Minderjährigen weiß dort niemand – weil es nicht in seiner Personalakte steht.

»Hören wir deswegen immer wieder von solchen Sachen, Herr Bischof«, fragt Wieland Backes ruhig, »weil sich Journalisten auf solche Fälle stürzen? Bei seiner letzten Amerikareise hatte der Papst ja auch gegen solche Fälle anzukämpfen, also noch mal: Hat das etwas mit der Kirche zu tun oder nicht?«

»Ich sagte es Ihnen ja vorhin schon, dass es einen solchen Prozentsatz gibt«, antwortet der Mann unwirsch. »Ich weiß nicht wie hoch er ist, aber …« Und nun wendet er sich erstmalig an Benedikt. »Das ist einfach unbeschreiblich, was Ihnen widerfahren ist an Leid, und da müssen wir entsprechend handeln, und zwar auch deutlich!«

»Da wird aber nicht gehandelt«, knallt Benedikt ihm um die Ohren.

Splash!

»Doch«, widerspricht ihm der Bischof. »Das haben wir auch schon schmerzhaft lernen müssen als Kirche!«

»Da wird überhaupt nicht gehandelt«, hält Benedikt dagegen, »tut mir leid!«

Cronk!

»Das ist mittlerweile anders geworden in den letzten Jahren!«, entgegnet der Bischof wieder, doch nun reicht es dem verschüchterten jungen Mann neben ihm.

»Völliger Schwachsinn«, sagt er und setzt sich erfolgreich gegen den autoritären Ton des Herrn Bischof durch. »Die Leitlinien werden einfach gebrochen, dieser Pfarrer ist wieder eingesetzt worden, und auch andere Fälle werden einfach totgeschwiegen!«

Kapow!

»Ich kann nur sagen, was wir im Bistum Münster immer getan haben«, sagt der Bischof nun, »nämlich sehr eindeutig gewesen zu sein.«

Und auf genau diese Aussage muss man die Kirche – und müsste man Herrn Overbeck – heute, acht Jahre nach der Sendung, festnageln. Denn am 16. Mai 2009 steht es vor laufender Kamera Aussage gegen Aussage:

Auf der einen Seite der 22-jährige Exkatholik und Exministrant, der von seinem Pfarrer missbraucht wurde, woraufhin die Vorgesetzten dieses Mannes ihrer gesetzlichen Meldepflicht nicht nachgekommen sind und den Täter stattdessen wissentlich wieder in der Jugendarbeit eingesetzt und sogar seine Personalakte manipuliert haben.

Und auf der anderen Seite der katholische Topmanager, der meint, Missbrauch käme überall vor, aber sein Konzern gehe damit wenigstens offen um.

Nun tun Herr Overbeck und seine geistlichen Brüder ja alles Erdenkliche, ihrer Organisation den Anstrich der Anständigkeit zu geben. Doch seitdem die Menschen, die Gott als Erfindung und kirchliche Moral als Bigotterie enttarnen, nicht mehr als Ketzer auf dem Scheiterhaufen landen dürfen, ist von dem Lack der angeblichen Religion der Liebe ja schon einiges ab. Und wir erinnern uns: Nur ein Jahr später bilden sich noch tiefere Risse in dieser Fassade, und zwar in meiner Heimatstadt Berlin an einem renommierten Jesuiten-Gymnasium: dem Canisius-Kolleg, benannt nach dem katholischen Hassprediger Petrus Canisius, der im 16. Jahrhundert den Hexenwahn im einst weltoffenen Augsburg wiederaufleben ließ. Und von diesem Canisius-Kolleg breiten sich die Risse schnell über ganz Deutschland aus, über Europa und schließlich bis in alle Welt, in denen Geistliche ungestörten Zugriff auf Kinder haben. Doch schon in unserer kleinen, eher ungemütlichen Talkshow wird klar, dass Benedikt Treimer nur eines der Opfer eines Systems geworden ist, das weltweit und mindestens seit Jahrzehnten, eher wohl seit Jahrhunderten Tradition in kirchlichen Einrichtungen hat:

die systematische Vertuschung sexueller Übergriffe auf Kinder und Jugendliche durch Geistliche in einem gigantischen Ausmaß.

Wieland Backes hakt jedoch mit gerunzelter Stirn nach: »Was mich so ein bisschen bewegt«, sagt er und schaut wieder zum Bischof. »Wurde da nicht zu viel kaschiert? Zu viel vertuscht? Und ist das vielleicht auch ein bisschen typisch?«

»Es ist sicherlich einiges vertuscht worden«, räumt unser Staatsprediger ein, »typisch ist es nicht. Ich erlebe viele, die hochaufmerksam sind sogar bis dahin, dass wir genau nachfragen müssen, was wirklich geschehen ist, damit keinem Unrecht zugefügt wird, der vielleicht das gar nicht getan hat.«

Bitte? Jetzt auch noch die Tour?! Ganz ruhig, Möller, atme tief durch und schütte ihm jetzt nicht dein Wasser ins Gesicht, um ihn danach zu fragen, wie viele Kinder sich seiner Meinung nach wohl ausdenken, dass ein Erwachsener sie betatscht oder vergewaltigt hat. Hör ihm einfach weiter zu, die Menschen da draußen denken sich schon ihren Teil.

»Dann gibt es aber noch die vielen anderen, bei denen es sich als wahr erwiesen hat, und da muss man einfach sehr klar und eindeutig sein, damit das nicht wieder geschieht!«

Benedikt Treimer darf nun schildern, welche Folgen der sexuelle Übergriff durch den Pfarrer bei ihm hinterlassen hat, aber Herr Backes scheint damit eine gute Taktik zu verfolgen – er lässt den Piusbruder los.

»Sie haben hier absolut mein Mitgefühl, und wenn ich könnte, würde ich es ungeschehen machen«, beginnt er sanft, holt dann aber aus. »Aber auch hier muss man sehen: Die Kirche wird aufgebaut von Menschen, und Menschen haben Fehler – das hat jeder von uns! Und Christus sagt: Wer von euch ohne Sünde ist, werfe den ersten Stein …«

»An dem Punkt wären Sie aber großzügiger als an anderen Punkten«, stichelt der Moderator – und trifft damit voll ins Schwarze:

»Darf ich mal zu Ende reden?!«, wehrt der Mann sich gegen den Applaus und die Einwürfe des Schwulenvertreters. »Ich finde das nämlich die größte Heuchelei, denn auf der einen Seite wird von den Geboten die größte Laszivität gefordert, als gäbe es keine Gebote und wir können Sexualität ausleben, wie wir wollen, aber wenn sie einen von der Kirche erwischen«, sagt er mit erhobenem Zeigefinger und wiederholt seine These sogar, »einen von der Kirche, der einen Fehler macht, dann werfen alle Steine – und das bezeichne ich als Heuchelei!«

Einen, Herr Steiner – Ihr Ernst? Allein die Zahl der ans Licht gekommenen Missbrauchsfälle lässt sich im Jahr 2017 nicht ansatzweise beziffern, von der Dunkelziffer ganz zu schweigen! Sexueller Missbrauch durch katholische Geistliche wurde in einem apokalyptischen Ausmaß bekannt, grausamste Details kamen ans Licht, die vor allem die gezielte Ausnutzung der geistlichen Autorität betreffen, mit denen ein perfides System der Angst etabliert wurde. Und während Frau Bahr lammfromm neben Herrn Backes sitzt und den Kopf über den bösen Piusbruder schüttelt, stellt sich auch für ihre Kirche heraus, dass die Ökumene des

Missbrauchs deutlich besser funktioniert als die des Glaubens. Nicht einmal die Untersuchungskommission zur Aufklärung der Missbrauchsfälle in der katholischen Kirche in Deutschland kann ihre Arbeit zu Ende bringen, weil die Bischofskonferenz nur sehr zäh kooperiert und die Anzahl der Fälle schier unüberschaubar ist, wie später auch der US-amerikanische Film »Spotlight« auf grausame Weise zeigt. Sieben Prozent der australischen Pfarrer sollen sich nach den Berichten einer dortigen Kommission sexuell an Kindern vergangen haben[26], und die weltweiten Folgen sind katastrophal: Suizide, Alkoholismus, Beziehungsunfähigkeit, gebrochene Persönlichkeiten. Die Aufarbeitung läuft bis heute scheibchenweise, und abgesehen von einem »Mea Culpa« des Oberhauptes der Religion der Liebe ist wenig zu hören. Alles in allem zeigt sich ein sehr scharfes Bild:

Die Oberhäupter der Religion der Liebe pervertieren die Liebe auf die gleiche Weise, wie es die Oberhäupter der Religion des Friedens mit dem Frieden tun.

Doch unser Piusbruder hat noch mehr auf dem Kasten. Nachdem die restliche Talkshow und vor allem mein eigener Auftritt wie im Rausch an mir vorbeigeflogen ist, beobachte ich kopfschüttelnd die restlichen Ringküsse der Bischofs-Groupies, lasse mich abschminken und finde mich eine halbe Stunde später bei Speis und Trank an einer langen Tafel wieder. Mir gegenüber setzt sich Benedikt Treimer, doch als wir gerade auf den Abend anstoßen wollen, setzt sich der Piusbruder neben ihn. Während des Essens beobachte ich, wie der Mann in der Kutte das Missbrauchsopfer ohne Unterlass vollquatscht, und als Benedikt mir irgendwann einen hilfesuchenden Blick zuwirft, schalte ich mich ins Gespräch ein.

»Ich unterbreche nur ungern, Herr Steiner«, sage ich, »aber …«

»Bruder Steiner«, entgegnet er und lächelt mich an.

»Nee«, sage ich, »meine Brüder sind weder homophob noch antisemitisch. Gehen wir eine rauchen, Benedikt?«

»Gern«, sagt der Junge und steht sofort auf. Draußen angekommen gönnen wir uns beide eine Zigarette auf den Abend, doch als ich seine anzünde, fällt mir seine zitternde Hand auf.

»Bist du immer noch nervös?«, frage ich lächelnd. »Ist doch vorbei, du warst super!«

»Weißt du, was der Piusbruder gerade zu mir gesagt hat?« Benedikt schaut mich mit bleichem Gesicht an. »Sie sollten sich schämen, damit an die Öffentlichkeit gegangen zu sein!«

Danke für die Kirchensteuer, Adolf

Es ist ein eher düsterer und regnerischer Donnerstagmorgen, als ich mit feuchten Haaren das Kreuzberger Amtsgericht erreiche. Ein moderner Bau, kubisch und schnörkellos, einzig die sonderbare Skulptur davor hat etwas Künstlerisches. Ich bin enttäuscht, denn irgendwie hatte ich mir den Ort anders vorgestellt, an dem mein längst zerstörtes Verhältnis zur katholischen Kirche heute sein amtliches Ende findet. Vielleicht feierlicher, würdiger auf jeden Fall.

»Guten Tag«, begrüße ich den älteren Herren, der am Eingang hinter einer Glasscheibe sitzt und an einer Seite seines Schnurrbarts dreht, während er die »Bild« liest. »Ich werde heute aus der Kirche austreten«, sage ich so unaufgeregt wie möglich, obwohl ich mich so lange auf diesen Satz gefreut hatte.

»Glückwunsch!« Er schaut nicht von Seite drei auf.

»Danke!«

Auch am Schnurrbart zwirbelt der Mann weiter, und auf eine Ergänzung seines Kommentars warte ich ebenfalls vergeblich. Ich atme durch und nehme mir vor, freundlich zu bleiben, denn diesen ganz besonderen Tag will ich mir weder vom Wetter noch von einem Berliner Schnauzer vermiesen lassen. Am liebsten hätte ich ja sogar eine kleine Zeremonie für diese kluge Entscheidung, bei der mir nach der Unterschrift Menschen die Hand schütteln, die als Ludwig Feuerbach oder Thomas Jefferson oder Galileo Galilei verkleidet sind, vielleicht noch ein paar antike Griechen in weißen Tüchern, die mir zur Belohnung eine Ausgabe der »Allgemeinen Erklärung der Menschenrechte« schenken, aber das ist vielleicht zu viel verlangt.

»Und wo genau müsste ich …«

»Amtsjericht!«

»Amtsgericht«, wiederhole ich ruhig und beiße auf meine Unterlippe, dann fällt mir wieder ein, wie man mit meinen Heimatgenossen reden muss. »Amtsjericht is groß!« Ich stütze mich mit den Händen auf seinen Tresen. »Soll ick jetzt hier jeden Gang einzelnt absuchen, oder verraten'se mir, wo ick hinmuss?«

»Klar, dafür bin ick do'hier!« Er schaut auf und lächelt mich an. »Bitte eima rechts raus, inne Möckernstrasse, erster Eingang, erster Stock, Raum Ölf-Tzesar!«

»Na sehn'se, jeht doch!«, sage ich grinsend und stehe wenig später gutgelaunt und mit nassen Haaren vor einem metallbeschlagenen Tor, das zu beiden Seiten von steinernen Säulen eingerahmt wird. »So hab ich mir das vorgestellt«, flüstere ich und begegne drinnen direkt einem Mann, der mit ein bisschen Phantasie aussieht wie Bert Brecht.

»Guten Tag«, sage ich zu ihm, aber er geht grußlos weiter. Ganz schön unfreundlich, diese Intellektuellen.

Eine Treppe später finde ich Raum 11C, davor aber keinen Wartemarkenapparat, sondern eine Tafel mit Öffnungszeiten, und die sind genau jetzt – also klopfe ich an und trete direkt ein.

»Guten Tag«, sage ich zur erstbesten Dame, die ich hinter einem Tresen entdecke, »ich bin Philipp Möller, und ich trete heute aus der Kirche aus.«

Nix hier mit *ich würde gern* oder *könnte ich vielleicht* – die Sache steht fest!

»Sie würden also gern aus der Kirche austreten«, sagt die recht voluminöse Dame langsam, dann seufzt sie. »Na ja.« Dabei greift sie nach ihrer Brille, die an einer Kette hängt und bis eben auf ihrem großen Busen lag, und schiebt sie sich auf die Nase. »Sind Sie katholisch oder evangelisch?«

»Weder noch!« Mit leichtem Schritt gehe ich auf den Tresen zu und stütze mich mit einem Ellenbogen darauf ab. »Deswegen trete ich ja aus.«

»Und aus welcher Kirche möchten Sie austreten, Herr ...?«

»Möller! Aus der katholischen, aber hallo!«

»Ist wohl Mode«, sagt sie und zieht dabei eine Augenbraue hoch. »Die Formulare sind schon wieder fast alle. Aber Sie wissen schon, wofür die Kirchensteuer da ist – oder?«

»Jawohl!« Mit meinen Fingern trommele ich ein Badda-Buff auf ihrem Tresen. »Und Sie?«

»Klar!« Mit dem Formular schiebt sie meinen Arm vom Tresen. »Für'n guten Zweck.«

»Zum Beispiel?«

»Soll das jetzt'n Test werden?« Unsanft schiebt sie mir einen Stift zum Formular, der in einer Halbkugel steckt und mit einer Kette an einer flexiblen Antenne befestigt ist. »Die Caritas zum Beispiel!«

»Die wird aus öffentlicher Hand finanziert!« Ich grinse sie an und greife nach dem Stift. »Der Anteil der Kirchensteuer ist verschwindend gering. Wo soll ich unterschreiben?«

»Erst mal den Personalausweis bitte!« Grummelnd überprüft sie meine Daten und trägt sie in ein anderes Blatt ein. »Dann aber für Schulen.«

»Christliche Privatschulen werden zu 85 Prozent aus öffentlicher Hand finanziert, zu 10 Prozent von den Eltern und die restlichen 5 Prozent übernimmt die Kirche.«[27]

»Und Kindergärten?«

»Ähnlich.«

»Krankenhäuser?«

»Erhalten fast gar keine Kirchensteuermittel.«

»Altenheime?«

»Auch nicht.«

»Hospize?«

»Dito.«

»Hä?« Über den Rand ihrer Brille schaut sie mich an und schiebt mir das Formular zur Unterschrift rüber. »Was machen die denn mit dem ganzen Geld?«

»Das«, sage ich und setze strahlend meine Unterschrift an die richtigste Stelle der Welt, »ist eine gute Frage – sehr gute Frage! Noch was?«

»Heben'se das gut auf«, sagt die Frau und gibt mir das Dokument, auf dem amtlich bestätigt ist, dass ich nun kein Teil der römisch-katholischen Glaubens- und Steuergemeinschaft mehr bin. »Das ist wichtig!«

»Klar!« Ich grinse sie an und bemerke dabei, dass die Sonne hinter den Wolken vorkommt. »Das rahme ich mir ein und häng's mir übers Bett – Tschüssi und Danke!«

Vier Jahre vergehen, in denen ich immer mal wieder an diesen schönen Tag zurückdenke. Kurz nach meiner Hochzeit jedoch erreicht mich ein Brief vom Finanzamt:

Sehr geehrter Herr Möller,

nach Ihrer Hochzeit mit Frau Sarah Silberstein möchten wir Ihre gemeinsame Steuer-ID festsetzen. Dafür benötigen wir Ihren Nachweis über die Befreiung von der Kirchensteuer. Bitte beachten Sie, dass Sie diese Befreiung per amtlich beglaubigter Kirchenaustrittserklärung nachweisen müssen, da wir ansonsten dazu verpflichtet sind, die von Ihnen zu entrichtende Kirchensteuer in voller Höhe rückwirkend von Ihnen einzuziehen.

Bitte?! Dafür bräuchte ich ja dieses Dokument! Aber wo ist das bloß? Verzweifelt krame ich in meinem Kopf, aber da finde ich selten Dokumente. Hätte ich es mir also vielleicht doch übers Bett hängen sollen?! Es hilft alles nichts – ich muss suchen!

»Was veranstaltest du denn hier?« Als Sarah unser Schlafzimmer betritt, stemmt sie ihre Hände in die Hüften und schaut mich mit offenem Mund an. »Bist du jetzt endgültig verrückt geworden?«

»Noch nicht!« Fluchend schiebe ich einen Leitz Ordner vom Bett auf den Boden und schnappe mir den nächsten. »Momentan versuche ich bloß, uns viel, viel Geld zu sparen.«

»Indem du unsere gesamten Unterlagen durcheinanderbringst?«

»Bringst?« Ich muss laut lachen, erhebe mich aus dem Schneidersitz und stehe nun auf der Matratze zwischen Klarsichtfolien, dünnen und dicken Leitz Ordnern, Teilen von Steuererklärungen, alten Meldebescheinigungen, Taxiquittungen, Bewirtungsbelegen und Geburtsurkunden, die ich allesamt auf dem Bett, dem Schreibtisch, der Kommode, dem anderen Schreibtisch und dem gesamten Boden verteilt habe. »Da ist nichts mehr durcheinanderzubringen«, sage ich aufgebracht, »das ist ja das Problem!«

»Schrei doch nicht so rum!«

»Ich schrei doch gar nicht!«, schreie ich sie an, atme dann aber einmal tief durch. »Also: Was glaubst du denn, was ich hier mache?«

Vorsichtig stakst Sarah zwischen meinen Studienbuchseiten aus den Jahren 2003 bis 2008 und meinem Diplom auf das Bett zu und greift nach meiner Hand »In einer halben Stunde müssen wir los, Klara abholen. Wenn du also willst, dass ich dir beim Suchen helfe, dann nimm doch bitte Platz und erkläre mir ganz ruhig, was du hier tust!«

»Ich suche etwas«, sage ich, während ich die unsortierten Zettel in diesem dämlich schmalen Format zusammenklaube und in den Papierkorb stopfe.

»Ach nee!« Geduldig wartet meine Frau, bis ich sie wieder anschaue. »Verrätst du mir auch, was?«

»Meine Kirchenaustrittsbescheinigung.«

»Deine Kirchenaustrittsbescheinigung?«

»Ja, genau – meine Kir …«

»Was willst du denn damit?«

»Na, was wohl?« Ich zeige auf die leere Wand. »Die will ich mir einrahmen und übers Bett hängen, weil ich so unfassbar stolz darauf bin, aus einer Vereinigung ausgetreten zu sein, in die ich nie eingetreten bin.«

»Echt?«

»Nee!«, sage ich wieder laut. »Die will das Finanzamt sehen, Mensch! Seit letztem Samstag bilden wir zwei nämlich nicht nur eine Lebensgemeinschaft, sondern auch eine Finanzgemeinschaft.«

»Du? Hast Kirchensteuern gezahlt?!« Sarah lacht mich aus. »Na, du bist mir ja ein ganz feiner Atheist. Wie lange denn bitte schön?«

»Kann ich jetzt vielleicht mal ausreden?«

»Wie lange?!« An meinem Blick merkt Sarah wohl, einen wunden Punkt getroffen zu haben. »Ist ja gut!«, sagt sie und lehnt sich grinsend zurück. »Junge, Junge, bist du gereizt!«

»Ja, und ich erkläre dir auch gerne warum – wenn du mich lässt!«

»Bitte!«

»Danke!« Ich räuspere mich. »Ich habe heute Morgen

ein sehr pikantes Detail über die Steuergesetze der Gottesrepublik Deutschland erfahren. Und weil durch unsere Hochzeit im schlimmsten Fall eine saftige Nachzahlung auf uns zukommt, wollte ich wissen …«

»Wie viel?« Sarah schaut mich mit weitaufgerissenen Augen an.

»Ist noch unklar, auch ob wir es überhaupt zahlen müssen!« Ich wühle in ein paar Unterlagen, finde die Notizen aber nicht. »Ich hab mir das aber mal alles erklären lassen, was es mit der Kirchensteuer auf sich hat.«

»Okay!« Endlich hat Sarah den Ernst der Lage begriffen. Sie schaut auf die Uhr. »Schaffst du die Antwort in … 27 Minuten?«

Mal schauen, denn wenn Eltern deutscher Staatsbürgerschaft sich entscheiden, ihr Kind evangelisch oder katholisch taufen zu lassen, dann folgt ein ganzer Rattenschwanz an Ereignissen – aber zuerst einmal brauchen sie natürlich eine Kirche. Wie meine Eltern damals auch sind viele Menschen, die diese Entscheidung für ihr Kind treffen, vermutlich bereits Mitglieder einer Gemeinde und wissen daher, wo sie solch ein Gebäude inklusive Pfarramt und Pfarrer und Weihwasser und so weiter finden.

Wie alle christlichen Messen läuft auch die Taufmesse dann nach einem Ritual ab, das aus vier Teilen besteht, wobei der dritte Teil hier das eigentliche Taufritual enthält: Der Täufling wird von den Eltern und den Taufpaten ans Taufbecken geführt. Dort sagt der Leiter oder die Leiterin der Zeremonie einen Satz auf, der derart wichtig zu sein scheint, dass er noch zweimal wiederholt werden muss – nur zur Sicherheit, falls der Allwissende gerade nicht zugehört hat. Und während dieser Sätze findet der wichtigste Teil des Rituals statt:

Die Stirn des Täuflings wird nun mit Weihwasser benetzt, und in der christlichen Mythologie hat das eine klare Funktion: Es soll die Dämonen vertreiben, die jedem Kind von Geburt an innewohnen.[28] Denn das ist ja tatsächlich ein elementarer Teil des christlichen Menschenbildes: Alle Menschen kommen als Sünder zur Welt, und erst dieser Exorzismus verscheucht die bösen Geister und besiegelt damit den Bund zum guten Geist – zu Gott.

Und weil die Taufe erst mit Johannes dem Täufer im Neuen Testament erfunden wurde, besiegelt sie den Bund des Menschen zur neueren Version der christlichen Allmachtsphantasie: der nette Gott, der verzeihende, zwar immer noch der einzig existierende, der das alles hier gebastelt hat und der in Form seines Sohnes für unsere Sünden gestorben ist, aber eben auch der liebende, ja, der *liebe Gott* – wie ihn meine Mutter immer genannt hat, bevor der Missbrauchsskandal ans Licht kam. Und dieser liebe Gott ist ja so ziemlich das genaue Gegenteil des narzisstischen, des rach- und eifersüchtigen, wütenden, strafenden, donnernden, schlachtenden und völkermordenden – kurz: vollkommen psychotischen Gottes des Alten Testaments[29], von dem heute zum Glück kaum noch jemand etwas wissen will.

Doch ein weiterer Punkt bei dieser Aufnahme in die christliche Glaubens- und Steuergemeinschaft ist wichtig: das Weihwasser, dessen Produktion innerhalb der christlichen Mythologie einen außerordentlich komplizierten Prozess darstellt, der über Jahrhunderte optimiert wurde und nur von top ausgebildeten Fachchristen durchgeführt werden kann.[30] Mindestens drei Zutaten sind wichtig dafür: geweihtes Salz, herkömmliches Wasser und die Zauberkraft des Priesters, die Christen als Segen bezeichnen.

Denn nur per Weihwasser auf der Stirn kann ein Mensch

in die sogenannte Eucharistiegemeinschaft aufgenommen werden, also die Gemeinschaft der Menschen, die später bei der heiligen Kommunion den wahren Leib und das wahre Blut von Jesus verspeisen dürfen. Und genau diese Menschen zahlen in der Gottesrepublik Deutschland später auch Kirchensteuer.

»Musst du das eigentlich immer wiederholen – Gottesrepublik Deutschland?« Sarah presst ihre Lippen aufeinander. »Meinst du nicht, das ist ein bisschen übertrieben?«

»Vielleicht darf ich dich an diesen Fakt erinnern!« Ich wühle auf dem Bett nach einer meiner alten Lohnsteuerkarten und zeige ihr die Buchstaben »rk« darauf. »Römisch-katholisch! Deutsche Finanzämter haben die Pflicht, den Menschen, an denen als Kind ein kleiner Exorzismus durchgeführt wurde, einen bestimmten Teil ihres Gehaltes abzuziehen. Mehr Gottesrepublik geht ja wohl kaum.«

»Aber so viel kann das doch nicht mehr sein, diese Kirchensteuer – da geht doch kaum noch jemand hin!«

»Das ist ja nicht entscheidend!« Ich male ein Tortendiagramm auf die Rückseite eines unwichtigen Dokuments. »Immerhin noch 58 Prozent der Deutschen sind Mitglieder einer der beiden Großkirchen – und zahlen jährlich etwa zehn Milliarden Euro ein!«

Und was auf den ersten Blick viel erscheint (immerhin sind das 10 000 000 000,00 Euro) ist im Vergleich zu den restlichen Kosten, die die institutionalisierte Hirtenmythologie verursacht, doch eher bescheiden.

Die wirklich satten staatlichen Subventionierungen der beiden Großkirchen finden nämlich neben der Kirchensteuer statt, werden also von jedem deutschen Steuerzahler geleistet. Dazu gehören die Gehälter der leitenden Angestellten der Kirchen, also Bischöfe und Priester, für die die

Länder insgesamt mehr 500 Millionen Euro[31] im Jahr berappen.

»Aber warum gibt es denn die Kirchensteuer nun – und was wird mit dem Geld gemacht?«

»Das wusste die Frau im Amtsgericht damals auch nicht.« Ich bewege meine Computermaus, bis der Bildschirm angeht. »Und deswegen hab' ich einfach mal die katholische Kirche gefragt!«

Und auf dem Internetportal der Organisation also, deren festes Vermögen allein in Deutschland sehr vorsichtig auf mehr als 400 Milliarden Euro[32] geschätzt wird, werden unter dem Titel »Kirchensteuer: Was passiert mit dem Geld?«[33] eine Reihe kleinerer Artikel aufgelistet. Verfasst sind sie allesamt von einer Journalistin, die parallel noch einen Blog über Weihnachtsdekoration schreibt, und enthalten keinerlei Quellen oder Verweise zu offiziellen Daten.

Entsprechend könnte man nach der Lektüre dieser Artikel denken: Okay, die zehn Milliarden, das sind halt die Mitgliedsbeiträge der beiden Kirchen, die zahlen eure Mitglieder ja freiwillig. Das Geld ziehen wir zwar auf staatlichem Wege für euch ein, aber das läuft quasi nebenbei und hat darüber hinaus gute historische Gründe. Und außerdem setzt ihr das Geld ja hauptsächlich für soziale Zwecke ein.

Doch so weitverbreitet diese Meinung auch sein mag – jeder einzelne dieser genannten Aspekte entspricht dem Gegenteil der Realität.

Der erste Punkt ist glasklar, denn kein minderjähriger Täufling kann seiner Vereinnahmung in die Steuergemeinschaft zustimmen oder sie ablehnen. Dagegen ließe sich nun wieder anführen, jeder Erwachsene habe doch die Möglichkeit, aus der Kirche auszutreten – ganz »freiwillig« – und sei damit von der Subventionierung der Kirchen befreit, aber auch das ist ungefähr so nah an der Realität wie die unbefleckte Empfängnis, und zwar aus folgenden Gründen:

Zuerst einmal ist die Taufe ja nur das rituelle Symbol dafür, in die christliche Gemeinschaft aufgenommen zu werden. Die eigentliche Christianisierung des nichtgläubigen Geistes, mit dem wir alle geboren werden, fängt ja erst danach an: durch die Teilnahme an Gottesdiensten, Tischgebete im Elternhaus, die Darstellung religiöser Mythen als Wahrheit im schulischen Religionsunterricht und im Kommunionsunterricht, und so weiter … Was Religionsvertreter also als kirchliche Kinder- und Jugendarbeit bezeichnen, in denen »das Angebot des Christentums« unterbreitet wird, würden Werbepsychologen als frühe Markenbindung betrachten – und ich als frühkindliche Indoktrination. Natürlich hat also jeder getaufte Christ rein theoretisch die Wahl, diese Steuergemeinschaft zu verlassen, aber damit muss er auch die Glaubensgemeinschaft verlassen, deren elementare Bedeutung ihm von Anfang an eingetrichtert wurde – da kennen die Kirchen kein Pardon, wie der jahrelange Rechtsstreit des Kirchenrechtlers Hartmut Zapp zeigt.

Bei seinem Austritt aus der Steuergemeinschaft gab der bekennende Katholik an, dennoch Mitglied der Glaubensgemeinschaft zu bleiben. Das fand das Erzbistum Freiburg unter der Leitung des Oberhirten Robert Zollitsch, damals auch Vorsitzender der Deutschen Bischofskonferenz, gar nicht lustig:

»Wer unsolidarisch ist, verabschiedet sich aus der Gemeinschaft der Glaubenden – nicht nur aus einer Körperschaft öffentlichen Rechts«[34], lässt das Bistum per Pressemitteilung verlauten. Und kurz darauf tritt ein Dekret der Deutschen Bischofskonferenz in Kraft (innerhalb der katholischen Parallelwelt ist das so etwas wie ein Gesetz in der echten Welt), nach dem alle Menschen, die aus der Kirche austreten, ein Schreiben von ihrem zuständigen Pfarrer erhalten.[35] Darin empfiehlt die Bischofskonferenz den Pfarrern mehrere Möglichkeiten für ein Anschreiben, in dem jedoch ein langer fester Textbaustein vorkommt. Und der enthält folgenden Satz:

»So muss ich die gewiss harte, aber auch klare Sprache der kirchlichen Lehre und des kirchlichen Rechts benutzen«, heißt es darin, »wenn ich auf den Verlust einer ganzen Reihe von Rechten hinweise …«

Klar, immerhin stellt der Kirchenaustritt »eine schwere Verfehlung gegenüber der kirchlichen Gemeinschaft« dar. Dass Exkatholiken keine kirchlichen Ämter mehr bekleiden und nicht mehr an kirchlichen Wahlen teilnehmen dürfen, wird den meisten bei ihrem Austritt wohl klar gewesen sein. Dass sie aber die Sakramente der Buße, der Eucharistie, der Firmung und der Krankensalbung ab jetzt nur noch empfangen dürfen, wenn sie »in Todesgefahr schweben« – das klingt schon drastischer. Der Hammer dieses Schreibens kommt aber erst später, denn dem gemeinen Kirchensteuerflüchtling kann sogar ein kirchliches Begräbnis verweigert werden, wenn er vor seinem Tod nicht »irgendein Zeichen der Reue« zeigt.

Und wer findet, dass eine derartig willkürliche Einschätzung – »irgendein Zeichen der Reue« – eher in die Zeit der Inquisition passt, der bedenke bitte: In mittelalterlichen Zeiten ist die katholische Kirche stark geworden, und an ihrem Tonfall lässt sich bestens erkennen, mit welcher Selbstüberschätzung sie heute noch agiert. Zum Beispiel, indem sie den Kirchenaustretern noch folgenden Satz um die Ohren haut:

»Wenn Sie eine kirchliche Ehe schließen möchten, muss zuvor eine Erlaubnis zur Eheschließungsassistenz beim Ortsordinarius eingeholt werden.« Der Phantasie sei freien

Lauf gelassen in der Frage, wie eine katholische Eheschließungsassistenz aussieht und was in diesem Zusammenhang ein Ordinarius ist. Doch mit dem folgenden Zusatz wird die quasi-mafiöse Logik der Deutschen Bischofskonferenz verdeutlicht, denn wenn Kirchenaustreter später mal einen christlichen Menschen heiraten wollen, dann setzt dies »das Versprechen über die Bewahrung des Glaubens und die katholische Kindererziehung voraus«.

Und hier schließt sich der Kreis der kirchlichen Indoktrination, die von Generation zu Generation weitergegeben wird: Die Kirchensteuern werden dazu genutzt, weitere Kirchensteuerzahler zu produzieren.

Dabei hätte die Deutsche Bischofskonferenz sich noch viel kürzer fassen können, etwa so: Na, liebe Apostatin, lieber Apostat, wollen Sie sich das nicht doch noch einmal überlegen? Wollen Sie wirklich wegen der paar Kröten im Jahr auf die Liebe zu Gott verzichten? Und später auf ein ewiges Leben im Paradies? Und stattdessen … Na, Sie wissen schon?!

Die Herren Oberhirten haben sich aber für einen anderen Schlusssatz entschieden, der zwar freundlicher klingt, im Kern doch aber das Gleiche aussagt: »Vielleicht haben Sie die Tragweite Ihrer Entscheidung nicht ermessen und möchten diesen Schritt rückgängig machen.«[36]

Im Lichte religiöser Indoktrination erscheint die »Tragweite Ihrer Entscheidung« natürlich als eine handfeste Drohung, und so entpuppt sich der Begriff »freiwillig« vollends als ein schlechter Scherz, über den niemand lachen kann, der dieser Indoktrination ausgesetzt war oder ist.

Ein weiterer Grund führt zum vielleicht größten Irrtum der gezielt falsch informierten Öffentlichkeit: Der Einzug der

Kirchensteuer ist keineswegs eine fiskale Aufgabe, die deutsche Finanzbeamte im Vorbeigehen erledigen. Ganz im Gegenteil stellt das staatliche Inkasso einen Verwaltungsaufwand dar, für den die Kirchen zwar 300 Millionen Euro[37] im Jahr zahlen, aber wie wir aus Österreich wissen, ist das ein absolutes Schnäppchen! Dort müssen die Kirchen nämlich eigene Kirchenbeitragsstellen unterhalten, und diese kosten hochgerechnet auf Deutschland schlappe 1800 Millionen Euro – auch bekannt als 1,8 Milliarden[38], die der Staat den Kirchen damit erspart.

Und weil die Kirchensteuer als Sonderausgabe von der Einkommenssteuerschuld abgezogen werden kann, verzichten Bund und Länder auf knapp 4 Milliarden Euro Steuereinnahmen[39]. Rechnen wir nun noch die vergleichsweise lächerlichen 300 Millionen Euro obenrauf, die Arbeitgebern bei der Lohnberechnung entstehen, weil sie dort schon die Kirchensteuer berücksichtigen müssen, entsteht die stolze Summe von etwa 6 Milliarden Euro, die die Öffentlichkeit aufwenden muss, um 10 Milliarden Kirchensteuer einzuziehen – Effizienz sieht anders aus.

Wer aber geglaubt hat, mit diesem 6-Milliarden-Euro-Schlag ins Gesicht unserer im Kern aufgeklärten Nation sei die Liste der christlichen Frechheiten abgeschlossen, der täuscht sich gewaltig – denn noch haben wir keinen Blick auf die groben historischen Hintergründe unseres weltweit einzigartigen Kirchensteuersystems geworfen.

Die katholische Weihnachtsstern-Bloggerin erklärt die Kirchensteuer im Auftrag der römisch-katholischen Kirche so:

»Napoleon hatte den Krieg gegen Preußen gewonnen, und die weltlichen Fürsten mussten ihre linksrheinischen Gebiete an Frankreich abtreten. Im Gegenzug erhielten sie Besitztümer und Ländereien der Kirche.«

Wir merken uns ›Besitztümer und Ländereien der Kirchen‹ – aber weiter im Text:

»Pfarreien und kirchliche Einrichtungen wurden fortan von den Ländern finanziert, denen diese Unterstützung aber bald zu teuer wurde. Die Kirchenmitglieder sollten nun selbst für die Aufgaben der Kirche aufkommen, und zwar in Form einer Steuer.«[40]

Und zack, fertig ist die Nummer mit der Kirchensteuer – oder?!

Nee, denn so einfach, wie Fräulein Zimtstern uns das im Auftrag des weltweit erfolgreichsten Anbieters für spirituelle Dienstleistungen erklären will, ist es nicht.

Zuerst einmal ist da nämlich die Sache mit der angeblichen Enteignung, die im Zuge der Säkularisation im Jahre 1803 stattfand. Tatsächlich wurden kirchliche Besitztümer den Fürsten (und später dann der Öffentlichkeit) zugeschrieben, aber eine Frage wird hier wohl erlaubt sein: Wie ist denn die Kirche überhaupt erst in den Besitz dieser Ländereien und Immobilien gekommen? Durch harte, ehrliche Arbeit? Durch das Abhalten von Gottesdiensten und durch Seelsorge?! Wie viele Taufen, Hochzeiten, Sonntagspredigten und Beerdigungen hätten sie denn wohl abhalten müssen, um davon auf redlichem Wege so viel Land und Gut erwerben zu können, dass man danach eine ganze Nation daraus basteln konnte?

In den Besitz der Kirche waren diese Güter maßgeblich durch kaiserliche Lehen oder Schenkungen gekommen, mit denen Kaiser sich das spirituelle und politische Wohl ihres Reiches sichern wollten. Und wenn ein christlicher Grundbesitzer mal den goldenen Löffel abgab, dann gab er ihn an die Kirche weiter.

Doch selbst wenn es sich dabei um eine Enteignung gehandelt haben sollte, war diese überhaupt nicht die Ursache für die Einführung der Kirchensteuer. Die offizielle historische Darstellung der Entstehung der Kirchensteuer durch die katholische Kirche ist also genauso falsch wie die offiziellen Erklärungen, mit denen unsere Bundesregierung die Kirchensteuer rechtfertigt.

Nachdem Kirchenfürsten also wieder hatten zurückgeben müssen, was ihre Vorgänger erhalten hatten, finanzierten sich Kirchengemeinden im Wesentlichen durch drei Dinge: Ackerbau, spirituelle Dienstleistungen und Spenden[41]. Im Zuge der Industrialisierung im Europa des 18. und 19. Jahrhunderts gab es aber so große Migrationsbewegungen nach Deutschland, etwa durch polnische Gastarbeiter, dass für sie eigene Gemeinden gegründet wurden. Weil diese neuen Gemeinden im Gegensatz zu ihren deutschen Schwestergemeinden, die noch immer voll im Futter standen, allerdings bettelarm waren, beantragten sie beim Preußischen Staat eine staatliche Umlage – die Kirchensteuer war geboren und wurde 1905 in allen preußischen Kirchengemeinden installiert.

Und weil die Weimarer Reichsverfassung von 1919 schließlich die Staatskirche ablöste, um eine »freie Kirche im freien Staat« zu etablieren, sollte die finanzielle Absicherung der Gemeinden durch die Einführung der Kirchensteuer im gesamten Nationalstaat sichergestellt werden. Vom heute existierenden Kirchensteuersystem war diese Regelung allerdings noch weit entfernt. Vorgesehen war ausschließlich eine Regelung: den Kirchen die staatlichen Steuerlisten zur Verfügung zu stellen, damit sie aus eigener Kraft eine Ortskirchensteuer erheben konnten, die sich rückwirkend an der Höhe der entrichteten Steuer orientierte.

Im März 1933 jedoch passiert etwas, das für den staatlichen Einzug der katholischen und protestantischen Mitgliedsbeiträge bis heute von zentraler Bedeutung ist: Adolf

Hitler bringt sein »Gesetz zur Behebung der Not von Volk und Reich« zur Abstimmung vor den Reichstag, besser bekannt als das Ermächtigungsgesetz. Mit diesem Gesetz sollte der Reichstag ausgeschaltet und die Verfassung außer Kraft gesetzt werden. Als einzige Partei stimmte die SPD gegen dieses verhängnisvolle Ermächtigungsgesetz, und so lag die Zukunft Europas in diesem Moment für alle ersichtlich in der Hand der letzten Partei, die noch als Wackelkandidat galt: der katholischen Zentrumspartei.

»Im Angesicht der brennenden Not, in der Volk und Staat gegenwärtig stehen«, sagte ihr Vorsitzender Ludwig Kaas in seiner berühmten Rede, »reichen wir von der deutschen Zentrumspartei in dieser Stunde allen, auch früheren Gegnern, die Hand, um die Fortführung des nationalen Aufstiegswerkes zu sichern.«[42]

Mit dieser Haltung hatte Kaas durchaus Gegner in den eigenen katholischen Reihen, aber die wurden während der Abstimmung von SA- und SS-Soldaten bedroht. Kaas hingegen argumentierte, durch die Verhinderung des Gesetzes ändere man nichts an der politischen Realität der Machtergreifung der Nazis, sondern verspiele die Chance auf die von Adolf Hitler höchstpersönlich zugesicherten Privilegien für die christlichen Kirchen: die Sicherung des christlichen Einflusses in Schule und Erziehung sowie die Aufrechterhaltung der Staatskirchenverträge.

Wohin das »nationale Aufstiegswerk« führte, wissen wir alle. Die Karriereleiter für Herrn Kaas selbst führte jedoch auf direktem Wege in den Vatikan, wo er – welch Überraschung – unter Papst Pius XI. eine steile Karriere hinlegte. Als Mitglied der vatikanischen Delegation handelte er schon wenige Wochen später mit Hitler das sogenannte Reichskonkordat aus: ein gigantischer Vertrag zwischen den Nationalsozialisten und der römisch-katholischen Kirche, der die beiden in unheilvoller Weise aneinanderkettete – und der bis heute gilt.

Und wer hier tatsächlich noch einen letzten Gedanken an eine atheistische Verschwörungstheorie verschwendet, der besorgt sich einfach die Memoiren des ehemaligen Reichskanzlers Heinrich Brüning, der als historischer Augenzeuge berichtet, dass Adolf Hitler dem feinen Herrn Kaas im Vorfeld mehrfach einen leckeren Staatskirchenvertrag angeboten hatte, sollte dieser seine Partei zur Zustimmung zum fatalen Ermächtigungsgesetz bewegen.[43]

Und siehe da, im sogenannten Schlussprotokoll zu Artikel 13 erhält exakt dieses Reichskonkordat die Fortführung des Rechts der Kirchen auf Erhebung von Kirchensteuern[44] – die unter Nationalsozialisten keineswegs nur Befürworter fand und daher mächtig auf der Kippe stand. Im September 1933 führten die Nationalsozialisten dann den Einzug der Kirchensteuer durch den Arbeitgeber als »staatliche Aufgabe« ein, und 1934 erweiterten sie die Lohnsteuerkarte um den Eintrag »Religion«.

»Unsere Konfession auf der Lohnsteuerkarte ist also ein direktes Erbe Hitlers?« Gedankenverloren schaut Sarah aus dem Fenster. »Das ist doch krank!«

»Genau, und obwohl unser heutiges Grundgesetz in Artikel 140 regelt, dass ›niemand verpflichtet ist, seine religiöse Überzeugung zu offenbaren‹, haben wir alle es bis heute der unheiligen Allianz aus Nationalsozialismus und Christentum zu verdanken, dass man an unserer Lohnsteuerkarte erkennen kann, zu welcher Weltanschauung wir uns bekennen.«

»Aber was hat das jetzt mit unserer Steuererklärung zu tun?!«

»Moment noch …«

Sicher gibt es Menschen, für die die Nennung der Konfession auf der Lohnsteuerkarte kein Problem darstellt. Menschen vielleicht, die nichts zu verheimlichen haben, sondern selbstbewusst zu ihrer Welt- oder auch zu ihrer Himmelsanschauung stehen. Für die knapp 1,5 Millionen Arbeitnehmerinnen und Arbeitnehmer der Caritas und Diakonie ist das jedoch verhängnisvoll, denn obwohl diese Betriebe zu 98,2 Prozent aus öffentlicher Hand finanziert werden, ist die Mitgliedschaft in einer der entsprechenden Kirchen für sie zwingende Voraussetzung.

Aber noch ein letzter Irrtum in Sachen Kirchensteuer muss ausgeräumt werden – und es ist vermutlich der größte, der fatalste und damit der für die Gotteslobby wichtigste Irrtum:

die fälschliche Annahme, von der Kirchensteuer würden soziale Aufgaben finanziert, getreu dem Motto: Die Kirchen tun doch so viel Gutes!

Dank der nachdrücklichen Arbeit einiger meiner weltanschaulichen Freunde und einer Handvoll um Aufklärung bemühter Redaktionen sind in den vergangenen Jahren schon viele finanzielle Mythen rund um Religion aufgeklärt worden. Und nur deshalb bemühen sich die Manager der Religionsgemeinschaften auch um ein Mindestmaß an Transparenz – vielleicht ohne dabei zu merken, was sie uns da eigentlich offenbaren.

Die evangelische Kirche geht dabei einen großen Schritt voran und schlüsselt ihre Ausgaben im Jahr 2012 auf ihrer Homepage auf – zumindest grob:

»Insgesamt beliefen sich 2012 die Bruttoeinnahmen aller evangelischen Landeskirchen auf 9,93 Milliarden Euro. Diese setzen sich – neben der Kirchensteuer (48 Prozent) – aus Fördermitteln und Zuschüssen für Leistungen an der Gesellschaft zusammen, die die Kirche anbietet (Kindergärten, Entgelte für Religionslehrer) sowie aus Pachten und Mieten.«[45]

Etwa die Hälfte des Jahresbudgets der evangelischen Kirche stammen also aus öffentlicher Hand – wobei schon das sehr schön gerechnet ist, wie wir noch sehen werden. Noch abenteuerlicher ist aber, wofür diese Fünfmilliarden-einhundertdreiundsechzigmillionendreihunderttausend Euro gezahlt werden: für Kindergärten (in denen unsere Kleinsten nicht nur betreut, sondern auch mit dem Christentum vertraut gemacht werden – spielerisch, versteht sich), für Religionsunterricht (in dem den etwas Größeren dann das christliche Weltbild beigebracht wird – meist schon weniger spielerisch) und aus Mieten und Pachten (für das Immobilienimperium, das beide Großkirchen besitzen).

Nun, dass beide Versionen der Jesus-Konzerne über fast unzählige Liegenschaften und Immobilien verfügen, ist bekannt. Und vor dem Hintergrund, dass pädagogische Dienstleistungen der Kirchen teilweise bis zu 99 Prozent aus öffentlicher Hand refinanziert werden, ist eine transparente Aufschlüsselung der Nutzung der Kirchensteuer, wie sie uns hier versprochen wurde, auch fast unmöglich – aber sei's drum, wir schauen dennoch, worauf die evangelische Kirche die höchste Priorität legt, und das ist mit immensem Abstand die Arbeit mit Kindern.

1,95 Milliarden Euro (das sind 19,6 Prozent) verschlingen der Pfarrdienst und der Religionsunterricht, weitere 1,86 Milliarden Euro (18,8 Prozent) fließen in evangelische Kindergärten und noch einmal 1,22 Milliarden Euro (12,3 Prozent) in die allgemeine Gemeindearbeit mit Kindern und Jugendlichen.

Und hier zeigt sich, dass bei aller erkenntnistheoretischen Absurdität, die dem persönlichen Glauben innewohnt, der organisierte Glaube sehr wohl sehr kluge Managemententscheidungen treffen kann. Summa summarum fließen nämliche stolze 5 Milliarden Euro, und damit mehr als die Hälfte des jährlichen Budgets der evangelischen Kirche, in die Arbeit mit den Menschen, bei denen letztlich die einzige Chance besteht, ihnen das Blaue vom Himmel als absolute Wahrheit zu verkaufen: Kinder – die Kirchensteuerzahler von morgen.

Ohne es anhand von Daten belegen zu können, bin ich mir recht sicher, dass innerhalb dieser Arbeit keineswegs nur beinharte, frühkindliche Indoktrination stattfindet – ganz im Gegenteil! Kirchliche Kinder- und Jugendarbeit kann, abhängig vom Personal und den Konzepten, sicherlich ganz phantastisch und bereichernd sein, zumal Privatschulen und Kindergärten in kirchlicher Trägerschaft oft personell und materiell, und manchmal sogar ideell weitaus besser ausgestattet sind als staatliche Schulen.

Klar muss aber auch sein: Wie schon beschrieben ist die Finanzierung dieser Schulen nicht den Kirchen zu verdanken, sondern der öffentlichen Hand – also uns allen. Und aus den vielen persönlichen Gesprächen, die ich im Zusammenhang mit meinem ersten Buch, »Isch geh Schulhof«, geführt habe, weiß ich, dass christliche Privatschulen vor allem beim etablierten Teil unserer Gesellschaft auch deswegen so beliebt sind, weil sie ein bestimmtes, pädagogisch eher schwieriges Klientel aus ihren Einrichtungen weitgehend heraushalten. Oder um es noch deutlicher zu sagen: Wenn ich Menschen frage, warum sie ihre Kinder auf christliche Schulen schicken, dann fabulieren die meisten nur ganz kurz oder gar nicht von der Nächstenliebe und den Werten des christlichen Abendlandes, sondern flüstern hinter vorgehaltener Hand: »Da gibt's weniger Assis!«

Bestätigt wurde meine persönliche Erfahrung vor kurzem von wissenschaftlicher Seite, wenn auch in einem sachlicheren Ton: Professor Hinnerk Wißmann vom Exzellenzcluster »Religion und Politik« der Uni Münster ist immerhin Religionsverfassungsrechtler und sagt in einem Interview zu staatlich betriebenen Bekenntnisschulen: »Die religiöse Prägung dient als Fassade für die wunschgemäße Zusammensetzung der Schülerschaft und führt zu einer sozialen Entmischung. Es ist ein beschämendes Trauerspiel.«[46]

Und auch die grausamste Schattenseite kirchlicher Kinder- und Jugendarbeit muss in diesem Zusammenhang zumindest angesprochen werden: die phänomenalen Fallzahlen des Kindesmissbrauchs in christlichen Einrichtungen, die nachweislich systematisch und von allerhöchster Stelle vertuscht wurden.

Apropos Kindesmissbrauch: Wie sehen eigentlich die Finanzen der katholischen Kirche aus? Wenn auch nur grob, denn vor allem in Deutschland sind die Reichtümer der katholischen Weltuntergangssekte unfassbar. Doch wer sich auf die Suche nach deren Zahlen begibt, wird schnell daran erinnert, dass Transparenz kein Teil der christlichen Gebote ist, und so lässt sich verkürzt festhalten:

Wer als Kind den kleinen Exorzismus namens Taufe über sich hat ergehen lassen müssen, gehört mit sofortiger Wirkung nicht nur der christlichen Glaubensgemeinschaft, sondern auch der christlichen Steuergemeinschaft an. Diese Zugehörigkeit wird an die Einwohnermeldeämter übermittelt – weshalb übrigens auch ahnungslose Kinder in der Statistik schon als Katholiken oder Protestanten gelten! –, die geben es an die Finanzämter weiter, und die wiederum ziehen dem exorzierten Kind später ab dem ersten Gehalt je nach Bundesland 8 oder 9 Prozent seiner Einkommensteuer zusätzlich vom Lohn ab: die Kirchensteuer, eine sogenannte Annexsteuer, die sich an der Höhe der zu entrichtenden Lohnsteuer orientiert. Wollen die Exorzierten dann im Erwachsenenalter schließlich von dem Vertrag zurücktreten, den sie nie unterschrieben haben, ist das zwar möglich – teilweise gegen Gebühr –, aber dafür müssen sie sich auch von allen Bedenken frei machen, die ihnen von Kindesbeinen an eingeredet wurden – und wenn es ihn doch gibt?! Aber hier kommt erst der Clou: Die Nachweispflicht für die Befreiung von der Kirchensteuer liegt dann beim Steuerzahler! Ändern sich nämlich die steuerlichen Umstände, etwa durch Hochzeit oder Umzug, ist nicht die Kirche in der Nachweispflicht, sondern der gemeine Kirchensteuerflüchtling. Und wenn er dieser nicht nachkommt, kann die Kirchensteuerstelle rückwirkend – bis zum Austritt aus der Kirche! – die Kirchensteuer verlangen.

»Du willst also sagen, wir sollten Klara doch nicht taufen lassen?« Sarah zwinkert mir zu, dann runzelt sie die Stirn und dreht das Papier mit meinem Tortendiagramm um. »Suchst du vielleicht das hier?«

Anna glaubt sehr gut an den lieben Gott – Einsplus

»Mie-schäll, du Fotzäää!« Ein dicklicher Fünftklässler mit Boxerfrisur und Armeehose prescht den Flur entlang. Keuchend und mit schwerem Schritt rammt er drei Zweitklässler um. »Wenn'schdischkrieg'schfickedisch, schschwöööräää!«

Ich atme tief durch und stecke mein Pressehandy weg. Der Wechsel zwischen den zwei Jobs ist nicht leicht, aber wenigstens haben die beiden Welten – Schule und Religion – nichts miteinander zu tun. Michelle huscht in den Musikraum, und weil Marcel mich blind vor Wut offenbar nicht wahrnimmt, gehe ich zwei große Schritte auf ihn zu, strecke meinen linken Arm aus und bekomme ihn an der Schulter zu packen.

»Du Wixa!«, brüllt er mich spuckend an. »Du darfst misch nisch anfassen, oder isch zeig disch an – bei Bullerei!«

»Samma, geht's noch?!«, blöke ich zurück und baue mich vor ihm auf. »Du rast hier wie'ne besengte Sau durch die Schule und willst mir erzählen, was ich nicht darf?!« Marcel will widersprechen, also werde ich ein bisschen leiser, dafür aber umso schärfer. »Und wie hast du mich gerade genannt?«

Er schaut Michelle hinterher, schnauft und sagt dann: »Tschüüüüsch!«

»Du hast mich Tschüsch genannt?«

»Abboh, nein man!«

Marcel starrt mich aus aufgerissenen Augen an und schnaubt so heftig durch seine aufeinandergebissenen Zähne, dass dabei Speichel aus seinem Mund läuft und wieder eingesaugt wird. Ich stehe vor ihm, halte seinen Blick aus und bewege mich keinen Millimeter. Wenn ich in den vergangenen Wochen als Vertretungslehrer nämlich eines gelernt habe, dann nicht etwa die didaktische Vermittlung von Unterrichtsinhalten – das ist hier eher Nebensache –, sondern den Auftritt des gnadenlosen Alphalehrers:

Bauch rein, Brust raus, stabiler Stand und langsamer Gang, generell eher unaufgeregte und nie zappelige Bewegungen, dabei stets eine mindestens leicht gerunzelte Stirn, angespannte Kaumuskeln, die Arme nicht hängend, sondern die Hände stets oberhalb der Gürtellinie, dazu wenige Worte und immer eine tiefe Stimme, die sich möglichst selten aus der Ruhe bringen lässt. Ist hingegen ein Machtwort fällig, dann muss das unheimlich schnell und absolut fehlerfrei geschehen, so präzise und schlagkräftig wie eine Maschinenpistole, den messerscharfen Blick dabei immer im Auge des gegnerischen Schülers. Wer wegschaut, verliert, wer sich verspricht, wird von den Umstehenden ausgelacht und hat erst recht verloren, ganz egal ob Lehrer oder Schüler oder Elternteil oder Schulleitung oder Kontaktbereichsbeamter.

Angesichts des schnaubenden Marcel konzentriere ich mich also darauf, nicht zu blinzeln und zähle innerlich die Sekunden: Einundzwanzig, zweiundzwanzig, Marcel blinzelt erstmalig, dreiundzwanzig, ich spanne meine Kaumuskeln an, vierundzwanzig, gleich ist er reif für die Kapitulation, fünfund …

»Ja, okeeeh!« Er rollt mit den Augen. »Schulljung, Herr Mülla!«

»Na bitte.« Jetzt ein sanftes Lächeln, denn schließlich

musste ich nur so tun, als wäre ich sauer auf das Kerlchen. »Angenommen.«

Ich lockere meine Angriffshaltung, blinzele jetzt auch wieder und atme heimlich durch. Von Donnerstagabend bis Sonntagabend auf atheistischer Bustour zu sein macht zwar einen Heidenspaß, aber hier würde ich mich dann doch ganz gern mal mit dem Unterrichten beschäftigen – gut also, dass ich den Job eh nicht lange haben werde! Es klingelt zur Stunde, also muss ich die Nummer mit Marcel jetzt über die Bühne kriegen.

»Und jetzt entschuldigst du dich sofort bei den Kleinen, die du umgerannt hast, und dann bei Michelle!«

»Aber isch …«

»Nix aber!« Einer meiner wichtigsten Sätze hier. »Über alles Weitere reden wir nach der Stunde – los jetzt, aber dalli!«

Marcel nickt und trottet zu den Zweitklässlern, die sich inzwischen in einer ungewöhnlich kleinen und braven Gruppe an der Tür angestellt haben. Während er sich entschuldigt, taucht die Lehrerin der Kleinen auf, von der ich bisher noch nicht einmal weiß, was sie unterrichtet.

»Hallöchen!«, ruft sie mit freundlich-schriller Stimme und winkt mir, wobei ihre vielen Armreife laut klimpern. »Du bist doch der Neue, oder? Warte mal eben …«

Ihre grobe, dunkle Dauerwelle tanzt lustig durcheinander, und als sie auf mich zukommt, knallen die Absätze ihrer hohen weißen Stiefel so laut auf dem nackten Boden, dass sie dabei sogar das Gebrüll meiner 5a übertönen. Zu ihrem schwarzweiß karierten Blouson trägt die Dame, die sich in ihren frühen Fünfzigern befinden dürfte, rote Kunstlederleggins und ist von einer süßlichen Parfümwolke umgeben.

»Hi, ich bin die Gabi!«, sagt sie laut, greift nach meiner

Hand und schüttelt sie lachend. »Also eigentlich Frau Düsterbach.«

»So siehst du aber nicht aus.«

Abrupt unterbricht sie ihr Lachen, hält meine Hand dabei noch immer fest und starrt mich durch die Ränder ihrer Brille an. »Wie sehe ich nicht aus?«

»Na, düster.«

»Ach so!« Wieder wiehert sie laut los, so laut, dass sich sogar meine Schüler die Ohren zuhalten. »Witzig!«, ruft sie lachend, »sehr witzig«, dann lässt sie endlich meine Hand los, so dass ich den Kids den Musikraum aufschließen kann.

»Pass auf«, sagt sie und beginnt, in ihrer gigantischen Tasche zu kramen, die so bunt ist, dass sie einen Warnhinweis für Epileptiker erhalten sollte, und daher vermutlich von Desigual stammt. »Ich brauch hier mal ’ne Unterschrift von dir, geht auch ganz schnell!«

»Okay.« Unterschriftensammlungen interessieren mich meist die Bohne. »Klingt interessant, worum geht’s denn?«

»Ach du …« Noch immer ist Gabi mit den Tiefen ihrer Tasche beschäftigt. »Der Berliner Senat will ja den Religionsunterricht abschaffen, und … Verflucht nochmal, wo ist denn der Wisch?!« Wie zwei Schaufelbagger wühlen sich ihre Hände nun durch die Untiefen ihrer Tasche. »Jedenfalls wollen wir das natürlich verhindern, denn … Ha!«, brüllt sie plötzlich und hält mir ein zerknittertes Papier vor die Nase. »Da isses! Hier kannste unterschreiben.« Sie stöckelt zur Wand und streift dort das Papier mit dem Unterarm glatt. »Ich hab bestimmt irgendwo’n Stift in meiner Tasche, aber …«

»Nee, nee, ist schon gut!«

»Haste selbst einen?« Sie streckt mir den Bogen entgegen und lächelt über beide Ohren. »Super, danke!«

»Nein, ich meine …« Wie in Zeitlupe schwindet ihr Lächeln. »Ich unterschreibe das nicht!«

»Dann …« Sie legt die linke Hand auf ihr Dekolleté und schnappt theatralisch nach Luft. »Dann willst du etwa auch, dass der Religionsunterricht abgeschafft wird?!«

»Darum geht es doch bei ›Pro Reli‹ gar nicht«, sage ich mit Engelszungen, doch ihre Miene wird immer finsterer. »Die Berliner Regierung hat den Ethik-Unterricht eingeführt, damit Kinder aller Kulturen miteinander sprechen, statt übereinander – das hat mit dem Religionsunterricht überhaupt nichts zu tun. ›Pro Reli‹ wiederum will …«

»Wahlfreiheit!«

»Aber, die besteht doch jetzt schon. Alle Eltern können entscheiden, ob ihre Kinder Reli besuchen sollen, oder nicht – Ethik hingegen ist für alle da! Setzt sich aber ›Pro Reli‹ durch, können Kinder nur noch eins von beidem …«

»So ein Unsinn!« Frau Düsterbach reckt das Kinn in die Höhe und lässt mich wortlos stehen. »Das stimmt doch nicht …«

»Doch«, sage ich, aber ihre Absätze klackern auf dem Rückweg noch lauter, und während sie aufschließt, sagt sie laut und deutlich zu den Kindern:

»Hereinspaziert, wir beginnen jetzt mit einem gemeinsamen Gebet!«

»Ey, Herr Mülla!« Kaugummi schmatzend reißt Michelle mich aus meinen Gedanken, als ich den Musikraum betrete. »Danke, dass du misch vor dem fetten Schwein gerettet hast!«

»Klar doch, gern!« Moment mal, wie bitte?! »Kannste dir solche Bemerkungen bitte sparen?«

»Abba isso!«

»Das war keine Frage, Michelle!«

»Doch.« Damit lässt sie mich auf meiner rhetorischen

Niederlage sitzen, dreht sich dann aber noch einmal um. »Sch'wollte nur nett zu dir sein, also bleib ma geschmeidisch, ja?!«

Nach dem Unterricht sehe ich Frau Düsterbach zwar nicht mehr, aber zwei Mädchen aus ihrer Gruppe warten auf mich, als ich den Musikraum abschließe.

»Herr Müllaaa!«, sagt eine von ihnen leise. »Können wir dich was fragen!«

Und weil jetzt schon alle anderen Kinder auf dem Pausenhof sind, herrscht ganz plötzlich eine ungewohnte Stille um uns herum. Die Sohlen der etwa siebenjährigen Mädchen schmatzen hörbar auf dem klebrigen Linoleum, als sie die letzten Schritte langsam auf mich zugehen. Die größere der beiden steht schließlich weiter vorn und die kleinere versteckt sich hinter ihr.

»Duhuu?« Mit beiden Händen streicht die Mutigere ihren Zopf glatt, der ihr seitlich über die Schulter hängt. »Stimmt das?«

»Stimmt was?«

»Dass du …« Sie dreht sich zu ihrer Freundin um, die nickt und sie anstupst, dann blicken beide wieder aus großen Kulleraugen zu mir hinauf. »Dass du nich an Gott glaubst?!«

»An Gott?!« Ich muss ein bisschen lachen. »Wer sagt das denn?«

»Frau Düsterbach.« Sie zeigt auf den Raum hinter sich, neben dessen Tür ich erst jetzt ein Poster mit dem berühmten Christenfisch erblicke. »Unsere Religionslehrerin!«

»Das sagt die also, aha …« Ich stemme meine Hände in die Hüften, nicke und sage: »Ja, das stimmt!«, woraufhin die beiden noch ein bisschen näher aneinanderrücken und einen kleinen Schritt von mir weggehen.

»Aber … hast du denn gar keine Angst?«, will die Größere wissen.

»Angst?« Mir vergeht das Lachen. »Nein, überhaupt nicht – wovor denn?«

»Na, vor dem Teufel«, ruft nun die Kleinere und traut sich erstmalig hinter ihrer Freundin vor, »der in der Hölle auf dich wartet!«

»Aber nein«, entfährt es mir spontan, »den Teufel gibt es doch gar nicht, und die Hölle auch nicht!« Ich gehe in die Hocke und schaue in zwei irritierte Gesichter. »Hört mal, ihr beiden, das sind doch nur Geschichten, wie Märchen – das ist nicht echt und davor braucht ihr keine Angst zu haben!«

»Aber …« Die Kleinere schaut sich kurz um, schweigt dann jedoch.

»Wie kommt ihr denn auf so etwas?«, frage ich leise, erhalte aber keine Antwort. »Hat Frau Düsterbach das etwa erzählt?«

Die beiden schauen sich an und rennen dann wortlos weg.

Gedankenverloren betrete ich kurz darauf das Lehrerzimmer. Okay, denke ich mir, dass Religionsunterricht mit einem Gebet anfängt, kenne ich so zwar nicht, aber das liegt ja nahe. Doch ob die Frau den Kindern wirklich erzählt, dass der Teufel in der Hölle auf all jene wartet, die nicht an Gott glauben? Oder wie kommen die sonst darauf? So etwas denken sich Kinder doch nicht aus, Herrgottnochmal! Und an Hölle und Teufel glaubt doch schließlich heut' kein Mensch mehr, nicht einmal die Gläubigen – oder?! Existieren Hölle und Teufel nach kirchlicher Lehre denn überhaupt noch? Tja, vermutlich schon, denn ganz so einfach lässt sich das ja nicht abschaffen, frei nach dem Motto:

Leute, Entwarnung, wir haben uns das jetzt anders überlegt, macht euch keinen Kopf mehr wegen Fegefeuer, ewiger Qualen und so – alles gechillt!

Wenn dieser schreckliche Schwachsinn in der christlichen Lehre also tatsächlich existiert, muss eine Religionslehrerin ihn dann auch vermitteln? Und wie sollte so eine Unterrichtseinheit wohl aussehen: ›Liebe Kinder, setzt euch mal, ich hab' eine gute und eine schlechte Nachricht!‹ – oder was?! Und selbst, wenn sie es nicht aktiv tut – wie reagiert eine Religionslehrerin etwa auf eine solche Frage: ›Frau Düsterbach, mein Opa sagt, Gott ist eine Erfindung der Menschen – kommt der in die Hölle, wenn er stirbt?‹

Noch immer nachdenklich gieße ich mir eine Tasse lauwarmen Filterkaffee ein, nehme einen Schluck, verziehe das Gesicht und setze mich dann an einen der Computer, die uns Lehrern in einem stillen Eckchen zur Verfügung stehen. Und weil ich in den zwanzig Minuten der großen Pause nur wenig Zeit habe, konzentriere ich mich erst einmal auf den konkreten Fall: Sind Hölle und Teufel Lerngegenstand des evangelischen Religionsunterrichts an Berliner Grundschulen? Es könnte zwar auch sein, dass die Mädels das von ihren Eltern haben, oder von einem Pfarrer, aber ihre Reaktion auf meine Rückfrage war doch zumindest verdächtig.

Die kurze Antwort auf meine Frage finde ich im Rahmenlehrplan für den evangelischen Religionsunterricht in Berlin, Brandenburg und der schlesischen Oberlausitz[47]: Nein. Sowohl Hölle als auch Teufel liefern per Suchfunktion im gesamten PDF kein Ergebnis, was ich schon mal sehr beruhigend finde. Wenn sich die Verfasser dieses Papiers aber um den gruseligen Teil der Antwort gedrückt haben, wie positionieren sie sich denn generell in der Frage, was nach dem Tod geschieht?

Zwölf Ergebnisse liefert die Textsuche für Tod, Antworten jedoch keine, abgesehen von der christlichen Auferstehungshoffnung[48] – und die stirbt ja bekanntlich zuletzt. Stattdessen finde ich heraus, dass der Unterricht sich maßgeblich an fünf Leitfragen[49] orientieren soll: der Frage nach Gott, der Frage nach dem Menschen, nach Jesus Christus, nach der Gestalt des Glaubens und schließlich nach verantwortlichem Handeln.

Das klingt ja so schlecht erst einmal nicht, wobei sich mir eine ganz andere Leitfrage aufdrängt: Welches Ziel verfolgt Religionsunterricht eigentlich? Geht es hier um die möglichst objektive Vermittlung von Wissen über Religion in all ihrer Vielfalt oder um die Vermittlung einer bestimmten Religion und ihrer Glaubensinhalte?

»Religiöse Kompetenz wird ausgelegt auf die Bezugsreligion«, heißt es hier, worunter die evangelische Kirche eben auch »die evangelische Religion«[50] versteht. Das ist nachvollziehbar, bedeutet aber auch, dass die Blickrichtung des Lehrers eindeutig konfessionell gebunden ist – wenig verwunderlich bei einem konfessionellen Religionsunterricht. Und je länger ich in das Dokument hineinlese, desto eher wird klar, dass meine eigentliche Frage hier ganz sicher nicht beantwortet wird:

Hat konfessionell gebundener Religionsunterricht das Ziel, Kinder religiös zu machen? Dient er also der Information oder der Mission?

Eine kurze Antwort auf die Frage liefert ein Urteil des Bundesverfassungsgerichtes vom 25. Februar 1987. Gegenstand des Religionsunterrichts ist danach »… der Bekenntnisinhalt, nämlich die Glaubenssätze der jeweiligen Religionsgemeinschaft. Diese als bestehende Wahrheiten zu vermitteln ist seine Aufgabe.«[51]

Glaubenssätze als Wahrheit vermitteln – sollte dafür Platz in öffentlichen Schulen sein?

Weil ich jetzt aber wenig Zeit habe, überfliege ich nur die Basics im Wikipedia-Artikel. Dass der nicht der Weisheit letzter Schluss ist, ist klar, aber er zeigt schon einmal, dass Religionsunterricht in Deutschland eine höchst komplizierte Angelegenheit ist, die gleich mal mit einer Besonderheit anfängt:

Als einziges Fach muss der konfessionelle Religionsunterricht nämlich per Grundgesetz zum ordentlichen Lehrfach deklariert werden[52] – eine Verlegenheit, in die Deutsch, Mathe oder Geschichte wohl kaum kämen. »Religiöse Unterweisung« hingegen, heißt es hier, können Religionsgemeinschaften außerhalb der Schule anbieten. Eine putzig-paradoxe Formulierung – »Unterweisung anbieten« –, aber auch ein Hinweis darauf, dass Religionsunterricht in Schulen eben genau das nicht ist – doch was dann?

»Eine gemeinsame Angelegenheit« von Staat und Religionsgemeinschaften ist er, lese ich, und hinter dieser Formulierung verstecken sich zwei spannende Pointen: Weil der Religionsunterricht als ordentliches Lehrfach im Grundgesetz verankert ist, steht er schon einmal unter staatlicher Aufsicht und ist daher demokratischen Grundsätzen verpflichtet[53] – gut, zumindest in der Theorie. Die hier erbrachten Leistungen werden in fast allen Bundesländern benotet und sind versetzungsrelevant, vor allem aber müssen die Bundesländer diesen Unterricht finanzieren – auch gut, aber nur wenn dieser Unterricht keine konfessionell gebundene Lehre einer Religion, sondern Aufklärung über Religionen wäre. Und hier kommt auch schon die erste Pointe:

Weil der Staat die freie Religionsausübung garantiert, müsse er, so argumentieren Befürworter des konfessionellen Religionsunterrichts, diesen Unterricht auch in seinen

Bildungseinrichtungen anbieten. Aber Moment mal – ist das plausibel? Sollte aus dem Recht auf freie Religionsausübung – das unsere demokratisch aufgebaute und weltanschaulich neutrale Form des Zusammenlebens ihren selbstbestimmten Mitgliedern selbstverständlich einräumt – auch die Pflicht des Staates folgen, den undemokratisch aufgebauten Religionsgemeinschaften ihre finanziellen Mittel und Strukturen zur Verfügung zu stellen, damit diese ihren Glauben an die nächste Generation weitergeben können? Religion, so heißt es doch immer wieder, sei in Deutschland Privatsache. Wie kann dann aus dem Recht auf diese Privatsache der Anspruch abgeleitet werden, sie mit Hilfe staatlicher Strukturen an Kinder zu vererben?

Ungeachtet der Antworten auf diese Fragen geht die Argumentation aber noch weiter und birgt die zweite Pointe: Weil der Staat nämlich zur weltanschaulichen Neutralität verpflichtet ist, könne er nicht entscheiden, welche Glaubenslehren richtig sind und müsse die inhaltliche Gestaltung daher den Religionsgemeinschaften überlassen.

Kürzer gesagt: Der Staat – in diesem Fall die Bundesländer – übernimmt den gesamten Aufwand, auch den finanziellen, und lässt den Unterricht an seinen Institutionen zu, hat aber von Bibeln und Beten keine Ahnung, also schreiben die Religionsgemeinschaften die Lehrpläne selbst und bestimmen somit, was den Kids beigebracht werden soll.

Weil die Pausenklingel mich aber schon bald in die nächste Stunde schickt, notiere ich mir: Der Staat zahlt den Religionsunterricht, die Kirchen diktieren aber die Inhalte. Wie hoch die Kosten dafür sind, wage ich momentan nicht einzuschätzen, aber dabei wird mir sicherlich mein Freund Carsten Frerk weiterhelfen, der solche Zahlen ja in mühsamer Kleinstarbeit zusammengetragen hat. Die Mail dazu ist schnell geschrieben:

> Lieber Carsten,
> wie hoch sind eigentlich die Kosten, die bundesweit jährlich für den konfessionellen Religionsunterricht anfallen? Und welchen Anteil tragen die Kirchen daran?
>
> Danke und LG,
> Phil

Vorübergehend beruhigt bin ich von der Tatsache, dass Religionslehrerinnen und -lehrer nicht nur über die Zulassung der jeweiligen Religionsgemeinschaft verfügen müssen, sondern auch über beide Staatsexamina und auf die Verfassung vereidigt sein müssen, doch auch hier muss ich grinsend den Kopf schütteln. In Abstimmung mit den Religionsgemeinschaften können nämlich auch Religionslehrer eingesetzt werden, die kein Staatsexamen als Lehrer haben und nur von den Kirchen ausgebildet wurden – und natürlich Geistliche, also die höheren Angestellten der zwei Gotteskonzerne.

Eine Frechheit ist das!, denke ich mir, wobei mir wieder einfällt, dass das Gleiche auf mich zutrifft. Allerdings unterrichte ich Mathematik und Musik, und es würde wohl schnell auffallen, wenn ein Kind daheim erzählen würde, bei Herrn Möller wäre eins plus eins gleich drei, oder die C-Dur-Tonleiter fange bei A an. Oder bei Z.

Aber weiter im Text, immerhin ist die Pause gleich rum – wer nimmt am Religionsunterricht teil? Und hier fängt das Chaos an, denn Deutschland ist schließlich alles andere als eine glaubenshomogene Nation und damit eben auch in Sachen Religionsunterricht ein föderalistischer Flickenteppich. Abgesehen von Berlin und Bremen, wo Reli kein ordentliches Lehrfach ist[54], haben bekenntnisangehörige und schulpflichtige Kinder und Jugendliche nicht nur das Recht auf Religionsunterricht, sondern auch die gesetzliche Pflicht, daran teilzunehmen. In Bayern, Baden-Württemberg, dem Saarland und Nordrhein-Westfalen steht sogar im Schulgesetz, dass Kinder »in Ehrfurcht vor Gott« erzogen werden sollen. Aus dem religiösen Bekenntnis der Eltern folgt für Kinder in Deutschland also die Pflicht, auch in diesem Bekenntnis unterrichtet zu werden – weit vor dem Erreichen der Religionsmündigkeit.[55]

Und das, obwohl es laut Grundgesetz, Artikel 140 verboten ist, Menschen zur Teilnahme an religiösen Übungen zu zwingen. Entweder ist der konfessionelle Religionsunterricht also keine religiöse Übung – oder er ist verfassungswidrig. Und müsste nicht eigentlich jede Person selbst entscheiden, ob sie an einem bekenntnisorientierten Religionsunterricht teilnehmen will?

Offenbar nicht in der Kirchenrepublik Deutschland, denn hier wurde im Jahre des Herrn 1922 ein Gesetz über die religiöse Kindererziehung erlassen – das KErzG. Nun herrschten vor knapp einhundert Jahren, als knapp einhundert Prozent der Bevölkerung christlich waren, sicherlich andere Umstände, aber dieses Gesetz hat bis heute überlebt und sagt in Artikel 1: Über die religiöse Erziehung bestimmt die freie Einigung der Eltern.[56]

1966 hat der Gesetzgeber noch hinzugefügt, dass das Familiengericht über die religiöse Erziehung von Kindern zu entscheiden hat, wenn die Eltern sich dabei nicht einig sind, wobei auch die Meinung Verwandter oder der Lehrer dazu gehört werden soll.

Aber das Kind selbst? Das soll dazu erst angehört werden, wenn es das zehnte Lebensjahr vollendet hat[57]. Vorher hat es nicht nur zu essen, was auf den Tisch kommt, sondern auch zu glauben, was die Eltern glauben – so steht es zumindest im aktuellen Gesetz der Bundesrepublik Deutschland. So richtig mitreden in Fragen des religiösen Bekenntnisses dürfen in Deutschland lebende Kinder aber auch mit zehn Jahren noch nicht: Erst im Alter von zwölf Jahren darf ein Kind nicht mehr gegen seinen Willen in einem anderen Bekenntnis als bisher erzogen werden, und mit 14 Jahren schließlich hat ein Mensch auf dem Boden deutscher Gesetze die Hoheit über seine Weltanschauung erlangt: Hurra, die Religionsmündigkeit ist erlangt, und nun »steht dem Kind die Entscheidung zu, zu welchem religiösen Bekenntnis es sich halten will«[58] – außer in Bayern[59] und im Saarland[60], wo Menschen erst volljährig werden müssen, um sich der staatlich-religiösen Erziehung entziehen zu dürfen.

Aber was passiert eigentlich bis zu dem Zeitpunkt, an dem Kinder selbst über ihre weltanschauliche Erziehung entscheiden dürfen? Und wie wichtig ist diese Phase für die Orientierung eines Kindes? Manche Entwicklungspsychologen sprechen heute von der Faustformel, die ersten tausend Tage im Leben eines Menschen seien maßgeblich entscheidend für die Entwicklung seiner Persönlichkeit[61]. Entsprechend sind wir alle vollkommen schutzlos den geistigen Haltungen unserer Eltern ausgesetzt – ob Theisten oder Atheisten –, und zwar weit über die ersten tausend Tage hinaus. Aber abgesehen von rechtlichen Regelungen finde ich diese Frage sehr interessant:

Ist es eigentlich fair, seinen Kindern den eigenen religiösen Glauben überzustülpen?

Natürlich wird dies meist nicht so empfunden und daher auch anders bezeichnet: Kindern Zugang zu einem Glauben verschaffen, sie im religiösen Glauben erziehen, ihnen »religiöse Kompetenz« vermitteln (wie es im Rahmenlehrplan heißt), sie Teil der Glaubensgemeinschaft werden zu lassen, ihnen das Angebot machen, Gott kennenzulernen oder Jesus Christus, vielleicht auch Allah und Mohammed, oder Vishnu, oder Shiva, oder einen der anderen etwa 5000 Götter oder Propheten, die sich die Menschheit ausgedacht hat.

Rhetorische Fragen geistern mir durch den Kopf: Haben Kinder eine Chance, solche »Angebote« abzulehnen? Sind sie kognitiv überhaupt in der Lage, die Glaubensinhalte der Eltern oder anderer erwachsener Vertrauenspersonen zu bewerten? Und verfügen sie über die emotionale Reife, solche Überzeugungen auch nur ansatzweise zu hinterfragen?

Natürlich nicht, denn Kinder sind gnadenlos abhängig vom Urteil ihrer Eltern und anderer Bezugspersonen. Und je jünger sie sind, desto stärker sind sie in der Deutung ihrer Umwelt auf die Perspektive der Eltern angewiesen. Erst mit zunehmendem Alter entwickeln wir die Fähigkeiten, selbst zu urteilen, sind dabei aber weitgehend durch unsere Biographie beeinflusst. Dass Eltern ihren Kindern nun einmal vorleben, was sie selbst sind, daran wird sich wohl nichts ändern lassen, und das ist auch nicht nötig – aber eine gezielte Heranführung an einen bestimmten Glauben in staatlichen Einrichtungen? Ausschließlich durch allgemeine Steuergelder finanziert, aber inhaltlich von den Religionsgemeinschaften mit dem Ziel gestaltet, religionsunmündige Menschen religiös zu machen?

Ich finde dazu zwar keine Daten, gehe aber davon aus, dass die zuverlässigste Methode, die Konfession eines Menschen zu bestimmen, darin besteht, ihn nach der Konfession seiner Eltern zu fragen – die ihn vermutlich dazu erzogen haben. Und auch wenn sich dieser Zusammenhang vor allem in Industrienationen stetig auflöst, muss Religionsunterricht an Schulen aus genau dieser Perspektive beleuchtet werden. Die Frage lautet also:

Wenn Menschen in Deutschland laut Gesetz erst im Alter von vierzehn Jahren religionsmündig sind, wäre es dann nicht nur fair, sie bis dahin zwar Stück für Stück über die verschiedenen Religionen und Weltanschauungen aufzuklären, sie aber vor einer konfessionellen Erziehung zum Glauben regelrecht zu schützen?

»Wie wäre es denn …«, höre ich plötzlich wieder die hohe Stimme und erblicke Gabi Düsterbach vor mir, »… wenn du dich aus meinem Unterricht raushältst?!«

»Das tue ich gern!« Vorsorglich rufe ich den Tab mit ihrem Rahmenlehrplan auf. »Solange du den Kindern keine Horrormärchen vom Teufel erzählst, der in der Hölle …«

»Das sind keine Horrormärchen«, giftet sie mich nun an, »das ist christlicher Glaube – ich bitte um ein bisschen Respekt.«

»Respekt muss man sich verdienen«, halte ich dagegen und lehne mich zurück. »Und wer Kindern Angst macht, hat keinen Respekt verdient – egal womit er das begründet!«

»Also ich muss doch bitten!«, ruft sie so laut, dass auch der anwesende Schulleiter unseren Disput mitbekommt. »Was im Religionsunterricht vermittelt wird, entscheide immer noch ich!«

»Das stimmt nicht.« Ich zeige auf den Bildschirm mit ihrem Lehrplan und gebe die zwei fraglichen Begriffe in der Suchmaske ein. »Das entscheidet dein Arbeitgeber, die evangelische Kirche. Und die hat im Rahmenlehrplan weder die Hölle noch den Teufel erwähnt.«

»Also das muss ich mir nun wirklich nicht bieten lassen!«, sagt sie noch lauter und will gehen, läuft aber einem meiner Kollegen in die Arme – Herrn Geier.

»Wat is denn hier los?«, schaltet sich der eher kleine Mann mit den schulterlangen blonden Haaren ein, der stets eine rosafarbene Fertig-Lesebrille an seiner Goldkette trägt. »Ick muss mir dit Jekeife schon den janzen Tach im Klassenraum anhörn! Könn'wa hier vielleicht ma reden wie Awaxne?«

»Das würde ich ja gern!«, verteidigt Gabi sich und zeigt auf mich. »Aber der da mischt sich in meinen Religionsunterricht ein!«

»Reljohn?!« Herr Geier geht einen Schritt auf sie zu, mustert Gabi von oben bis unten und schaut sie dann mit hochgezogener Oberlippe an. »Samma, glaubste denn wirklich, datt da oben eena rumgeistert?« Gabi will protestieren, doch der Mann legt seinen Kopf leicht schief und redet leise weiter. »Haste die letzten 2000 Jahre ma Zeitung jelesen? Euer Supermann da oben is allmächtich, alljütich und allwissend«, sagt er immer lauter und geht dabei langsam auf Gabi zu, »aber die janze Welt jeht in Arsch, oder wat?! Kriech, Hunger, Ahmut, Terror, Diktatoren – schomma darüber nachjedacht?«,

»Damit hat der liebe Gott nichts zu tun!« Gabi reckt ihr Kinn hoch und geht einen Schritt zurück, stößt aber mit ihrem Hintern an einen Tisch. »Dafür sind die Menschen verantwortlich.«

»Also issa doch nich allmächtig, oder wie?«

»Doch, doch, natürlich – vollkommen allmächtig!« Gabi hält ihre Tasche fest. »Aber manchmal stellt er die Menschen eben auch vor … Prüfungen.«

»Vor Prüfungen, he?« Geierchen kaut langsam auf einem Kaugummi und schaut Gabi aus seinen funkelnd blauen Augen an. »Kleine Prüfungsfrage, Frau Reljohnslehrerin: 26. Dezember 2004, wat war da los?«

»W … Wei … Weihnachten?« Gabi schluckt.

»Für dich vielleicht.« Herr Geier kaut weiter auf seinem Kaugummi und lässt sie nicht aus dem Blick. »Ick war in Thailand. Am Strand. Uff eema brüllen alle. Tsunami, Tsunami. Dit Wasser kommt. Ick renne. Höre'n Kind schrein. Dreh'ma um. Dit Kind kann ick retten. Die Mutta asäuft. Keene Schonkse.« Er blinzelt einmal. »Zweihundertdreißigtausend Tote hatta jemacht, der liebe Gott. Kinder, Ommas, Muttis, Vatis. Und einskommafünf Million Obdachlose.« Seine Kaumuskeln sind jetzt komplett angespannt. »Wenn dein komischer Gott doch da oben rumspukt, dann würd'ick jerne ma'n ernstet Wörtchen mit ihm reden.«

»Also das ist doch unerhört!«, sagt Gabi und will gehen, doch Herr Geier stellt sich ihr in den Weg.

»Dit Leid der Welt als göttliche Prüfung zu bezeichnen«, sagt er, »dit ist unerhört. Um nich zu sagen – ekelhaft.«

Ohne zu blinzeln schaut er Gabi hinterher, als sie mit schweren Schritten aus dem Lehrerzimmer stampft. Auf meinem Bildschirm hingegen trudelt Carstens Mail ein:

Lieber Phil,
die kurze Antwort auf deine Frage lautet: 4 Milliarden Euro[62], wozu die Kirchen weniger als ein Prozent beitragen. Ist aber ein weites Feld, Details schreibe ich gerade in meinem »Violettbuch Kirchenfinanzen« auf und schicke sie dir dann.

Bis dahin ebenso LG,
Carsten

Wenige Tage später zitiert der Rektor mich in sein Büro, und ich bin der festen Annahme, mich mit ihm über den Religionsunterricht von Frau Düsterbach streiten zu müssen.

»Sie schickt der Himmel«, sagt er jedoch, als ich in leicht geduckter Haltung vor seinem Schreibtisch Platz genommen habe, und schaut mich mit schwerer Stirn an. »Haben Sie mitbekommen, was gestern in der 5a passiert ist?«

»Meine Mathe- und Musikklasse?« Ich richte mich auf. »Nein, was war denn los?!«

»In der letzten Stunde hat Marcel …« Er seufzt. »… seine Klassenlehrerin zuerst mit Papierkügelchen beworfen, dann mit Schimpfwörtern und schließlich mit Stiften.«

»Und Frau Blum? Wie hat die reagiert?«

»Erst geschimpft, dann mit einem Tadel gedroht, dann mit dem Schulverweis.«

»Das stört Marcel wenig.«

»Stimmt.« Herr Friedrich nimmt seine Brille ab und reibt sich die Augen. »Weil sie sich gegen Marcel nicht durchsetzen konnte, hat die ganze Klasse sie ausgelacht, woraufhin Frau Blum in Tränen ausgebrochen ist.«

»Vor den Kids?!« Ich sehe meinen Chef langsam nicken. »Das ist schlecht. Und dann?«

»Kam sie heulend zu mir gerannt, hat hier gesessen wie ein Häufchen Elend, also hab ich sie nach Hause geschickt.« Er zeigt mir ein Attest. »Hat ihr Mann heute vorbeigebracht: Frau Blum ist sechs Wochen krank – vorerst.«

»Burn-out?«

»Ja, vermutlich ist es eine Erschöpfungsdepression, wie es offiziell heißt.« Er legt den Zettel beiseite. »Ich bin dann direkt mit dem Hausmeister in die 5a, um die Bande zur Ruhe zu bekommen. Aber wie auch immer …« Herr Friedrich schwingt sich aus seinem knarrenden Stuhl und geht auf die große Stundentafel zu. »Komm'se ma her!«

Wie wild rupft er zahllose Schildchen aus dem Plan, die den Namen der kranken Kollegin tragen und nun viele schwarze Löcher hinterlassen, tritt dann einen Schritt zurück und seufzt.

»Schöne Scheiße, he?«

»Jap.« Einen Moment stehen wir still nebeneinander. »Aber was habe ich …«

»Sie übernehmen dort Deutsch, Englisch und Sport.« Er schaut mich von der Seite an. »Und die kommissarische Klassenleitung.«

»Bitte?! Ich hab das doch alles noch nie unterrichtet!« Ich lache ihn an. »Und ich hab noch nicht einmal Lehramt studiert!«

»Na und?« Jetzt lacht er. »Sie glauben doch wohl kaum, dass Ihnen hier ein Examen weiterhilft.«

»Keine Ahnung! Aber was soll ich denn noch alles übernehmen?«

»Nur die 5a.« Er räuspert sich. »Und deren Klassenfahrt.«

»Die Klassenfahrt?! Sind Sie …«

»Von allen guten Geistern verlassen?« Er lächelt. »Zum Glück nicht von allen.«

»Niemals!«, entfährt es mir. »Nicht mit dieser Horde. Sie wissen genau, das ist die schlimmste Klasse in der ganzen Schule und …«

»Deswegen haben wir die Fahrt auch abgesagt und ersetzt durch eine Übernachtung in der Schule!« Er zieht seine Augenbrauen in der Mitte weit hoch. »Bitte, Herr Möller, sämtliche Kollegen weigern sich. Auch auf die Gefahr hin, dass Sie mich für verrückt halten, aber Sie sind momentan meine einzige Möglichkeit, die Klasse nicht schon wieder auflösen zu müssen.« Er lächelt so nett er kann und faltet die Hände. »Bitte!«

Die Übernachtung findet von einem Freitag auf einen Samstag statt und droht, der reinste Horror zu werden, gestaltet sich aber mit Hilfe einer Erzieherin aus dem Nachmittagsbereich, die die Mädels betreut, einfacher als gedacht und verläuft mit wenigen kleineren Prügeleien der Jungs schließlich ziemlich unspektakulär. Am nächsten Morgen gibt es ein gemeinsames Frühstück, dann werden die Kinder von ihren Eltern abgeholt oder trotten, wie im Falle von Marcel, allein nach Hause. Gemeinsam mit der Erzieherin will ich gerade das Schulgebäude verlassen, da fällt mir ein, dass ich noch die Vokabeltests der 5a im Lehrerzimmer habe, die ich übers Wochenende korrigieren will, also verabschiede ich mich von ihr und mache mich auf den Weg nach oben.

Allein.

Ganz allein.

Laut fallen die Glastüren hinter mir in ihre Rahmen, und nachdem ihr Scheppern verklungen ist, halte ich den Schlüsselbund in meiner Hand fest und bleibe einen Moment stehen.

Stille. Absolute Stille herrscht nun, die an diesem Ort so angenehm wie sonderbar ist. Bedächtig laufe ich weiter, und je tiefer ich in das Schulgebäude vordringe, desto dunkler wird es. Verschlossene Klassentüren säumen meinen Weg, doch am Ende des Flures fällt ein schräger Sonnenstrahl durch eine offene Tür auf den Linoleumboden. Staubkörner tanzen in der Luft darüber, und meine Sohlen schmatzen auf dem Boden.

»Nanu«, sage ich leise und gehe auf die offene Tür zu. »Hallo?« Ich erhalte keine Antwort und schiebe die Tür vorsichtig auf. »Ist hier jemand?«, frage ich hinterher, doch es bleibt mucksmäuschenstill. Vorsichtig strecke ich den Kopf durch die Tür und finde einen leeren Unterrichtsraum vor, der auffällig kleiner ist als die richtigen Klassenräume. Die frühe Sonne wirft ihren Schein auf einen Stuhlkreis, der fast den ganzen Raum einnimmt, auf den Fensterbrettern stehen Pflanzen und Kerzen in großen Gläsern, es ist aufgeräumt und sauber. An Tischen wird hier offenbar nicht gearbeitet, denn abgesehen von einem kleinen Lehrerpult befinden sich hier nur Stühle. Mit gerunzelter Stirn trete ich einen Schritt zurück, schaue an die Wand neben der Tür und entdecke – den Christenfisch.

»Aha!«, sage ich zu mir selbst und merke, wie dabei eine meiner Augenbrauen hochwandert. Warum Frau Düsterbach den Reliraum am Wochenende auflässt, weiß wohl außer ihr nur der liebe Gott – also niemand –, aber mein Generalschlüssel passt ins Schloss, also schließe ich lieber ab. Ein kurzer Blick fällt dabei auf eines der Poster an der Wand, als ich jedoch genauer hinschaue, rutscht mir ein Satz heraus, den ich bisher erfolgreich hatte vermeiden können.

»Ach du heilige Scheiße!«, sage ich und gehe auf die Posterwand zu. »Das ist ja unglaublich …«

Auf dem größten Poster, das in der Mitte hängt, entdecke ich niemand Geringeren als den lieben Gott. Unter der Überschrift »Die Schöpfung« sitzt er lächelnd auf einer flauschigen Wolke, gekleidet in ein weißes Gewand, mit weißem Haar und weißem Rauschebart, und sagt in einer Sprechblase:

»Es werde Licht!«

Am unteren linken Rand des Posters ist es dunkel, doch der Rest unter Gottes Wolke zeigt einen sonnenüberfluteten Teil der Erde, auf dem fröhliche Tiere im Schatten prächtiger Bäume auf sattem Gras stehen. In ihrer Mitte jedoch lassen sie eine große Fläche frei, und dort stehen, größer und prächtiger als alle anderen: zwei nackte Menschen, die Genitalien mit Feigenblättern bedeckt.

»Kann ja wohl nicht wahr …!«, entfährt es mir, dann

entdecke ich das Impressum dieses Anschauungsmaterials: die Studiengemeinschaft Wort und Wissen[63], die ich als atheistischer Pressesprecher natürlich bestens kenne – als bibeltreuen Kreationistenverein, der seiner Ideologie den Anstrich der Wissenschaftlichkeit gibt. Ich stutze, doch viel Zeit, mich darüber zu echauffieren, habe ich nicht, denn das nächste Poster wartet schon auf mich und trägt die Überschrift:

»Kinder haben Rechte!« Hier sind Fotos von Mädchen und Jungen abgebildet, neben denen jeweils eine Aussage steht, wie: »Niemand darf mir meinen Glauben ausreden!«, oder »Ich habe ein Recht auf Religion!« und schließlich »Niemand darf behaupten, es gäbe keinen Gott!«.

Ich lache laut auf, doch angesichts des nächsten Posters bleibt mir das Lachen im Halse stecken: Es zeigt Fossilien, und was versteinerte Schnecken und Vögel in diesem Zusammenhang bedeuten, ist auch hier in der Überschrift klar ausgedrückt:

»Evolution – auch nur eine Theorie!«

Wie in Trance begutachte ich sämtliche Poster, taumele weiter zwischen Stichworten wie »Mit Kindern die Schöpfung entdecken« und »die geschaffenen Arten kennenlernen«, öffne dann Schränke, begegne dabei Jesus, der die Kinder auf einem Flyer nach dem Datum fragt, an dem sie seine Freunde geworden sind – ebenfalls gestaltet von der Studiengemeinschaft Wort und Wissen.

Erschöpft lasse ich mich schließlich am Lehrerpult nieder und atme einmal tief durch. Wird hier tatsächlich in einer staatlichen Schule eine waschechte Kreationistin auf die Kids losgelassen? Wissen ihre Vorgesetzten wohl, was die Frau hier veranstaltet? Kann das denn in deren Sinne sein? Müsste die Evangelische Kirche in Berlin nicht eigentlich das Höchstmaß an Aufklärung zu bieten haben, das innerhalb des deutschen Christentums möglich ist – also im Gegensatz zum katholischen Unterricht in einem bayerischen Bergdorf zum Beispiel?

Zu meiner Beruhigung entdecke ich an ihrem Tisch aber das Religionsbuch eines seriösen Verlages: »Spuren lesen« aus dem Hause Calwer im Diesterweg Verlag. Ich blättere ein bisschen darin herum und lande bei der Überschrift: Ich lobe Gott.

»Gott, unser Schöpfer« wird hier ein Psalm zitiert, »wir loben dich, denn du bist groß und hast unsere Welt wunderbar gemacht.«[64]

Na super – andere Verpackung, gleicher Inhalt! Während ich den Kids in Mathe also Rechenaufgaben stelle, in Musik mit ihnen Lieder singe oder neuerdings in Englisch Vokabeln pauke, finde ich hier Aufgabenstellungen wie diese:

»Wie lobst du Gott?« und »Gestalte einen Dank an Gott, den Schöpfer.«

Und in der Lehrerausgabe dieses Buches, die direkt daneben liegt, kann ich auch nachlesen, welches Kompetenzspektrum Kinder mit solchen Aufgaben erwerben sollen: »Die Kinder wenden sich im Gebet an Gott.«

In den methodischen Hinweisen wiederum finde ich den »Impuls zum Theologisieren für die Kinder«:

»Stellt euch vor«, heißt es darin, »jedes Löwenzahnschirmchen ist ein Dank an Gott dafür, wie wunderbar er seinen Garten gestaltet hat. Mein Herz ist manchmal so voll, dass es überläuft und mein Dank an Gott muss hinaus, so wie die Schirmchen wegfliegen. Dort, wo sie landen, kann ein neuer Löwenzahn wachsen, der vielleicht wieder andere Kinder zum Staunen und zum Singen bringt.«

Ich reibe meine geschlossenen Augen. Dass die Unterrichtsmaterialien einer kreationistischen Bibeltruppe wie

»Wort und Wissen« jedem gesunden Menschenverstand widersprechen, war ja zu erwarten, und dass sie hier zum Einsatz kommen, ist schlicht skandalös. Dass aber in staatlich anerkannten Religionsbüchern aus seriösen Verlagen völlig selbstverständlich von der Existenz Gottes geschrieben wird und Kinder – in diesem Fall Erst- und Zweitklässler! – dazu aufgefordert werden, ihn als »großen Schöpfer« zu loben, zeigt doch genau das, was das Bundesverfassungsgericht schon vor 30 Jahren festgestellt hat:

Konfessioneller Religionsunterricht ist nicht Information über Religion, sondern Mission religionsunmündiger Kinder, in dem Glaubensüberzeugungen als Wahrheit dargestellt werden. Und weil dieser Unterricht damit zweifelsfrei eine religiöse Übung ist, zu der laut Grundgesetz niemand gezwungen werden darf, lässt sich eindeutig sagen:

Konfessioneller Religionsunterricht ist verfassungswidrig.

Nun habe ich mit Frau Düsterbach offenbar ein schwarzes Schaf erwischt, eine hoffentlich seltene Ausnahme, die ihren Schülerinnen und Schülern systematisch anerzieht, was man in ihrem Fall eindeutig als Aberglauben bezeichnen muss: bibeltreuer Schöpfungsglaube, in dem die millionenfach bestätigte Evolutionslehre zugunsten eines Gottesbildes geleugnet wird, das hinterwäldlerischer nicht sein könnte.

Dass sich also eine waschechte Kreationistin als evangelische Religionslehrerin eingeschlichen hat, ist den Verantwortlichen also entweder egal oder nicht aufgefallen, aber viel mehr beunruhigt mich eigentlich der Blick in die vermeintlich seriösen Religionsbücher – denn dieses Unterrichtsmaterial ist keine unglückliche Ausnahme, sondern der absolute Regelfall, der flächendeckend und vollkommen selbstverständlich eingesetzt wird. Und anders, als im Rahmenlehrplan vorgesehen, wird hier nicht nach Gott gefragt, sondern seine Existenz rotzfrech vorausgesetzt – der große Schöpfer allen Seins, den die Kinder per Aufgabenstellung der Lehrerin loben sollen.

Eine Passage im Berliner Schulgesetz fällt mir dazu ein, und so zücke ich mein Handy und lese dort in Paragraph 1 nach, worin der Auftrag der Schule besteht, nämlich »gründliches Wissen und Können zu vermitteln!«[65].

Und mit Blick auf die vermeintlich seriösen Lehrbücher des Religionsunterrichts wird das Berliner Schulgesetz auch weiter hinten auf einmal sehr interessant. Nach Paragraph 16 dürfen nämlich nur solche Schulbücher eingeführt werden, die »dem Stand der Wissenschaft entsprechen und keine Fehler in der Sachdarstellung aufweisen«.[66] Für den Religionsunterricht gilt dies offenbar nicht – schon wieder also eine Extrawurst für den lieben Gott.

Sicher, kein Mensch kann beweisen, dass es Gott im Himmel und den Teufel in der Hölle nicht gibt, aber Fakt ist auch, dass nicht ein einziger vernünftiger Hinweis für deren Existenz spricht. Manch Gläubiger mag das anders sehen, aber weder Bibelzitate noch persönliche Überzeugungen oder spirituelle Erlebnisse gehen als Hinweise, und erst recht nicht als Beweise durch. Sie sind eben Glauben und kein Wissen und schon gar kein »gründliches Wissen«, womit konfessioneller Religionsunterricht faktisch nicht nur unserer Verfassung, sondern auch dem Berliner Schulgesetz widerspricht. Und genau das gilt natürlich auch für Unterrichtsgegenstände wie den »lieben Gott« oder »Christi Auferstehung von den Toten«: Sie sind Glaubensbekenntnisse, religiöse Phantasievorstellungen, aber alles andere als gründliches Wissen. Und bei den Geschichten vom »Herrn der Finsternis«, der im »Feuersee« wartet und dort für »ewige Qualen« sorgt, kommt noch ein anderer, phänomenal wichtiger Punkt hinzu:

Hölle und Teufel sind so krass gruselig, dass sie unter FSK 18 fallen müssten, wenn sie nicht Teil der christlichen Mythologie wären.

Ganze Generationen haben sich schließlich wider besseres Wissen aus Angst vor diesem himmelschreienden Blödsinn in die Hosen gemacht! Angesichts der christlichen Aussicht auf Fegefeuer forever sind sie auf ihre schlotternden Knie gefallen, die zitternden Hände gefaltet, und haben mit Tränen in den Augen ihren Pfarrer oder Priester oder Bischof angefleht, sie davor zu erretten – was auch immer sie dafür tun müssten …

Ich atme einmal tief durch und schaue Gott auf dem Poster dabei zu, wie er die Welt bastelt, dann werfe ich einen Blick auf die Uhr. Fast zwanzig Minuten sitze ich inzwischen an Gabi Düsterbachs Pult und setze mich mit der finsteren Seite der Macht auseinander – während draußen die Sonne scheint.

Aloffi

Nachdem ich am Samstag einen ausgiebigen Blick in den Abgrund religiöser Erziehung werfen durfte, habe ich das restliche Wochenende ganz bewusst mit schönen Dingen verbracht. Entsprechend gutgelaunt betrete ich am Montag also die Schule, pfeife im Treppenhaus laut »Take Five« und trommele den Beat dazu auf meinen Oberschenkeln, als ich Herrn Friedrich in die Arme laufe.

»Na, Herr Möller – wie war's am Samstag?!« Mit verschränkten Armen und ernstem Blick steht er über mir auf der Treppe.

»Unerwartet gut, danke!« Ich lächele ihn an, doch an seinem Blick ändert sich nichts.

»Ich bräuchte Sie mal in meinem Büro – jetzt!«

Ohne meine Reaktion abzuwarten, dreht er auf der Hacke um und läuft wortlos vor mir. Wieder nehme ich vor seinem Schreibtisch Platz, und während er die Tür hinter sich schließt, vermute ich, dass er heute wohl ein ernsteres Anliegen hat: Will er mich vielleicht zum Fachbereichsleiter für Mathematik ernennen? Oder zum Konrektor? Mich würde hier jedenfalls nichts mehr wundern …

»Ich möchte Ihnen mal eine Frage stellen, Herr Möller.« Er setzt sich und schaut mich lange schweigend an, nur der Zeiger seiner Wanduhr ist zu hören. »Wissen Sie eigentlich, wer mir die Energie dafür gibt, Tag für Tag diesen Job zu bewältigen?«

»Die Energie?« Himmel, was will der denn jetzt von mir hören? »Ich denke mal … Ihre Frau?«

»Auch.« Er schüttelt leicht den Kopf und lässt mich dabei nicht aus dem Blick. »Aber die meine ich nicht.«

»Dann sicher … Ihre Kinder.«

»Gewissermaßen auch, ja.« Er setzt sich aufrechter hin. »Aber ich meine …« Jetzt schaut er erstmalig weg, aus dem Fenster, dann wieder in meine Augen. »… keinen Menschen.«

»Ach so!« Mir schwant nichts Gutes, ich stelle mich aber weiterhin doof, das kann ich gut. »Ihr Hund?«

»Jetzt hören'se aber auf, Herr Möller, ich hab gar keinen Hund!« Mit gerunzelter Stirn lehnt er sich zurück und verschränkt die Arme. »Ich meine Gott!«

»Gott?!«, entfährt es mir, und seiner Mimik nach zu urteilen, habe ich dabei nicht sonderlich neutral geklungen. »Und welchen?«

»Den einzig Wahren!«, antwortet er ruhig. »Der sich in Jesus Christus gezeigt hat.«

»Offenbart!« Ich räuspere mich. »Sorry, aber ich weiß nicht …«

»Ach, jetzt tun Sie doch nicht so scheinheilig!« Ein winziges Grinsen huscht über sein Gesicht. »Ich hab Sie im Fernsehen gesehen, mit ihrer komischen Kampagne. Und ich hab das bisher geduldet, wirklich – aber Sie dürfen den Kindern nicht beibringen, dass es keinen Gott gibt!«

»Das habe ich nicht!« Ich hebe meine Hände. »Ich habe nur gesagt, dass es keine Hölle und keinen Teufel gibt!«

»Sehen Sie – das dürfen Sie auch nicht!«

»Tut mir leid, aber die Mädchen hatten ganz offensichtlich Angst davor!« Ich rutsche im Stuhl nach vorne. »Das waren Zweitklässlerinnen!«

»Das ist Sache von Frau Düsterbach!« Er haut ein bisschen auf den Tisch. »Religion ist ordentliches Lehrfach und die Lehrerin hat die Kompetenz …«

»Das stimmt nicht, sorry!«, unterbreche ich ihn vorsichtig. »In Berlin ist der konfessionelle Religionsunterricht kein ordentliches Lehrfach, sondern ein freiwilliges Zusatzangebot, über denen Inhalte nicht Frau Düsterbach, sondern die evangelische Kirche bestimmt – und im Lehrplan kommen weder die Hölle noch der Teufel vor.«

»Woher wollen Sie das denn so genau wissen?«

»Hab ich gelesen.«

»Wo?!«

»Im Lehrplan.«

Er verzieht den Mund und schaut auf seine Wanduhr. »Also: Sie halten sich aus dem Religionsunterricht raus und …«

»Frau Düsterbach hält sich aus dem naturwissenschaftlichen Unterricht raus?«

»Raus!« Er zeigt auf die Tür. »Die Stunde fängt gleich an!«

Meine Jazzlaune ist verflogen, und genau das sehen die Kids mir offenbar sofort an, als ich meine Klasse betrete.

»Was los, Herr Mülla!?«, fragt Marcel grinsend. »Hast du Ärger von Friedrisch bekommen?«

Die Klasse lacht leise und vorsichtig, woraufhin ich die Arme verschränke und mich in meiner Lieblingspose mit einer Pobacke auf den Lehrertisch setze.

»Wie kommst du darauf?«

»Frau Düsterbach hat uns gesagt«, wirft Ali grinsend ein, »dass du bist ein Autist!«

Nun lacht die Klasse laut auf, und jetzt trauen sich die Kids, ihre Kommentare wie üblich lauthals durch den hallenden Raum zu schmettern.

»Glaubst du wöhklisch nisch bei Gott, Herr Müller?!«

»Züscho, bist du verrückt?!«

»Warst du in escht in Fernsehn?«

»Allah er weint, wenn du nisch am ihm glaubst, ja?«

»Und er hasst disch, Digga – er wird züschosauer!«

»Ruhe!«, rufe ich. »Ich darf darüber nicht mit euch sprechen, okay? Wenn ihr Fragen zu Jesus oder Mohammed habt, geht damit zu Frau Düsterbach, die ist hier die Fachfrau für den Glauben. Das hier ist der Matheunterricht, und deswegen reden wir hier über logisches Denken. So, und jetzt fangen wir an auf Seite …«

»Aber Religion ist doch auch voll logisch!«, wirft Marcel nun wieder ein und grinst in die Klasse. »Oder etwa nisch, Herr Mülla?«

Erwartungsvoll schauen mich nun achtundzwanzig Augenpaare an.

»Also, das nun wirklich nicht, Marcel!«

»Frau Düsterbach hat gesagt«, ruft Michelle rein, »du darfst nisch sagen, dass es kein Gott gibt!« Schmatzend verschränkt sie die Arme. »Weil du kannst es nisch beweisen, ja?!«

»Genau«, tönt es aus der Klasse. »Keiner kann beweisen, dass kein Gott gipps, deswegen es gipps ihm!«

»Okay, Kinder, ihr habt gewonnen!« Ich pfeffere das Mathebuch auf mein Pult und ignoriere die offensichtliche Freude der Kids, mich doch vom Matheunterricht abgehalten zu haben. »Ich erkläre euch jetzt kurz – ganz kurz! –, warum ich – ich ganz persönlich! – nicht von Religion überzeugt bin.« Jubel will aufbranden, doch ich hebe meine Hand. »Und danach machen wir sofort mit dem Unterricht weiter, klar?« Ungewohnt brav nicken die Kids und schauen mich mit weitaufgerissenen Augen an. »Aber bevor ich euch das erkläre, hab ich noch schlechte Nachrichten für euch.«

Ich schaue mich kurz um, greife mir einen leeren Schuhkarton vom Schrank hinter dem Lehrerpult, hebe den staubigen Deckel mit spitzen Fingern ab und laufe dann mit der Schachtel in beiden Händen durch die Reihen.

»Zuerst einmal muss ich leider Geld von euch einsammeln, und zwar ein Zehntel eures Taschengeldes.« Ich schaue in irritierte Gesichter. »Bei zehn Euro im Monat sind das – Ali?«

»Abboh, überschwer!«

»Man, ein Euro du Spast!«, ruft ein Mädchen aus der letzten Reihe, woraufhin Ali sich schnell umdreht.

»Fresse du Fo …«

»Ali!« Ich halte ihm den Schuhkarton vor seine Nase. »Ein Euro!«

Der Junge runzelt seine Stirn, schnalzt mit der Zunge und greift in seine Hosentasche, hält dann aber inne.

»Züsch, warum soll isch einklisch geben, ja?!« Die Klasse lacht, doch ich lege einen schweren Blick auf.

»Weil ER das so will!«

»Wer?« Ali lächelt vorsichtig. »Isch denke, du glaubst nisch bei Gott!«

»Ich rede nicht von Gott!«, sage ich zornig und werde beim nächsten Satz stetig lauter. »Sondern von Aloffi, dem allmächtigen Drachen in meinem Keller!« Die Kids lachen mich aus, doch ich knalle den Schuhkarton auf das Lehrerpult und baue mich mit ausgebreiteten Armen vor der Tafel auf. »Schweigt!«, rufe ich und reiße meine Augen auf. »Aloffi duldet keinen Spott!«

»Rede ma nisch«, ruft nun Jamil rein. »Du hast dir doch nur ausgedenkt!«

»Aloffi ausgedacht?!« Ich warte ab, bis es leiser wird. »Warum sollte ich das tun, Bruder?« Langsam gehe ich auf ihn zu und lege meine Hand aufs Herz. »Du kränkst mich, Jamil, denn Aloffi verbietet das Lügen!«

»Es gipps aber gar keine Drachen«, wirft Geoffrey ein, »nur in Fülm!«

»Kannst du das beweisen?« Mild lächele ich den verwirrten Jungen an. »Na also. Aloffi will aber nicht nur euer Geld, er verbietet euch auch, Süßigkeiten zu essen!« Protest wird laut, doch ich halte dagegen. »Aber nach eurem Leben hier auf Erden gibt es dafür so viele Süßigkeiten, wie ihr wollt. Für immer und ewig, Ehrenwort!«

»S'miregal, sch'esse eb'm heimlisch«, ruft Nurcan rein und holt eine Tüte Helal-Gummibärchen aus ihrer Tasche.

»Sieht er trotzdem!« Langsam laufe ich zu ihrem Tisch. »Denn Aloffi sieht alles!«

»Woher weißt du?«, will sie wissen.

»Isso!«, entgegne ich. »Er hat mir gesagt.«

»Er soll mir selber sagen!«, hält sie dagegen.

»Er kann nur mir sagen, weil isch bin ...« Ich breite meine Arme aus und schließe die Augen. »Der Auserwählte!«

»Kuck ma wie er labert, ja?!« Sie legt den Kopf zur Seite und verschränkt ihre Arme. »Zeigma erstma dein komischen Drachen.«

»Ist unsichtbar.« Ich verschränke die Arme und lege meinen Kopf zur anderen Seite.

»Aber dann man kann ihm amfassen!«, fällt ihrer Nachbarin Aygül ein.

»Geht auch nicht!« Ich kneife die Augen zusammen. »Er ist nämlich auch un-spür-bar!«

Die Klasse lacht, einige Kids zeigen mir einen Vogel, doch ich greife wieder nach der Box und sammele gnadenlos die Zuckergetränke und Schokoriegel von den Tischen ein.

»Ey, sch'ab Geisterblitz!«, ruft Khalim nun rein und springt hektisch auf. »Wir können bei dein Keller doch

Mehl auf Boden schtreun, abboh, und wenn er landet, wir sehen sein Fußstampfen!«

»Tut mir leid«, sage ich und schnappe mir Khalims Eistee. »Der Drache landet nie!«

»Schwörmaaa!« Khalim nimmt die Flasche wieder aus dem Karton.

»Fliegt immer im Kreis!«, sage ich und nehme die Flasche wieder an mich. »Also – keine Süßigkeiten mehr, sorry Kinder, aber das war nicht meine Idee, sondern Aloffis!«

»Was' mit sein heißen Atmen?«, ruft Yasemin rein. »Könn wir ihm merken?«

»Das ist ein Drachen mit kaltem Atem, kein Feuerdrache!«

Die Kids werden ungeduldig, lachen zwar, sind aber sichtlich genervt davon, mich nicht festnageln zu können. Nur einer schaut unbeteiligt aus dem Fenster, also tippe ich ihn an der Schulter an.

»Jack, wie findest du denn den Drachen?«

»Hä?«

»Aloffi!« Ich winke vor seinen Augen. »Der unsichtbare Drachen in meinem Keller?«

»Er is in dein Keller?!« Jack blinzelt und fixiert mich nach einem Augenblick, dann holt er eine offene Bifi unterm Tisch hervor und beißt beherzt hinein. »Is er so wie bei Drägnborl«, fragt er kauend, »oder wie bei Spairo?«

Gelächter bricht in der Klasse aus, also stelle ich mich vor die Tafel, Knie und Füße zusammen, schließe meine Augen und falte meine Hände vor der Brust. In dieser Pose harre ich aus, bis sich die Kids gegenseitig zur Ruhe ermahnt haben. Als Stille herrscht, rede ich ganz leise.

»Oh, Aloffi, allmächtiger und allgütiger Drache, hab Gnade mit den unwissenden Kindern, und nimm sie in dein Herz auf, wie du auch mich einst aufnahmst, und schütze sie für immer. Dramen.«

Als ich die Augen wieder öffne, schaue ich in entgeisterte Gesichter, viele verkneifen sich das Lachen, nur Michelle wirkt ziemlich sauer.

»Bist du jetzt fertisch?«, will sie wissen und schmatzt. »Du hast dir diesen kack Aloffi doch nur ausgedacht. Es gibt ihm doch gar nisch!«

»Na und!« Ich schaue sie schmatzend an. »Aber du kannst nisch beweisen, dass es ihm nisch gibt!«

»Willst du misch verarschen, oder was?« Michelle wird langsam echt sauer, also beende ich den Quatsch lieber.

»Natürlich will ich das, Michelle!«, sage ich laut. »Ich will euch alle verarschen!« Langsam laufe ich durch die Klasse und teile die Drinks wieder aus. »Und genauso wie ihr euch eben gefühlt habt, fühle ich mich, wenn andere von Göttern reden! Natürlich kann ich nicht beweisen, dass es die nicht gibt – aber das muss ich auch nicht, genauso wenig wie ihr mir beweisen müsst, dass es Aloffi nicht gibt! Als Mathelehrer bringe ich euch jetzt einen furchtbar einfachen Satz bei, und wann immer euch jemand etwas erzählen will, könnt ihr euch daran erinnern.« Ich gehe zur Tafel und schnappe mir ein Stück Kreide, dann schreibe und sage ich gleichzeitig:

»Wenn jemand etwas behauptet, dann muss er es auch beweisen!« Ich drehe mich zu den Kids um. »Und wenn er es nicht beweisen kann, dann glaube ich es auch nicht – so einfach ist das!«

Eine Weile lang kneifen die Kinder die Augen zusammen, was allerdings eher mit meinem Schriftbild zu tun haben wird als mit ihrer geringen Lesekompetenz, also lese ich den Satz noch einmal vor und zähle dann alle Wesen auf, von denen niemand beweisen kann, dass es sie nicht gibt.

»Feen, Elfen, Einhörner, Zwerge, Riesen, Dämonen, Engel, Pokemons und Prinzessin Lillifee – kannst du beweisen, dass es die nicht gibt, Marcel?«

»Nein!«, antwortet er feist grinsend.

»Und bedeutet das automatisch, dass es sie gibt?«

»Nein!«, sagt er wieder und zieht sein Grinsen noch ein bisschen in die Breite.

»Also noch mal für alle, nur falls jemand fragt: Ich behaupte nicht, dass es keinen Gott gibt, okay?« Die Kinder nicken und packen schon zusammen. »Aber wenn jemand anders behauptet, dass es einen gibt, und dass ich mich an seine Regeln halten muss, dann tue ich automatisch das Gleiche wie ihr eben: Ich fordere Beweise. Und wenn er diese Beweise nicht erbringen kann? Michelle?!«

»Dann glaubst du nisch dran, schon kapiert!« Genervt schaut sie mich an. »Könn wir jetzt gehn?«

»Gehen? Wieso denn gehen?« Ich schaue auf die Uhr, da klingelt es. »Als Hausaufgaben …«, kann ich gerade noch sagen, dann ist die Klasse leer.

Mit gemischten Gefühlen bestreite ich den restlichen Schultag und frage mich auf dem Heimweg, ob ich es vielleicht etwas übertrieben habe. War das jetzt atheistische Indoktrination? Zwar habe ich meine Position noch einmal ganz explizit dargestellt, womit es höchstens so etwas wie agnostische Indoktrination gewesen wäre, aber ehrlich gesagt lässt diese Position schon recht wenig Raum für die Existenz eines Gottes übrig.

Aber dass Gottes Existenz sich mit logischem Denken nicht in Einklang bringen lässt, dafür kann ich schließlich auch nichts.

Und immerhin steht sogar im Berliner Schulgesetz, dass die Kids das logische Denken erlernen sollen[67] – und welcher Anlass wäre dazu besser geeignet als der Mathematikunterricht? Warum sollten Elf- bis Dreizehnjährige nicht auch einmal dazu angeregt werden, ganz übliche Denkmuster, wie die Forderung nach Beweisen, auf längst als wahrhaftig gespeicherte Inhalte anzuwenden?

Und mal abgesehen davon, ob ich für die Nummer Ärger mit Frau Düsterbach bekommen könnte oder gar mit Herrn Friedrich: Niemand wünscht sich doch eine Generation von Schulabgängern, die nicht in der Lage ist, Dinge kritisch zu hinterfragen – oder sehe ich das falsch?!

Am nächsten Morgen werde ich wieder ins Büro zitiert, wo Frau Düsterbach bereits auf einem der Stühle vor dem Schreibtisch des Rektors sitzt und mich keines Blickes würdigt.

»Ja, Herr Möller, das sehen Sie falsch!«, antwortet Herr Friedrich schließlich auf meine Verteidigung. »Niemand hat sie damit beauftragt, Kindern logisches Denken beizubringen!«

»Äh, doch!«, halte ich dagegen. »Der Senat von Berlin.«

»Jetzt kommen Sie mir bitte nicht wieder mit dem Schulgesetz, ja?! Ich weiß, was da drinsteht!«

»Dann verstehe ich Ihren Ärger nicht.«

»Also, noch einmal – Frau Düsterbach?« Unser Chef presst seine Zeigefinger gegen die Schläfen. »Was hat Marcel gestern im Religionsunterricht zu Ihnen gesagt?«

»›Ich bin Gott, beweisen Sie mir doch das Gegenteil!‹, hat er gesagt.« Scharf schaut sie zu mir herüber. »Was gibt's denn da bitte zu kichern?«

»Sorry!« Ich atme einmal durch. »Aber ich find' das ganz pfiffig von Marcel. Gewissermaßen ist das ja eine Transferleistung, die er da erbracht hat. Dafür müsste ich ihm eigentlich eine Eins geben.«

»Machst du dich jetzt auch noch über mich lustig?« Frau Düsterbach atmet zittrig ein und aus. »Ich bin wirklich zutiefst erschüttert, weißt du das?«

»Das tut mir leid«, entgegne ich ruhig, und während mein Hirn noch zögert, spricht mein Mund schon weiter. »Aber das bin ich auch! Dass du Himmel und Hölle im Unterricht vermittelst, ist die eine Sache, aber …« Aus dem Augenwinkel sehe ich, wie sie ihre Augen aufreißt. »… dass du im Unterricht die Evolution leugnest, das finde ich schon problematisch.«

»Ach, Herr Möller!« Herr Friedrich haut mit der flachen Hand auf den Tisch. »Kein vernünftiger Christ leugnet die Evolution, unterstellen Sie Ihrer Kollegin nicht so einen Mist, ja?! Oder soll ich Ihren Arbeitsvertrag direkt kün…« Erst jetzt bemerkt er Frau Düsterbachs Blick. »Was ist denn?«

»Also leugnen würde ich das nicht nennen, aber …« Sie schlägt ihre Beine übereinander. »Man muss ja schon sagen, dass Evolution eben auch nur eine Theorie ist, ein Glaube sozusagen, und dass die Schöpfungslehre der Bibel gleichberechtigt danebensteht.«

»Was?!« Herr Friedrichs Oberlippe will nach diesem Wort gar nicht mehr herunterkommen. »Wer behauptet denn einen solchen Schwachsinn?!«

Ich habe es ja wirklich nicht so weit kommen lassen wollen und bin weit entfernt vom Gedanken der Rache, aber mit dem Aufklaren der bisher etwas vernebelten Situation macht sich in mir schon eine gewisse Genugtuung breit – also lehne ich mich zurück.

»Schwachsinn ist schon ein hartes Wort, meinen Sie nicht?« Frau Düsterbach rutscht auf ihrem Stuhl hin und her. »In der Evolutionstheorie gibt es jede Menge Lücken, und in der Bibel steht wiederum ganz deutlich …«

»Dass die Erde 6000 Jahre alt ist, na und?« Noch immer hat unser Boss die Oberlippe oben und starrt Gabi an.

»Ich dachte, da haben Menschen bereits das erste Bier gebraut«, werfe ich vorsichtig ein. »Der richtige Wert liegt wohl eher bei etwa vier Millia…«

»Sie sind ruhig!«, unterbricht er mich, ohne Gabi dabei aus den Augen zu lassen. »Das bringen Sie doch an meiner Schule nicht etwa den Kindern bei, oder?!«

»Na ja …« Gabi schluckt, schaut kurz zu mir, dann wieder zu ihm und setzt sich aufrechter hin. »Doch, und dazu stehe ich in meiner christlichen Überzeugung auch.«

»Das ist nicht christlich«, entgegnet er, »das ist dusselig!« Er blickt auf den Tisch zu seinem Schlüsselbund, überlegt kurz und greift dann danach. »Sie gehen jetzt mal schön unterrichten, Herr Möller, und wir …« Entschlossen steht er auf und sieht Gabi an. »Wir unterhalten uns im Religionsraum weiter.«

Eine ganze Woche vergeht, in der Frau Düsterbach dauerhaft auf dem Vertretungsplan steht. Dann endlich bittet Herr Friedrich mich wieder in sein Büro. Etwas verlegen schiebt er mir einen Arbeitsvertrag über den Tisch, und nachdem ich meinen crazy Nebenjob um ein halbes Jahr verlängert habe, spreche ich ihn vorsichtig auf den Religionsunterricht an.

»Nächste Woche kommt die Verantwortliche der evangelischen Kirche her«, erklärt er mir. »Schließlich muss ich dafür sorgen, dass der Religionsunterricht hier qualitativ gut abläuft! Also was Frau Düsterbach da abgezogen hat … Na ja!« Er pustet die Tinte meiner Unterschrift trocken, obwohl ich mit einem Kugelschreiber unterzeichnet habe. »Die hat Ihnen ja übrigens noch unterstellt, sie würden den konfessionellen Religionsunterricht ganz aus den Schulen verbannen wollen.« Er lacht.

»Da kann ich Sie beruhigen, Herr Friedrich.« Ich lehne mich zurück. »Frau Düsterbach hat vollkommen recht.«

»Was?« Er schaut vom Vertrag hoch. »Aber wo sollen die Kinder denn dann etwas über Religion lernen?«

»In der Schule, aber eben nicht von den Religionsgemeinschaften, die dabei in eine ganz bestimmte Richtung geprägt sind, sondern in einem gemeinsamen Unterricht.«

»Und von wem bitte schön?«

»Von Lehrern!« Ich beobachte, wie sich seine Stirn runzelt, dennoch spitzt er seinen Mund, also rede ich ruhig weiter. »Lassen Sie uns doch einmal kurz das jetzige Prinzip des Religionsunterrichts auf den Politikunterricht übertragen«, sage ich. »Dieser würde also nicht von der Schule, also von dort beschäftigten Lehrern, sondern inhaltlich von den einzelnen politischen Parteien gestaltet werden.«

»Sie meinen so, dass Abgesandte der SPD und der CDU und der Grünen und so weiter den Unterricht übernehmen würden?!«

»Genau. Und die Lehrer, die dort unterrichten, hätten auch nicht Politikwissenschaft studiert, sondern Sozialdemokratismus, Christdemokratismus, Grünologie, Linksologie …«

»Rechtsologie!«, wirft Friedrich ein.

»Auch das, klar! Und die Eltern, die die SPD wählen, würden ihre Kinder dann in den sozialdemokratischen Politikunterricht schicken, und wir würden sie automatisch als sozialdemokratische Kinder bezeichnen. Oder als christdemokratische Kinder. Wie wäre das?«

»Das wäre … Nun ja!« Herr Friedrich muss lachen. »… vollkommen verrückt! Aber wissen Sie, was mich an Atheisten manchmal stört? Sie sind immer nur dagegen – was wäre denn jetzt Ihr positiver Vorschlag?«

»Dass wir es so regeln, wie beim Politikunterricht auch:

Statt einer bestimmten Religion studieren Lehrkräfte Philosophie und Religionswissenschaft und bringen den Kindern anschließend nicht bei, was sie denken sollen, sondern wie eigenständiges Denken funktioniert – auf dass sie sich beizeiten selbst entscheiden können!«

Dass dafür Paragraph 7, Absatz 3, des Grundgesetzes ersatzlos gestrichen werden müsste, diskutiere ich nicht mehr mit ihm, sondern nenne ihm lieber die denkbar einfache Formel, die hinter der Haltung steckt, konfessionellen Religionsunterricht aus Schulen zu verbannen:

Schulen sind Orte der Erkenntnis, nicht des Bekenntnisses.

Konfessioneller Religionsunterricht müsste seinen juristischen Sonderstatus verlieren, denn bekenntnisorientierter Unterricht hat in der Heimat der Erkenntnis so viel verloren wie eine McDonalds-Filiale in einem Gesundheitszentrum. Religiöse Unterweisung von Kindern müssten die Religionsgemeinschaften hingegen selbst auf die Reihe bekommen: Sie müssten diesen Unterricht selbst finanzieren und müssten Teilnehmer dafür auch ohne staatliche Unterstützung gewinnen.

Gegner eines solch konsequent säkularen Modells führen ins Feld, dem Staat gehe auf diese Weise die Kontrolle über den Religionsunterricht verloren, aber das ist reine Augenwischerei, denn diese Kontrolle hat er offensichtlich ohnehin nicht. Die staatlich-religiöse Kindererziehung ist also wenn überhaupt nur ein brachial ineffizienter Kontrollmechanismus: Er kostet deutsche Steuerzahler jedes Jahr etwa 1,7 Milliarden Euro (ja, Milliarden, die Zahl mit neun Nullen!), wobei die Ausbildung der Religionslehrer an den theologischen Fakultäten noch nicht einmal berücksichtigt ist. Und in Anbetracht der Tatsache, dass Religionsunterricht trotz dieser stattlichen Summe landauf, landab, evangelisch wie katholisch und islamisch, alles andere ist als eine fachliche Aufklärung der Kinder über Religion, müsste man das Modell doch eigentlich sogar andersherum denken:

Nicht der Staat zahlt den Religionsunterricht, der inhaltlich von den Glaubensbossen gestaltet wird, sondern die Kirchen zahlen ihren Unterricht selbst, und der säkulare Staat wendet Gelder dafür auf, seine Verfassungskonformität zu kontrollieren. Dass sich die Inhalte des Religionsunterrichts mit der Realität decken wäre wohl zu viel erwartet, aber mit dem Grundgesetz muss er eben schon vereinbar sein. Und aus der zweitausendjährigen Erfahrung mit dem Monotheismus würde ich schon sagen: Denen sollte man ruhig mal auf die Finger schauen, wenn sie Zugriff auf wehrlose Kinderhirne bekommen – und genau das gebietet schon unsere Rechtsnorm.

Laut Grundgesetz haben wir alle schließlich das Recht, nicht zur Teilnahme an religiösen Handlungen gezwungen werden zu dürfen, und im Gegensatz zur konfessionsfreien Religionskunde oder dem Ethikunterricht ist der konfessionelle Religionsunterricht sehr wohl eine religiöse Handlung – inklusive Gottlob und Gebet. Ebenso haben wir alle das Recht auf Religionsfreiheit und damit auch das Recht, frei von Religion sein zu dürfen – worin Kinder gnadenlos von ihrer Sozialisation abhängig sind.

Ob sich diese Grundrechte also mit einem Unterricht vertragen, in dem Gottes Existenz eiskalt vorausgesetzt und schon Sechsjährige dazu aufgefordert werden, diesen Gott zu loben, mag jeder für sich selbst beantworten – aber unsere Gesetzgeber müssen eine Antwort für ganze Bundesländer finden. Meine Haltung dazu ist sehr klar:

Aus dem Grundrecht auf freie Religionsausübung folgt keineswegs das Recht, religiöse Lehren an staatlichen Institutionen zu verbreiten. Ganz im Gegenteil müssen Schulen als Orte der Aufklärung richtiggehend geschützt werden vor dem Zugriff derer, die Verklärung betreiben wollen. Wer nichts weiß, muss schließlich alles glauben, und somit muss Bildung eine Impfung sein gegen all die Verheißungen, die außerhalb des geschützten Raumes der Schule auf die Kinder warten – nicht nur vonseiten des organisierten Glaubens. Und mit Richard Dawkins, der ein Gegner der Religion ist, »weil sie uns lehrt, damit zufrieden zu sein, dass wir die Welt nicht verstehen«, sage ich sogar:

Konfessioneller Religionsunterricht an Schulen ist so deplatziert wie ein Raucherseminar in einem Krankenhaus.

Gegen das Recht aller Eltern, ihren Kindern den eigenen Glauben anzuerziehen, kann ich höchstens appellieren: Seid fair zu euren Kindern und respektiert ihr Grundrecht auf Glaubensfreiheit! Gegen den staatlich organisierten und finanzierten Zugriff der Glaubensbosse auf Kinderhirne kann hingegen sehr wohl etwas getan werden:

Der konfessionelle Religionsunterricht muss durch einen konfessionsfreien Unterricht ersetzt werden, in dem Kinder miteinander sprechen, statt übereinander – ganz egal, an welchen Gott ihre Eltern glauben. Glaube und Religion sollten an Schulen keinesfalls tabuisiert werden, im Gegenteil: In Anbetracht der Welt, in die sie hineinwachsen, müssen sie über Religion gut Bescheid wissen – indem sie darüber aufgeklärt werden, nicht, indem sie damit verklärt werden.

Dass die Vertreter der Konfessionen selbst dafür nicht die Richtigen sind, liegt auf der Hand. Ein gemeinsamer Besuch in einer Kirche, Moschee oder Synagoge, begleitet durch eine Lehrkraft, die sich professionell mit den verschiedenen Religionen beschäftigt hat, wäre bestens dazu geeignet, Kindern verschiedene Religionen zu präsentieren.

Die aktive Teilnahme an deren Gottesdiensten hingegen, wie sie im Rahmen konfessionell getrennten Unterrichts stattfindet, ist es nicht.

Die vielfach aufgestellte Behauptung, Religionsunterricht sei nötig zur Wertevermittlung, wird nicht dadurch richtiger, dass sogar Angela Merkel in der Argumentation für den konfessionellen Religionsunterricht die alten Pseudoargumente herunterbetet: »Ich bin der Meinung«, wird sie in der ZEIT zitiert, »dass Religionsunterricht in unseren heutigen Zeiten eher wichtiger als unwichtiger ist, weil es hierbei auch um Herzensbildung geht. …«[68]

Und deswegen sollen wir die Herzensbildung also denen überlassen, liebe Frau Bundeskanzlerin, die uns noch immer ein X für ein U vormachen wollen? Die Nächstenliebe predigen und Diskriminierung leben? Die sich tatsächlich die Erfindung der Demokratie, der Gleichberechtigung und der Freiheit auf die Fahnen schreiben, obwohl sie genau das seit Jahrhunderten bekämpfen? Und dabei gibt es längst säkulare Alternativen zum Religionsunterricht, die sich ebenso der »Herzensbildung« annehmen, was Frau Merkel eigentlich wissen sollte.

Unserer Pfarrerstochter geht es aber auch um »den großen Zusammenhang unserer Lebens als Geschöpfe Gottes«, wobei ich mich frage: Wie weit ist Frau Merkel mit einer solchen Aussage eigentlich von Frau Düsterbachs Kreationismus entfernt? Dass unsere Bundeskanzlerin die Bibel wörtlich nimmt, will ich mal nicht hoffen, aber letztlich schließen sich die Schöpfungsgeschichte und die Evolutionslehre gegenseitig aus: Entweder wir sind Geschöpfe Gottes, oder aber wir sind aus dem Prozess der Evolution hervorgegangen – wie alle anderen Lebewesen auch.

Frau Merkel kann aber nicht nur die Interessen der Landeskirchen nachbeten, sondern auch deren billigen Trick zur Rechtfertigung des konfessionellen Religionsunterrichts: »Wir spüren in diesen Zeiten auch, … dass wir immer wieder von Voraussetzungen leben, die wir selbst nicht schaffen können.«

Klingt gut, das alte Böckenförde-Diktum, das implizit behauptet, unser schönes Christentum hätte unsere offene Gesellschaft hervorgebracht, ist aber blanker Unsinn: Denn wir haben die Voraussetzungen sehr wohl geschaffen, nach denen wir heute leben – in dem wir die Glaubensbosse entmachtet und gleiches Recht für alle eingeführt haben und Religion seitdem Schritt für Schritt zum Privatvergnügen erklären.

Dass diese Realität sich irgendwann gegen die tradierte Zusammenarbeit aus christlichen Politikern und politischen Christen durchsetzt ist eine Frage der Zeit.

»Da machen Sie sich mal nicht so viel Hoffnung, Herr Möller«, sagt mein Chef, als wir gemeinsam sein Büro verlassen. »Solange die Mehrheit der Deutschen noch offiziell Mitglied in einer Religionsgemeinschaft ist, wird sich daran nicht viel ändern.«

»Na dann?« Ich schaue grinsend auf die Uhr. »Warten wir doch einfach noch ein paar Jahre ab.«

O du fröhliche

»Man, Philipp!« Sarah klingt ernsthaft genervt, als sie laut gegen die Tür klopft. »Hundert Leute warten hier in voller Montur auf dich und schwitzen wie Sau! Wie lange dauert das Interview denn noch?!«

»Moment noch!« Ich strecke den Kopf aus der Tür und halte das Mikrophon des Telefons zu. »Die Frau hat tausend Fragen an mich!«, flüstere ich.

»Ja, ja!« Sarah zieht eine Augenbraue hoch. »Du laberst doch bloß wieder so viel.«

»Ich?!« Ein Lächeln huscht über mein Gesicht. »Geht doch schon mal runter, ich bin gleich da …«

»Ist gut, aber beeil dich bitte. Du kennst Oma und Opa …« Sie gibt mir einen flüchtigen Kuss auf die Wange. »Weihnachten ist ihnen heilig!«

Ich schließe die Tür, setze mich wieder auf das Schafsfell, das die Couch im Büro meiner Schwiegermutter bedeckt und blicke auf die stolze Statue des griechischen Gottes Merkur, der hoch über dem Schreibtisch thront.

»So, da bin ich wieder!«

»Und ich komme dann mal zu meiner neunhundertneunundneunzigsten Frage«, sagt die junge Frau am Telefon und lächelt dabei hörbar. »Echt toll, dass Sie heute noch Zeit haben, unsere Leser freuen sich sicher! Also, Herr Möller, Sie sind ja bekennender Atheist, und dennoch feiern Sie heute Weinachten.« Sie holt tief Luft. »Aber was genau feiern Sie denn eigentlich, wenn nicht die Geburt des Herrn Jesus Christus, Erlöser der Menschen und Sohn Gottes?

Dürfen Sie das denn überhaupt feiern? Und … erlauben Sie noch diese eine Frage.« Sie räuspert sich. »Ist das ohne den religiösen Hintergrund nicht alles irgendwie blutleer und sinnlos?«

»Blutleer und sinnlos?!« Ich lache durch die Nase und denke an die stundenlange Vorbereitung des Essens, das wir heute Abend auftischen werden, und an die glänzenden Augen der Kinder, die seit Wochen diesem Tag entgegenfiebern. »Nein, aber fangen wir mal vorne an – ich fasse mich auch kurz!«…

Zwanzig Minuten später laufe ich die Treppen im Wohnhaus meiner Schwiegereltern herunter, schlüpfe dabei in meinen Mantel und bin in Gedanken noch im Telefonat mit der Journalistin. Und obwohl ich in meinem Leben keine fünf Minuten religiös war und trotzdem jedes Jahr aufs Neue Weihnachten feiere, beschäftigt mich ihre Suggestivfrage dennoch weiter: Ist es für einen Konfessionsfreien wie mich nicht etwas sonderbar, eine christliche Feier zu begehen? Ist dieser Tag nicht eigentlich deshalb so besonders, so ganz anders als alle anderen Tage im Jahr, weil an Weihnachten – zumindest der Legende nach – ein ganz besonderer Mensch geboren wurde: der Sohn des Schöpfers des Universums, der er auch gleichzeitig selbst ist und von einer Jungfrau zur Welt gebracht wurde? Der sein Leben als wandernder, wunderheilender Weltuntergangsprediger verbracht hat, der von den Römern ans Kreuz genagelt wurde, dort elend zugrunde gegangen und drei Tage später wieder von den Toten auferstanden ist?

Aber muss man das wirklich glauben, um am Ende des Jahres ein Familienfest zu feiern, bei dem man gut isst, seinen Mitmenschen Freude bereitet und die dunkle und kalte Jahreszeit vorm Kamin genießt?

Nein, ganz offenbar nicht, denn während schon vor 25 Jahren weniger als die Hälfte der deutschen Christen die Bethlehem-Story für tatsächlich wahr hielt[69], dürfte die Quote heute noch geringer sein. Weihnachten ist hierzulande ein allseits anerkanntes Volksfest – was man schließlich gut an dem Wahnsinn erkennen kann, der sich meist schon ab Mitte September im Einzelhandel zeigt.

Und die Mühe lohnt sich offenbar, denn Spielwaren- und Buchhändler beispielsweise setzen mehr als ein Viertel ihres Gesamtvolumens in den letzten zwei Monaten des Jahres um[70].

Insgesamt meldet der Handelsverband Deutschland für 2015 einen Umsatz von 87,7 Milliarden Euro und prognostiziert für 2016 einen neuen Rekord: 91,1 Milliarden Euro sollen dann über die Theken und durch die EC-Kartengeräte wandern[71].

Aber natürlich ist das Fest der Liebe mehr als die Hauptsäule des deutschen Einzelhandels, mehr als Hirtenkult und schwelender Familienzwist. Weihnachten ist vor allem der Tag einer ganz bestimmten Sorte von Christen, die in Deutschland den absoluten Löwenanteil ausmachen: die U-Boot-Christen, die liebevoll so genannt werden, weil sie nur ein- oder zweimal im Jahr in der Kirche auftauchen.

Auf dem Taufschein und der Lohnsteuerkarte gehören diese Menschen zwar einer der beiden Glaubensgemeinschaften des Herrn an, aber davon ist an ungefähr 363 Tagen pro Jahr nichts zu merken. Während diesen 99,45 Prozent des Jahres sind die U-Boot-Christen genau so vernünftig wie alle anderen, denn dann gehören weder Jungfrauengeburten noch die Auferstehung von den Toten oder die Verwandlung von Lebensmitteln in Prophetenkörperteile zu ihrem Alltag.

Aber was treibt diese Menschen ausgerechnet zu Weihnachten in die Gotteshäuser? Die heilige Botschaft des Herrn? Die Geburt seines Sohnes? Oder vielleicht einfach die festliche Atmosphäre, der Glanz und die Herrlichkeit eines über Jahrhunderte erprobten Rituals?

Gut die Hälfte der Deutschen geben bei Befragungen[72] an, Weihnachten nicht als religiöses Fest zu betrachten, sondern als altes Brauchtum und Familienfest – und genau dazu gehört auch die Familie meiner Frau.

Gut eingepackt erreiche ich schließlich das Erdgeschoss und stehe mitten in der Einkaufsstraße der Heimatstadt meiner Schwiegereltern: Baden-Baden. Eine Stadt, die mit ihren kleinen Gässchen und dem historischen Stadtkern, in dem die Familie Silberstein lebt, wie gemacht zu sein scheint für ein Fest wie Weihnachten: Wundervoll schlichte Lichterketten hängen quer über der gesamten Fußgängerzone, eine riesige und stilvoll geschmückte Tanne steht in der Mitte der Passage, und sämtliche Geschäfte haben ihre Auslagen mit Sternen, Lametta und Kunstschnee dekoriert. Noch ist es zwar hell, aber weil der 24. Dezember einer der sieben kürzesten Tage des Jahres ist, wird die Dunkelheit nicht mehr allzu lange auf sich warten lassen – im Gegensatz zu mir.

»Na endlich!«, ruft mein Schwiegervater, tritt aus dem großen Kreise seiner Familie und nimmt mich in den Arm. »Er ist erschienen, wir können aufbrechen!«

Verhaltener Jubel kommt auf, dann setzt sich die gesamte Familie Silberstein in Bewegung. Natürlich neigt meine Frau zum maßlosen Übertreiben, aber tatsächlich laufen nun vier Generationen der Familie durch Deutschlands Heimat für Thermalbäder und Glücksspiele. Vorneweg laufen Oma und Opa Silberstein, zwei rüstige Mittachtziger, die konstant gutgelaunt und auch heute mit Nordic-Walking-Stöcken gewappnet sind. Technisch betrachtet sind sie zwar schon Uroma und Uropa, aber weil acht Enkel nur drei Urenkeln gegenüberstehen, hat sich diese Bezeichnung noch nicht durchgesetzt. Zusammen mit ihren drei Töchtern und deren Familien sind wir in diesem Jahr tatsächlich fünfundzwanzig Menschen, die sich nun auf die traditionelle und alljährliche Silberstein'sche Winterwanderung begeben.

»Also, lasst uns starten«, ruft der alte Mann und hebt seinen Walkingstock, »bis zur Silbertanne ist es noch ein weiter Weg!«

Auf unserem gesamten Marsch durch die Fußgängerzone halten vor allem Oma und Opa, aber auch meine Schwiegermutter und ihre Familie immer wieder an, um Bekannte zu grüßen.

»Dann wünschen wir Ihnen frohe Weihnachten«, sagt Uropa Silberstein jetzt zu einer sehr alten und sehr feinen Dame mit schrägem Hut, Nerz und Blaustich im Haar. »Adé!«

»Und für Sie ebeso«, badelt sie und gibt ihm die Hand. »Sehmir unsch dann nachher im Gotteschdienst, ge?«

»Desch is fei wirklich nett, dasch Sie jedesch Jahr wieder frage!«, entgegnet Uroma Silberstein süffisant. »Aber mir hamm Weihnachte noch nie in der Kirche gefeiert.«

»Hajo?!« Die alte Dame hüstelt und rückt ihren Hut zurecht. »Aber wo denn dann?«

»Daheim und auf dem Merkur.« Wieder nutzt meine Schwiegeroma ihren Walkingstock und weist damit auf einen Berg, der sich über den Häusern der beschaulichen Kleinstadt erhebt. »Dort hat mei Mann heut vor genau siebenundsiebzig Jahren gemeinsam mit sei Opa a Tanne gepflanzt, und die besuche mir seitdem jedesch Jahr ze Weihnachte und schmügge sie.«

»Jessas!«, sagt die Frau und kräuselt die Lippen. »Desch is ja scho verrückt …«

»Verrückt?« Mein Schwiegeropa lacht verschmitzt. »Und wasch feiern Sie gleich?«

»Ha joa, Weihnachte halt, desch gäbs ja nett ohne unsr'en Herrn!«

»Also dasch dera Sohn vom Baschtler desch Universums, wo er gleichzeidich auch noch sei Vater selbscht sei tuet, von a Jungfrau gebore wurde?« Ich habe Mühe, dem Badisch meines Schwiegeropas zu folgen. »Und mir solle verrückt sei?!« Er lacht.

Das mag jetzt crazy klingen, aber ich schwöre es: Als ich Sarah vor elf Jahren auf einer Party kennengelernt habe, hatte ich wirklich keinen blassen Schimmer, dass sie aus einer komplett religionsfreien Familie stammt. Und natürlich war in den ersten Monaten unserer Beziehung weder Glaube noch Religion oder Kirche ein Thema zwischen uns. Erst in der Konfrontation mit meiner Familie zeigte sich bald, dass Sarah wirklich vollkommen frei von religiösem Glauben aufgewachsen ist – im Gegensatz zu mir.

Beim ersten Weihnachtsfest, dass wir nach ziemlich genau einem Jahr unserer Beziehung bei meinem Vater und seiner aktiv gläubigen Freundin gefeiert haben, war Sarah richtiggehend irritiert davon, dass am Heiligen Abend Lieder gesungen wurden, in denen der Herrgott gelobt und gepriesen wird. Und während meine Geschwister und ich uns bei den Gottesstellen traditionell zuzwinkern – was meinen Vater direkt amüsiert und seine Freundin seufzend hinnehmen muss –, hatte ich damals den Eindruck, dass Sarah überhaupt nicht wusste, wie ihr geschah. Und so sprachen wir am Morgen unseres ersten gemeinsamen ersten Weihnachtsfeiertags auch erstmalig über Religion.

»Ich will dich mal was fragen.« Im Gästezimmer meiner Mutter lag Sarah mit ihrer Wange an meiner. »Glaubst du eigentlich an Gott?«

»Wenn du willst!« Ich zwinkerte »Nein – du etwa?«

»Nein!«, sagte sie nachdrücklich und rückte ein Stückchen weg, um mich anschauen zu können. »Und ich weiß ehrlich gesagt noch nicht einmal, was damit gemeint sein soll.«

»Na ja …« Ich muss mir damals wohl erstmalig darüber klargeworden sein, dass auch ich – abgesehen von dem kindischen Gottesbild des bärtigen Universumsarchitekten auf einer Wolke – keinerlei Vorstellung davon hatte. »Vielleicht so etwas wie … eine allmächtige Kraft?«

»Wie die Schwerkraft?«

»Nein, wie … Keine Ahnung! Aber warte mal, was sagen denn die Christen selbst dazu?« Ich dachte kurz nach. »Vater unser im Himmel, geheiligt werde dein Name. Dein Reich komme, dein Wille …«

»Was redest du denn da?« Sie lachte. »Das klingt ja voll psycho!«

»Psycho?! Das ist das ›Vaterunser‹.«

»Ach stimmt, das ist dieser Spruch, den man in der Kirche immer aufsagen muss, oder?«

»Spruch?!« Ich setzte mich auf, doch Sarah zog schnell wieder die Decke über sich. »Das ist das wichtigste Gebet der Christenheit! Jetzt sag mir nicht, dass du das ›Vaterunser‹ nicht kennst!«

»Sorry – nein!« Unfassbar, aber ihre schönen Augen sagten eindeutig die Wahrheit. »Ich war halt noch nie in der Kirche!«

»Noch nie in der Kirche?!«, wiederholte ich lachend, doch Sarah unterbrach mich.

»Schon, aber nur mal im Urlaub mit meinen Eltern oder

so, um sie uns anzuschauen!« Sie lächelte. »Wegen der Architektur.«

»Du hast noch nie an einem Gottesdienst teilgenommen?«

»Nein.«

»Bist nicht getauft?«

»Nein!«

»Hast nie die heilige Kommunion empfangen, nie gebeichtet, auch keine Konfirmation, keine Firmung?« Sarah schüttelte dauerhaft den Kopf, was ich damals nicht so recht einordnen konnte, also stellte ich eine saudumme Frage. »Und deine Eltern – woran glauben die?«

»Meine Eltern sind Hippies!« Sarah zog mich zu sich und lächelte frech. »Die glauben an die Liebe!«

Und mit genau dieser Familie erreichen wir nun pünktlich zum zaghaften Einbruch der frühen Dämmerung den Weihnachtsmarkt, der zwischen dem Theater und dem fürstlichen Dorint-Hotel direkt vorm Kurhaus Baden-Baden liegt, in dem das berühmte Casino beheimatet ist. Hunderte Lichter schimmern zwischen altertümlichen Marktständen, es duftet nach Bienenwachs, Crêpes und Glühwein, und der grobe Kies knirscht auf dem Boden unter den schlendernden Schritten der Besucher.

»Glühwein gibt's später«, ruft Uropa Silberstein von vorne. »Schont eure Kräfte, ab jetzt geht's bergauf!«

Und tatsächlich ist die Steigung ab der ersten Querstraße, die wir nun abseits der zentralen Allee betreten, deutlich zu spüren. Bald sitzen die Kleinkinder auf den Schultern der jungen Männer, bald werden die Gespräche zäher, und die Atemfrequenz unserer Wandertruppe steigt hörbar. Immerhin dreißig Minuten wird die nächste Etappe nun in Anspruch nehmen, aber aus der Erfahrung wissen wir alle, dass es gefühlt locker doppelt so lang dauert.

»Gleich geschafft«, ruft Sarahs Onkel, der ganz vorne läuft und unsere Tochter Klara auf den Schultern trägt. »Ich seh die Bahn schon!«

»Und perfekt in der Zeit«, sagt Opa hochdeutsch und schaut auf sein Smartphone. »In zehn Minuten fährt die Bahn, dann sind wir ziemlich genau zum Sonnenuntergang an der Tanne.«

Als wir am Gipfel aus der Merkurbergbahn steigen, weht kalter Wind den Duft von Moos und Tannen in unsere Nasen. Kleine Schneeflocken tanzen dazu durch die frische Luft und trüben unsere Sicht zwar etwas. Weil aber so kurz vor Sonnenuntergang gerade noch genug Licht vorhanden ist, wird unsere Anfahrt spätestens jetzt durch einen grandiosen Ausblick belohnt:

Der Schwarzwald liegt nun zu Füßen des Merkur, finster bewaldete Berge so weit das Auge reicht. In den Weiten liegen vereinzelte Ortschaften und mitten darin die größte von ihnen: Baden-Baden, dessen wildes Weinachtstreiben von hier oben aus nicht einmal zu erahnen ist. Und weil diese Stadt westlich des Merkurbergs liegt, nähert sich die schwache Dezembersonne schon den Bergen hinter Baden-Baden.

»Heute ist der letzte der sieben kürzesten Tage des Jahres«, sagt Sarahs Mutter Michi, mehr zu sich selbst als zu mir, und schaut in die Ferne. »Ab morgen kommt das Licht wieder zurück.«

Das Rattern der nun wieder herabfahrenden Bergbahn wird immer leiser, die Gespräche der Familie ebben auch langsam ab, und weil wir hier oben nun tatsächlich weit und breit die Einzigen sind, ist jetzt ganz deutlich der Grund zu hören, aus dem wir immer wieder hier hochfahren:

Stille – ein seltsames Geräusch.

Und als sich diese Stille auch bis zu den jüngsten und hibbeligsten Familienmitgliedern herumgesprochen hat, entsteht ein kleiner, fast magischer Moment: Vor unser aller Augen rieseln kleine Schneeflocken geräuschlos auf die Tannen des Schwarzwaldes, und zu unseren Füßen liegt hell erleuchtet das beschauliche Baden-Baden.

Es ist der erste von erfahrungsgemäß vielen Momenten, in denen wir hier oben ganz gezielt zur Ruhe kommen. Fernab des Alltags und der Terminkalender, bei wundervoll schlechtem mobilen Internetempfang, inmitten des stillen Waldes, der rund um den Aussichtsturm liegt.

Als die Sonne hinter dem Fremersberg abgetaucht ist, ändern sich die Lichtverhältnisse fast schlagartig, und innerhalb weniger Augenblicke wird das Firmament in ein leuchtendes Blau getaucht.

»Das ist das Blau des wiederkehrenden Lichts«, sagt Sarahs Mutter und zeigt auf den Horizont. »Das haben schon die heidnischen Völker gewusst und es jedes Jahr zu dieser Zeit gefeiert!«

»Eigentlich ist es die blaue Stunde«, korrigiert sie ihr Sohn, der Physik studiert. »Nach der Dämmerung trifft nämlich das Sonnenlicht in einem steileren Winkel auf die Ozonschicht der Erde, wodurch alle anderen Spektralfarben außer Blau noch stärker aus dem Sonnenlicht gefiltert werden als sonst. Zur Sonnenwende ist dieser Effekt in unseren Breitengraden am stärksten, daher das satte Blau.«

»Das hat man also davon, wenn man seine Kinder zur Uni schickt.«

Sarahs Mutter nimmt ihren Sohn lachend in den Arm, aber letztlich gilt die Erklärung für die blaue Stunde ja auch für das Weihnachtsfest. Seine Bedeutung hat einen rein astrophysikalischen Ursprung: die Wintersonnenwende, die schon zu prähistorischen Zeiten gefeiert wurde, lange also bevor christliche Herrscher die Geburt ihres Heilands als das Jahr null definierten – weil die Tage ab jetzt wieder länger werden, weil also, wie meine Schwiegermutter es vorhin gesagt hat, »das Licht zurückkehrt«.

Schon stolze 1400 Jahre vor der vermeintlichen Geburt des Herrn Jesus Christus verehrten die Menschen im Persischen Reich eine ganz andere Gottheit, und die hieß Mithras. Für die Perser war dieser Gott nicht nur der Oberboss in Sachen Gerechtigkeit, sondern auch der Herr des Lichtes, der diese Hochkultur über mehrere Jahrhunderte beherrschte. Leicht abgewandelt haben schließlich auch die Römer diese Figur übernommen und daraus den sogenannten Mithraskult entwickelt.

Ein genauerer Blick auf diesen Sonnenfürsten erhellt auch die Legende um Jesus, denn Mithras war ein Gott, der von seinem Vater auf die Erde gebeamt wurde, um dort als unbesiegbarer Sonnengott, »Sol invictus«, die Welt zu retten – vor dem Dunklen und dem Bösen! Einer, der sich vor seinem Tod noch einmal mit seinen zwölf besten Kumpels zusammensetzt, um ein letztes Mal so richtig auf den Putz zu hauen – und nach seinem Tod, o Wunder, wiederaufersteht, als wäre nichts gewesen. In zahlreichen Ikonen wird Mithras mit einem Sonnenschein um seinen Kopf herum dargestellt, und kaum tauchte das Neue Testament auf, waren Mithras' Anhänger, die Mithraisten, plötzlich felsenfest davon überzeugt, dass es Himmel und Hölle gibt und ein Jüngstes Gericht, das nach dem Tod eines jeden Menschen entscheidet, ob er ein Ticket nach oben erhält oder unsanft nach unten befördert wird. Geehrt wurde dieser Gott jede Woche an seinem Namenstag, dem Sonntag, und eines der wichtigsten mithräischen Symbole war das Kreuz.

Nun könnten hier schon Gedanken an einen handfesten Urheberrechtsstreit auftreten, aber die geistlichen Ingenieure des Christentums und des Mithraismus haben sich an noch mehr Stellen gegenseitig befruchtet:

Um in beide Kultgemeinschaften aufgenommen zu werden, haben sich sowohl Christen als auch Mithraisten am alten ägyptischen Brauch des Untertauchens orientiert, wenn auch die Mithraisten etwas hartgesottener waren und sich dabei nicht mit stinknormalem Wasser zufriedengaben – Stierblut musste es stattdessen sein, stark! Gemein ist beiden außerdem ein Ritual, bei dem das leibliche Wohl im Mittelpunkt steht und mit Brot, Fleisch und Wein bedacht wird. Und zu guter Letzt kleideten die Mithraisten ihren mächtigsten Priester in ein rotes Gewand, steckten ihm einen protzigen Ring auf den Finger, drückten ihm einen Hirtenstab in die Hand, setzten ihm eine reichverzierte, dreieckige Mütze auf und nannten ihn: Papa.

Interessanterweise liefert die Bibel keinen einzigen Hinweis auf die Geburt Jesu am 25. Dezember. Stattdessen ist historisch inzwischen gut belegt, dass erst Papst Pius I., seines Zeichens guter Kumpel vom großen Konstantin, im vierten Jahrhundert nach Christus entschied, das höchste Fest seiner Glaubensgemeinschaft auf diesen Tag zu legen. Viele potentielle Christen ließen sich nämlich damals von den Heiden dazu verleiten, mit ihnen die Wiederkehr der Sonne (und zahlreiche andere heidnische Feste) zu feiern, und offensichtlich hat die unheilige Allianz aus Staat und Religion schon damals wie geschmiert funktioniert.

Denn wer eine übermächtige Religion installieren und die himmlische Mannschaft der römischen Gottheiten gesammelt feuern und durch einen einzigen Supergott ersetzen will, der schafft das eben nur, indem er an alte Traditionen anknüpft und diese dann Schritt für Schritt den neuen opfert – notfalls inklusive Querulanten.

Bis Weihnachten dann aber auch noch zum Fest der Geschenke wurde, vergingen noch einmal schlappe 1200 Jahre. Martin Luther war es schließlich, der nicht nur ein notorischer Gegner der katholischen Elite und des Judentums war, sondern auch des »kyndisch Ding«[73] der Heiligenverehrung. Aus diesem Grund wollte er den heiligen Sankt Nikolaus kurzerhand abschaffen, was ja bei imaginären Figuren mit überschaubarem Aufwand verbunden ist. Seinen Kindern hingegen waren die Geschenke des heiligen Nikolaus sehr lieb, und so erfand er – verkürzt gesagt – im 16. Jahrhundert das Christkind, das den Nikolaus in den folgenden Dekaden zuerst in protestantischen Gegenden und irgendwann im 20. Jahrhundert dann auch in katholisch geprägten Gebieten verdrängte.[74]

Fassen wir also zusammen: Von der Erkenntnis, dass die Tage ungefähr ab dem 25. Dezember eines Jahres wieder länger werden, ging die Menschheit zuerst den Umweg über verschiedene Gottheiten, dann zu einem Heiligen mit hoher Mütze und langem Stab, danach zu einem blondgelockten Flugwesen, anschließend zu einem dicken Mann mit rotem Mantel und weißem Bart und schließlich wieder zurück zu der Erkenntnis, dass die Tage ungefähr ab dem 25. Dezember wieder länger werden.

Nun sei allen, die Weihnachten tatsächlich als Geburtstagsparty des Messias feiern, schon einmal eine Entschuldigung ausgesprochen, aber für mich stellt sich die Sache so dar: Mit jedem Puzzleteil vervollständigt sich ein stimmiges und sehr scharfes Bild von Religion als einem hilflosem Erklärungsversuch für bis dahin unerklärliche Phänomene.

Oder sollte der folgende Sachverhalt etwa Zufall sein?

Im Zentrum des Verbreitungsgebiet des römischen Mithraismus liegt – der Name deutet es bereits an – die Stadt Rom. Und in Rom folgt, wie an jedem Ort der Welt, der Zeitpunkt des Sonnenaufgangs und -untergangs einem jährlich wiederkehrenden Rhythmus, bei dem Tag und Nacht gewissermaßen gegeneinander um Anteile kämpfen.

Am Äquator ist dieser Kampf furchtbar langweilig, wie die Hauptstadt von Uganda zeigt, die von der Äquatorlinie durchzogen wird: In Kampala geht die Sonne im gesamten Jahr um kurz vor sieben Uhr morgens auf und um kurz vor sieben Uhr abends wieder unter. Übers Jahr gesehen verschiebt sich dieser Prozess zwar um ein paar Minuten nach vorne und hinten, aber sowohl im brasilianischen Macapá, als auch im indonesischen Pontianak gilt: Auf dem Äquator ist jeder verdammte Tag zwölf Stunden lang und die Nächte ebenso – viel zu feiern haben die Menschen dort in Sachen Licht also nicht.[75]

An den Polkappen wiederum ist dieser Kampf echt brutal, was an der nördlichsten größeren Stadt der Welt, dem norwegischen Tromsø, gut zu beobachten ist: Im Jahr 2016 etwa wird den Tromsøern am 24. September noch 12 Stunden Sonne gegönnt, am 04. November sind es schon nur noch sechs Stunden und am 26. November 2016 geht die Sonne dort um 11 Uhr auf – und um 12.02 Uhr wieder unter! Danach ist dann komplett zappenduster, denn bis zum 15. Januar 2017 liegt nun die Polarnacht über Tromsø. Mit zögerlichen 56 Minuten kehrt das Licht am 15. Januar 2017 schließlich wieder in diese Region zurück, am 18. März des Jahres scheint die Sonne dann schon wieder an genau 50 Prozent des Tages. Und zwischen dem 15. Mai und dem 26. Juni, also für satte fünf Wochen, brauchen die Tromsøer dann gar keine Sorge mehr vor schlaflosen Nächten zu haben – weil es keine Nächte gibt.[76]

Und nur vier Breitengrade von der Hälfte zwischen diesen zwei Extremen liegt Rom. Im Jahr 2016 gehören der römischen Nacht für mehr als eine Woche lang, nämlich vom 17. bis zum 25. Dezember, exakt 14 Stunden und 54 Minuten der 24 Stunden, in denen die Erde sich einmal um sich selbst dreht – also ziemlich genau satte 62 Prozent. Für die sonst von der Sonne verwöhnten Römer ist dies die mit Abstand dunkelste Jahreszeit; in Berlin liegt der Rekord der Nacht schon bei 69 Prozent[77], dauert dafür aber nur vier Tage an. Doch auch in Rom dauert dieser Zweidrittelsieg der Dunkelheit über das Licht nicht lange an, denn während die Erde auf ihrer elliptischen Laufbahn zu dieser Jahreszeit so weit von der Sonne entfernt ist wie möglich, nähert sie sich ihr ab sofort wieder an. Tag für Tag erobert der Tag nun also wieder ein paar Minuten von der Nacht zurück, und auch hier ist es am 18. März 2017 so weit: Um 6.17 Uhr geht die Sonne über dem ehemaligen Zentrum der ewigen Stadt auf und verschwindet erschreckend präzise 12 Stunden später wieder am römischen Horizont – Tag und Nacht spielen hier also unentschieden, und dieser Trend setzt sich nun bis zur Sommersonnenwende fort:

In der Woche vom 18. bis zum 24. Juni kann der römische Tag dann seinen fettesten Sieg über die Nacht feiern: Ganze 15 Stunden und 11 Minuten kann er hier für sich beanspruchen, gewinnt also mit 63 Prozent. Doch nun geht es wieder bergab, und auch hier ist es der 24. September, an dem Tag und Nacht wieder unentschieden spielen.

Kurze Zwischenbilanz: Seit ungefähr 4,6 Milliarden Jahren rotiert die Erde also um die Sonne, und bis die Sonne in etwa 6 Milliarden Jahren in einem gigantischen Atomblitz verglühen und dabei unser gesamtes Sonnensystem verbrutzeln wird, dürfte sich an diesen vier astronomisch auffälligen Daten wenig ändern:

Das Unentschieden zwischen Tag und Nacht am 18. März und am 24. September, der Sieg der Nacht am 25. Dezember und der des Tages am 21. Juni.

Nun entsprechen die hier besprochenen zweitausend Jahre, in denen wir Trockennasenaffen uns Geschichten wie die von Jesus und Mithras ausdenken, im Vergleich zum Alter der Sonne in etwa der Länge eines Reiskorns auf der Strecke von Hamburg nach München[78] oder 10 Sekunden in einem Jahr[79]. Und ausgerechnet in diesem mikroskopischen Zeitfenster hat sich also der Erfinder des Ganzen in Form seines Sohnes exakt zum Zeitpunkt der Wintersonnenwende auf diesen Planeten gebeamt – ganz zufällig?!

Und exakt dann, als Tag und Nacht unentschieden spielen, verendet er wegen der Sünden der anderen Trockennasenaffen am Kreuz, steht aber drei Tage später, mir nichts, dir nichts, wieder von den Toten auf?!

Da brat mir doch einer'n Storch, aber die Nummer kommt mir irgendwie spanisch vor!

»Hey, Philipp, alter Schreiberling!« Sarahs Bruder reißt mich aus meinen Gedanken. »Na, wieder am Grübeln?«

»Jaja«, gebe ich zu. »Freiberufler haben eben nie frei!«

»Das ist aber nicht gut!« Er nimmt mir meinen Sohn ab und setzt sich Anton auf die Schulter. »Zu Weihnachten soll man doch auch mal abschalten – ackern kannst du doch im nächsten Jahr wieder.«

Und dieser Moment auf dem Schwarzwälder Merkurberg ist eigentlich prädestiniert dafür, mal ganz im Moment zu leben: Der Schneefall ist nun dichter geworden, und als wir mit der gesamten Familie den Aussichtsturm verlassen und den dahinterliegenden Wald betreten haben, ist nun auch dieser kurze Tag endgültig vorbei – Dunkelheit und Stille umhüllen uns nun wie ein schützender Mantel.

»Die Fackeln raus!«, höre ich Opa rufen. Um uns herum gehen nun nach und nach die Fackeln der anderen an, und so erstrahlt der winterliche und bitterkalte Schwarzwald schon bald im warmen Schein des Feuers, das wir behutsam durch ihn hindurchtragen. Äste knacken unter unseren Schuhen, und der Geruch des verbrennenden Wachses vermischt sich mit dem Duft des kalten Waldes zur vertrauten Melange des Hauptteils der Silberstein'schen Weihnachtswanderung: dem Schmücken der Tanne.

Die Fackeln haben etwa ein Viertel ihrer Länge verloren, als wir den Weg verlassen, und einige Minuten später bleibt Opa Silberstein stehen.

»Wir sind da!«, sagt er andächtig, und ohne weitere Worte von ihm versammeln wir uns alle um den prächtigen Nadelbaum.

Natürlich ist es auf den ersten Blick nur eine stinknormale Tanne, und auf den zweiten auch, aber die Tatsache, neben dem Mann zu stehen, der sie vor so langer Zeit hier gepflanzt hat, zaubert mir jedes Mal ein Kribbeln auf den Rücken. Sarahs Mutter und ihre Schwestern greifen jetzt tief in ihre Taschen und verteilen den Baumschmuck: kleine Strohsterne, rote und gelbe Stoffbändchen sowie Nüsse an Bändchen und Vogelfutterbällchen.

Im ersten Jahr habe ich nicht ansatzweise kapiert, was wir hier veranstalten, aber abgesehen davon, dass ein in der Natur geschmückter Baum einfach schön aussieht, eignen sich sämtliche Schmuckstücke der Nahrung oder dem Nestbau einheimischer Tiere – und beides ist im Winter bekanntlich schwer. Bei 25 Menschen kommt jetzt zwar etwas Gedränge auf, aber nach siebzig Jahren hat diese robuste Tanne eine Höhe von sicher sechs Metern und einen Umfang erreicht, der acht Erwachsene braucht, um sich an den Händen haltend um ihn zu stellen. Genug Platz ist also für alle da, und als sämtliche Kleinigkeiten im Baum hängen, werden Sarahs Bruder und ich auserkoren, ihr beim Aufhängen des größten Sterns zu helfen.

Dazu gehen wir nebeneinander auf jeweils ein Knie und Sarah steigt auf unsere Schultern. Ihr Bruder reicht ihr eine Hand, alle anderen stellen sich schützend um uns herum, und Sarah hält den großen Strohstern fest, dann stehen wir langsam auf.

Gemeinsam treten wir alle ein paar Schritte zurück, und beim Anblick der von Fackeln umringten und geschmückten Tanne muss ich noch einmal an die Unterstellung der Interviewerin zurückdenken – blutleer und sinnlos? Vier Generationen einer Familie fahren am dunkelsten Tag des Jahres gemeinsam auf einen Berg, der ihnen einen Überblick über ihre Heimat verschafft, laufen dann mit Fackeln ausgestattet zu einer Tanne, die der Opa kurz nach dem Zweiten Weltkrieg hier oben zusammen mit einem Mann gepflanzt hat, dessen Geburtsjahr mit einer 18 begann. Und wir gehen heute hin und schmücken diesen Baum mit Dingen, die den Tieren des Waldes das Leben ein bisschen leichter machen sollen. Zugegeben, das mag alles etwas schräg klingen, aber im Vergleich zur Geburtstagsparty eines Mannes, der angeblich übers Wasser laufen konnte, ist das hier doch geradezu ein Akt der Vernunft – und alles andere als blutleer und sinnlos!

Und auch die Silbertanne ist dabei nicht zufällig gewählt, denn abgesehen von ihrer zum Familiennamen passenden Bezeichnung, stehen Nadelbäume tatsächlich vor allem in der christlichen Tradition für das ewige Leben, weshalb sie auch beim Grabschmuck gern eingesetzt werden. Unter germanischen Stämmen galt die Tanne als Symbol der Fruchtbarkeit, und bis heute sorgt die im späten 20. Jahrhundert entwickelte nachhaltige Forstwirtschaft dafür, dass sich fast ganz Deutschland mit Nordmanntannen und Blaufichten eindecken kann. Die Schutzgemeinschaft Deutscher Wald vermeldet 24 bis 25 Millionen Weihnachtsbäume, die jedes Jahr in Deutschland verkauft werden[80], so dass in über der Hälfte aller deutschen Haushalte ein Weihnachtsbaum zu finden ist.[81]

Die Rückfahrt ist traditionell deutlich unspektakulärer, und so kommen wir nach einer knappen Stunde endlich wieder in der Dachgeschosswohnung meiner Schwiegereltern an.

Aus der Küche strömt bald der verführerische Duft des lang vorbereiteten Festmahls, und an dieser Stelle hätte die Interviewerin fast recht gehabt: Weihnachten bei den Silbersteins ist tatsächlich etwas blutleer – weil nahezu vegetarisch.

Aber die Legende der Weihnachtsgans ist hingegen ganz putzig: Im Jahr 371 nach Erscheinen des Allmächtigen auf Erden soll der römische Legionär Martin von Tours im kalten Ungarn einen frierenden Bettler erblickt, daraufhin sein Schwert gezückt und seinen Mantel mit ihm geteilt haben. So weit, so plausibel, doch kurze Zeit später begegnet Martin – wie sollte es anders sein – dem (inzwischen ungefähr 371 Jahre alten) Herrn Jesus Christus höchstpersönlich, lässt sich auf der Stelle taufen und ist seit diesem Erweckungsevent nur noch für die Kranken und die Schwachen da. Selig wird bekanntlich, wer's glaubt, und deswegen mit Kindern im Herbst Laternen zu basteln ist ja eigentlich ganz schön – doch Martins Story ist hier noch nicht vorbei: Weil er durch diese eine Aktion vom fiesen Soldaten-Saulus zum frommen Sozial-Paulus avanciert ist, sind die Bürger von Tours so hin und weg von ihm, dass sie ihn direkt zu ihrem neuen Oberhirten küren wollen. Martin jedoch, nach seiner Läuterung viel zu bescheiden für den Karrieresprung zum Bischof, versteckt sich in einem Gänsestall – und was machen die blöden Viecher? Genau: schnattern und verraten ihn damit, so dass der Mob ihn findet und zum Bischof ernennen kann.

Aber ganz dumm waren die Leute natürlich schon damals nicht, also bestraften sie die Tiere dafür, dass sie ihnen geholfen hatten, einen Mann zum Bischof zu ernennen, der nicht in der Lage war, sich verbal dagegen zur Wehr zu setzen, indem sie der dummen Gans die Rübe abschlugen und sie lecker in den Ofen schoben: Voilà, die Martinsgans war erfunden, und wer noch Zweifel an der Richtigkeit dieser Speise hat, der lasse sich bitte von diesem Reim überzeugen:

»Die Gänse haben Sankt Martin verraten, dafür müssen sie jetzt braten.«

Aus ganz praktischen Gründen zog sich das Festschmausritual dann bis zum heiligen Feste, und so landen heute zwischen Martins Tag und Weihnachten pralle zehn Millionen Gänse auf deutschen Tafeln.

Doch eine gute Nachricht zum Fest der Liebe: Die in Deutschland hergestellten Gänse werden zum allergrößten Teil unter artgerechten Bedingungen getötet und vorher sogar mit echten Körnern gefüttert. Okay, etwa 80 Prozent der in Deutschland verspeisten Gänse stammen aus Polen und Ungarn, wo Tierschutzgesetze … nun ja, eher kleingeschrieben werden und die Tiere daher in winzigen Käfigen gehalten, überzüchtet und mit Antibiotika vollgestopft und vor ihrer Schlachtung durch halb Europa transportiert werden – aber was soll's: frohes Fest der Liebe und guten Appetod!

»Und wann gibt's endlich Bescherung?«

»Jetzt!«, ruft Sarahs Mutter feierlich. »Außer meinem lieben Mann und Oma und Opa verschwinden jetzt bitte alle in ihre Zimmer!« Dann wird sie leiser und wendet sich an die drei kleinen Kinder im Raum. »Sonst traut sich das Lichtkindchen ja überhaupt nicht zu uns. Und wenn wir euch rufen, könnt ihr mit euren Wichtelgeschenken wieder hochkommen – auf geht's!«

Ich weiß noch genau, dass ich vor ungefähr zehn Jahren, als ich zum ersten Mal vom Lichtkindchen gehört habe – zugegeben –, etwas pikiert war. Schon damals war ich zwar nicht religiös und empfand den Weihnachtsmann eher als ein Symbol für Konsumrausch mit dem Beigeschmack der Rute, hielt ihn aber immer noch für die sinnvollste Art und Weise, eine unreligiöse Weihnacht zu feiern. Aber ein Lichtkindchen statt dem original Christkindchen, das mich und meine Geschwister immer besucht hatte, das ging mir damals irgendwie gegen den Strich – was sollte das überhaupt sein?!

Am ersten Weihnachtsfest jedoch, das unsere Tochter Klara bewusst miterlebte, wurde mir schnell klar, welche Wirkung diese Symbolik auf sie hatte. Und in diesem Jahr, wo nun auch unser zweites Kind Anton dabei ist, geben sich Michi und ihr Mann ganz besonders große Mühe. Als ich mit Sarah und den Kids schließlich auf unserem Bett im dunklen Zimmer sitze, fällt einzig ein fahler Lichtschein durch den offenen Türspalt.

»Kommt jetzt das Lichtkind?«, flüstert Klara und hält sich an mir fest.

»Vielleicht!« Sarah legt ihren Zeigefinger auf die Lippen. »Aber nur, wenn wir ganz, ganz leise sind …«

Im gesamten Hause Silberstein herrscht nun eine derartige Stille, dass ich nur das leise Atmen meiner Kinder hören kann. Ein zartes Klappern ertönt plötzlich von den Rollläden.

»Da!« Anton springt auf. »Diss Leuchtekind!«

»Lichtkind!«, korrigiert Klara ihn und schaut mich mit glänzenden Augen an. »Meinst du, Papa, es ist da?!«

»Ich weiß nicht«, beginne ich flüsternd, doch nun ist das Klappern deutlicher zu hören, woraufhin wir alle zum Fenster starren. Und dann passiert es: Ein heller Blitz erleuchtet den gesamten Hinterhof des Hauses und fällt durch die kleinen Löcher des fast geschlossenen Rollos in einzelnen Punkten in unser Zimmer.

»Ein Feuer!«, ruft Anton und versteckt sich in Sarahs Arm, schielt aber neugierig hervor.

»Nein, Anton!«, ruft Klara aufgeregt, dann blitzt es wieder. »Das ist das Lichtkind!« Sie springt zum Fenster und nun leuchtet der Innenhof immer wieder auf, so dass unser Zimmer immer wieder in hellen Punkten erstrahlt. »Oma hat gesagt, das ist das Mondlicht, das sich in seinen Flügeln spiegelt.«

Nun klettert auch Anton durchs Bett und stellt sich mutig neben seine große Schwester ans Fenster. Beim nächsten Blitz zuckt er ein bisschen zusammen, woraufhin Klara ihn in den Arm nimmt – und Sarah und ich wie gebannt unsere Kinder beobachten, die jetzt volle Pulle in ihrer Phantasie stecken.

»Du musst keine Angst haben, Toni«, sagt seine Schwester liebevoll zu Anton. »Das Lichtkind ist ganz lieb!«

»Und bringt dis auch Deschenke?«, will er wissen, woraufhin Klara eine erwachsene Stimme auflegt.

»Nur für die kleinen Kinder, Toni. Die anderen Geschenke kommen von den Mamas und den Papas und den Omas und den Opas und den Tanten und den Onkels und den Kusinen und den Kusengs.«

»Ja, genau!« Er reißt seine Augen auf. »Sooo viieele!«

»Die kann das Lichtkind doch gar nicht alle tragen«, erklärt Klara ihm. »Das Lichtkind war aber bei der Sonne und bringt uns jetzt eine wunderschöne Kerze, und mit der können wir dann alle anderen Kerzen anzünden.« Schwärmend hält sie sich die Wangen. »Und dann sieht alles soooo schön aus!«

»Psssst!«, sagt Sarah plötzlich und zeigt mit dem Finger nach oben. »Hört ihr das?«

Laut rumpelnd wird nun die Terrassentür aufgeschoben, dann erklingen leise Schritte und ein zartes Glöckchen. Klara und Anton sind jetzt zu Salzsäulen erstarrt und halten sich gegenseitig am Arm. Es ist der Moment, in dem sie der wichtigsten Figur des Abends so nah sind wie nur irgend möglich – pure Magie steht ihnen ins Gesicht geschrieben und lässt ihre großen Kinderaugen glänzen.

»Aaaaahhhh!«, hören wir nun die Stimmen von den Erwachsenen oben ertönen. »Danke, liebes Lichtkind!« Dann sind die Schritte wieder zu hören und auch das Glöckchen. »Tschühüüüss«, rufen die vier jetzt, »bis zum nächsten Jahr!«

Laut fällt die Terrassentür wieder zu, es blitzt noch ein paarmal draußen, und jetzt sind Klara und Anton kaum noch zu halten. Sie klatschen in die Hände, lachen, hüpfen auf dem Bett und umarmen sich dabei immer wieder. Dann – endlich – klingelt das Glöckchen von oben.

»Ihr könnt alle kommen!«, ruft Oma nun ins Treppenhaus. »Das Licht ist da!«

»Jaaaa!«, ruft Klara und will nach oben rennen, merkt aber schnell, dass noch alles dunkel ist – fast.

Und als wir oben ankommen, stehen Uroma, Uropa, Oma und Opa lächelnd an der großen Festtafel, und in der Mitte des Adventskranzes steht nun eine riesige, weiße und wundervoll verzierte Kerze, an deren Docht eine helle Flamme brennt. Dafür interessieren sich unsere Kinder momentan allerdings weniger – spannend sind eher die Geschenke, die jetzt unter dem Baum liegen. Aber Michi spannt ihre Geduld noch ein letztes Mal auf die Folter.

»Ihr Lieben! Heute ist der dunkelste Tag des ganzen Jahres, aber soeben hat uns das Lichtkindchen diese Kerze gebracht …«

»Und Deschenke!«, ruft Anton rein.

»Genau.« Michi lächelt. »Aber bevor wir die aufmachen, wollen wir alle am Licht des neuen Jahres eine Kerze entzünden und uns gemeinsam darauf freuen, dass die Tage ab sofort wieder länger werden.«

Mein Körper gehört mir!

Manchmal, bevor mir einfällt, dass er nur erfunden ist, glaube ich, dass Gott mich ärgern will. Zum Beispiel wenn ich das Radio anschalte, weil dann immer entweder über Fußball oder über Religion geredet wird.

»... und daher stelle die medizinisch unnötige Beschneidung bei Kindern eine Körperverletzung dar, wie das Landgericht Köln gestern in einem Urteil feststellte«, sagt die Nachrichtensprecherin. »Muslimische und jüdische Verbände reagierten ebenso fassungslos wie die evangelische und katholische Kirche, da sie durch ein etwaiges Verbot der Beschneidung das Recht auf uneingeschränkte Religionsfreiheit verletzt sehen.«

»Religionsfreiheit verletzt?«, fragt Sarah, als sie mit Klara auf dem Arm die Küche betritt und schüttelt den Kopf. »Und wegen Religionsfreiheit darf man seine Kinder beschneiden, oder was?!«

»Einfach unfassbar!« Ich zapfe uns einen Espresso und kitzele dabei mein Töchterchen an der Nase. »Aber jetzt bringe ich das kleine Klärchen erstmal zu Gisela, dann sehen wir weiter ...«

Nach einer kurzen Fahrradfahrt treffe ich die Tagesmutter, die bereits mit einigen Eltern und deren Kindern vor dem Haus steht. Unter ihnen sind auch Olgun und Saliha mit ihrem Sohn Sami, mit denen wir uns so gut verstehen, dass wir schon viele Nachmittage gemeinsam auf dem Spielplatz verbracht haben. Beide Eltern sind gebürtige Berliner mit türkischem Migrationshintergrund.

»Überkrass, hast du schon gehört?!«, sagt Olgun, als Gisela mit unseren Kids Richtung Spielplatz losgegangen ist. »Beschneidung als Körperverletzung zu bezeichnen ist so bekloppt, als würde man Fingernägel schneiden als Körperverletzung bezeichnen!«

»Stell dir mal vor, das wird verboten!«, stimmt Saliha ihm zu. »Sami muss auf jeden Fall beschnitten werden! Wir sind wirklich nicht religiös, aber …!« Sie schüttelt langsam ihren Kopf. »Das ist einfach eine kulturelle Frage, weißt du?«

»Kultur ist mir egal!«, widerspricht Olgun ihr. »Seiner soll einfach aussehen wie meiner – der Zipfel kommt ab, da gibt's gar keine Diskussion, schon aus hygienischen Gründen!«

»Waschen soll auch helfen«, sage ich zu Olgun und Saliha, ziehe mein klingelndes Telefon aus der Hosentasche und verabschiede mich dann von den beiden. »Hallo Michael«, sage ich zum Vorstandssprecher der Giordano-Bruno-Stiftung und höre ihm dann einen Moment zu. »Einen Arbeitskreis für Kinderrechte in Berlin gründen? Klar, bin ich gern dabei – bisher weiß ich sowieso zu wenig über Beschneidung, um mitreden zu können.«

Ich vereinbare mit ihm, mir direkt die Basics zum backfrischen Urteil des Kölner Landgerichts durchzulesen und finde zu Hause angekommen am Rechner vor allem die gekränkten Reaktionen religiöser Reaktionäre vor. Doch auch die Story zu dem Urteil ist schnell gefunden, und die geht so:

Am 6. November 2010 betritt eine Mutter mit ihrem vierjährigen Sohn die Kindernotaufnahme des Universitätsklinikums Köln und zeigt den behandelnden Ärzten den blutenden Penis ihres Sohnes. Zwei Tage vorher war der

Junge, denen Eltern sich zum Islam bekennen, beschnitten worden, was bedeutet, dass seine gesamte Penisvorhaut operativ und unwiederbringlich entfernt und seine Eichel dabei komplett freigelegt wurde. Mit vier Stichen war die Wunde genäht worden und nun kam es – keineswegs ungewöhnlich bei diesem Eingriff – in der Folge zu Nachblutungen, die in der Kindernotaufnahme erfolgreich gestillt wurden.

So weit, so alltäglich, denn selbst bei fachgerechter Durchführung unter medizinisch optimalen Bedingungen, so lese ich nach, hat die sogenannte Zirkumzision eine eher geringe Komplikationsrate – zumindest während oder kurz nach der Operation.[82] Die Folgen dieses Besuchs in der Notaufnahme jedoch sind alles andere als normal – denn das Landgericht Köln bekam davon Wind, befasste sich mit der für Gerichte typischen zeitaufwendigen Genauigkeit mit dem Fall und stellte mehr als anderthalb Jahre später, also am gestrigen 07. Mai 2012, in einem Urteil nüchtern fest: Die operative Entfernung der Penisvorhaut des minderjährigen Patienten hatte ohne medizinische Notwendigkeit stattgefunden. Und weil die Amputation eines gesunden Körperteils zwingend der Aufklärung und schriftlichen Einwilligung des Patienten bedarf, der in diesem Fall nicht einwilligungsfähig war, warf die Staatsanwaltschaft dem Arzt vor, »eine andere Person mittels eines gefährlichen Werkzeugs körperlich misshandelt und an der Gesundheit geschädigt zu haben«.[83]

Oder kürzer gesagt: Das Gericht bezeichnete die rituelle Genitalbeschneidung bei Jungen als unrechtmäßige Körperverletzung.

Zwei Namen tauchten in der Begründung des Urteils immer wieder auf: Rolf Herzberg und Holm Putzke. Und obwohl diese beiden Spezialisten des Strafrechts unfassbar viel Energie in diese Argumentation investiert hatten, lässt sie sich in wenigen Zeilen zusammenfassen, in denen ich unerwartet viel Neues über mein eigenes Geschlechtsorgan lerne:

Die Penisvorhaut ist ein funktionaler Teil des männlichen Körpers. Sie schützt die Eichel, die ein inneres Organ ist, vor Austrocknung, Verhornung und Verunreinigungen jeglicher Art. Mit etwa 20000 Rezeptoren, die in ihr zusammenlaufen, ist die Penisvorhaut zudem weitaus sensitiver als eine Fingerkuppe oder die Lippen. Bei der männlichen Beschneidung, der sogenannten Zirkumzision, wird diese Penisvorhaut komplett entfernt, und damit etwa 50 Prozent der gesamten Penishaut und rund 70 Prozent des sensorischen Gewebes. Vor diesem Hintergrund kann bei der sogenannten Zirkumzision von einer Amputation gesprochen werden, die, wie alle Amputationen, irreversibel ist. Medizinrechtlich bedarf ein solcher Eingriff grundsätzlich entweder einer akuten medizinischen Indikation, die in diesem Fall allerdings äußerst selten ist und inzwischen in fast allen Fällen konservativ, also ohne Amputation behandelt werden kann. Außerdem bedarf eine Amputation der schriftlichen Einwilligung des Patienten nach vorangegangener Aufklärung über die Risiken und lebenslangen Folgen dieser Operation an seinem Körper.

Dass sich daraus eine der schwierigsten Fragen im Ringen religiöser Rituale mit dem demokratischen Rechtsstaat entwickeln würde, das zeichnet sich am Morgen dieses 08. Mai 2012 schon recht deutlich ab. Und dabei stellt sich eine sehr brisante Frage: Was wird in Deutschland wohl höher bewertet – das Recht männlicher Kinder, die religiöse Eltern haben, auf körperliche Unversehrtheit, oder das Recht religiöser Eltern, ihre Religionsfreiheit auf ihre Söhne zu übertragen und ihnen in diesem Zuge den sensibelsten Teil ihres Körpers zu amputieren?

»Philipp, Telefon«, ruft Sarah aus dem Wohnzimmer. »Micha ist dran!«

»Hallo Phil!«, ruft er wie immer gutgelaunt ins Telefon, und redet nicht lange um den heißen Brei herum. »Pass auf, ich hab jetzt mal ein Team aus Leuten zusammengestellt, die sich schon länger mit Knabenbeschneidung auseinandersetzen. Die meisten sitzen zufällig in Berlin. Würdest du die Sitzung koordinieren, so dass wir möglichst schnell eine Aufklärungskampagne starten können?«

»Klar, gern! Aber …« Wie drücke ich das jetzt am besten aus. »… das Thema ist ja mal wieder ultrakomplex!«

»Deswegen der Arbeitskreis!« Michael lacht. »Du weißt doch: Ein Kopf denkt nie allein. Ich verbinde uns alle mal per Mail, dann könnt ihr euch morgen gleich treffen, ja?«

»Schon morgen?!«

»Klar, hör mal: Das Thema wird bald heftig diskutiert werden, da müssen wir als Stiftung schnell reagieren!« Michael verabschiedet sich genauso gutgelaunt, wie er angerufen hat, hat dann aber noch eine letzte Info für mich. »Bei Presseanfragen gebe ich dann deine Nummer weiter, ja?«

»Äh …«

»Guhut, bis dahann!«

Den restlichen Tag nutze ich für eine erste Recherche zum Thema, lese Erfahrungsberichte von Beschnittenen, wühle mich durch juristische Grundlagen und medizinische Darstellungen und breche meine Suche ab, als mir das Video einer Säuglingsbeschneidung unterkommt – das ich einfach nicht ertrage.

Als ich am nächsten Tag im Büro der Stiftung ankomme, treffe ich auf ein paar bekannte Gesichter, unter anderem meinen Kampagnenkumpel Nico und auf Frank vom humanistischen Pressedienst, aber auch auf ein paar neue. Als wir uns alle im Konferenzraum niedergelassen haben, starten wir die Vorstellung mit einem Anwalt, der zwar nicht so aussieht, aber offensichtlich doch so etwas Ähnliches wie Humor mitgebracht hat:

»Ich bin der Walter, und ich bin Rechtsanwalt«, stellt er sich monoton vor und blinzelt etwas nervös hinter seiner Brille. »Ihr dürft mich daher auch gerne Rechtsanwalter nennen.«

»Rechtsanwalter?« Die blonde Kinderärztin mit dem strengen Zopf sitzt direkt neben ihm. »Das soll wohl ein Witz sein. Doktor Beate Meyer, guten Tag, ich werde hier die medizinischen Argumente gegen Knabenbeschneidung vorbringen.«

Zusätzlich sind Mitglieder von intakt e. V. am Start, einem Verein, der sich schon seit vielen Jahren für genitale Selbstbestimmung einsetzt, wie es dort heißt. Außerdem ist ein Mann anwesend, der aussieht, als sei er direkt aus dem Darkroom im Berghain zu uns gekommen.

Er ist eher klein und kräftig, trägt seinen Irokesenschnitt extrem kurz, seinen graumelierten Spitzbart dafür umso länger und trotz der sommerlichen Temperaturen eine Lederjacke. In seinem Ohrläppchen hängt ein Piercing, von dem ich vermute, dass er ähnlichen Schmuck auch an anderen, momentan nicht sichtbaren Körperstellen trägt, und sein Blick ist zugleich sanft und beinhart. Er ist wohl das, was man als herbe Schönheit bezeichnet, und in jedem Fall ein unverwechselbarer Typ.

»Hallo, ich bin Ali Utlu«, sagt er mit rauchiger und kölsch gefärbter Stimme in die Runde und grinst. »Ich bin

Atheist, Ex-Muslim, Piratenpolitiker und schwuler Ausländer.«

»Wow!«, rutscht es mir heraus. »Du bist der fleischgewordene Albtraum der CDU – cool! Willst du unser Maskottchen werden?«

»Gern!« Er grinst fröhlich, doch dann fällt ihm etwas ein. »Und Beschneidungsopfer bin ich auch, deswegen sind wir ja hier!«

Ein paar andere Leute, die hauptsächlich bei der Organisation der Kampagne mithelfen werden, stellen sich auch noch vor, und dann stimmen wir alle darin überein, zuerst einmal Alis Geschichte zu hören.

»Ist das okay für dich?«, frage ich ihn vorsichtig.

»Für mich schon – wenn ihr das ertragen könnt!« Er räuspert sich. »Ich war damals fünf Jahre alt«, beginnt er ruhig und wirkt dabei viel weniger kantig als eben noch. »War also 1975 in meiner Heimat bei Candarli. Alle haben gesagt, es ist ein großer Tag im Leben eines Jungen, aber ich hatte nur Angst. Ich wurde vor den Augen meiner Freunde von Erwachsenen auf einen Tisch gezerrt.« Ali spricht jetzt noch leiser und schaut auf seine Hände. »Ich hab geschrien und getreten wie ein Verrückter, aber die waren stärker als ich und haben mir die Hose heruntergezogen.« Er atmet einmal durch. »Dann wurde ich von fünf Männern festgehalten, zwei an den Armen, zwei an den Beinen, und mein Vater hat meinen Kopf gehalten. Dann hat ein sechster Mann das Skalpell herausgeholt und …« Er schluckt »… und hat meine gesamte Vorhaut abgeschnitten.«

»Wurden Sie betäubt?« Die Kinderärztin verzieht keine Miene bei dieser Frage.

»Ich weiß es nicht.« Ali atmet tief durch. »Ich hab gebrüllt, so laut ich konnte, ich dachte ich sterbe vor Schmerz. Es hat wehgetan wie Hölle, tagelang, wochenlang.«

»Und dann?« Frau Doktor Meyer ist nun ganz in ihrer Profession. »Wie verliefen diese Wochen?«

»Untenrum?«

»Ja.«

»Scheiße! Mein Schwanz hat geblutet wie Sau, die Wunde ging immer wieder auf, ich hab nächtelang Höllenschmerzen gehabt und nicht schlafen können. Nach ein paar Wochen war die Wunde dann verheilt, aber es hat fast ein Jahr gedauert, bis meine Eichel vollständig kati … reni …«

»Keratinisiert.« Die Ärztin schaut von ihrem Block hoch in die Runde. »Damit ist die Verhornung der Eichel gemeint, die ja eigentlich ein inneres Organ ist, und infolge der Vorhautamputation verwandelt sich ihre ursprünglich sehr sensible Oberfläche in totes Hornmaterial. Ähnlich wie die Fußsohle von Menschen, die viel barfuß laufen.« Sie blickt wieder zu Ali. »Und heute? Haben Sie Erektionsprobleme, Orgasmusprobleme, oder Ähnliches?«

»Das spielt ja im Einzelfall keine Rolle«, schaltet Walter sich nun hüstelnd ein, doch Ali hebt ruhig die Hand.

»Schon okay, wir wollen schließlich eine Aufklärungskampagne gestalten, da muss die Wahrheit schon auf den Tisch. Um Ihre Frage also zu beantworten – ja.« Er nickt Beate zu. »Habe ich beides, wobei die Erektionsprobleme nur sehr selten sind. Viel schlimmer ist die Frage nach dem Orgasmus. Manche beschnittenen Männer prahlen ja damit, dass sie länger können, aber ich sage immer: länger müssen!« Er tippt auf seine Armbanduhr. »Unter dreißig Minuten? Keine Chance! Sorry, wenn ich das hier so deutlich sagen muss, aber ich muss wirklich lange und heftig stimuliert werden, bis ich zum Höhepunkt komme – und dann setzen eben auch irgendwann die Erektionsprobleme ein. Ich kenne ja viele beschnittene Männer aus der Schwulenszene, und das ist kein seltenes Phänomen, vor allem bei älteren Männern!«

»Das geht ja auch aus zahlreichen Studien hervor«, schaltet Walter sich nun ein und strafft die Krawatte, deren Knoten unter dem V-Kragen seines gemusterten Pullunders hervorschaut, »dass beschnittene Männer vor allem im höheren Alter deutlich häufiger unter solchen und ähnlichen Folgeerscheinungen leiden. Wenn wir aber dazu beitragen wollen, dass dem Kölner Urteil ein gesetzliches Verbot der religiösen, also medizinisch nicht indizierten Genitalbeschneidungen bei Minderjährigen folgt, dann wird die juristische Argumentation ebenso wichtig für unsere Arbeit sein wie die medizinische.«

»Und wie genau lautet die?« Ich stehe auf und gehe zum Whiteboard. »Vielleicht erst einmal in Stichworten als Grundlage für unsere Arbeit …«

»Zuerst mal müssen wir klarstellen, dass wir uns ausschließlich gegen eine Art der Zirkumzision, also der Amputation der Penisvorhaut, aussprechen: gegen die medizinisch nicht notwendige Beschneidung minderjähriger und daher nicht einwilligungsfähiger Patienten.« Er wartet, bis ich die Stichpunkte ans Board geschrieben habe. »Letztlich sind in diesem Zusammenhang zwei Grundrechte miteinander abzuwägen: Artikel zwei, Absatz zwei, Grundgesetz, jeder hat das Recht auf körperliche Unversehrtheit, und Artikel vier, Absatz zwei, Grundgesetz, das Recht auf ungestörte Religionsausübung.«

»Aber kann das Recht auf ungestörte Religionsausübung denn auf den eigenen Nachwuchs übertragen werden?«, wirft ein Stiftungskollege von mir ein.

»Befürworter der Beschneidung würden sagen: ja, und begründen dies mit Artikel sechs, Absatz zwei, Grundgesetz, nach dem die Erziehung und Pflege der Kinder das natürliche Recht der Eltern ist, und mit dem Gesetz über die religiöse Kindererziehung, das Eltern zur Bestimmung über die religiöse Erziehung ihrer Kinder berechtigt.«

»Aber was hat Erziehung mit Amputation zu tun?!«, will Ali Utlu wissen.

»Nichts.« Der Anwalt rückt seine rahmenlose Brille zurecht. »Und genau darauf wollen wir hinaus: Das per Grundgesetz verbriefte Recht auf Religionsfreiheit und ungestörte Religionsausübung der Eltern beinhaltet nicht das Recht darauf, religiöse Riten an Minderjährigen durchzuführen, die einen operativen und irreversiblen Eingriff in die körperliche Autonomie eines Kindes beinhalten.«

»Aha.« Ali krault seinen Spitzbart. »Und jetzt noch mal auf Deutsch, bitte.«

»Guter Punkt«, werfe ich ein. »Wenn wir eine Kampagne daraus machen wollen, müssen wir unsere Botschaft etwas einfacher formulieren.«

»Noch einfacher?« Walter nimmt seine Brille ab. »Aber dann wird es unter Umständen unpräzise!«

»Wat willste denn uff dit Plakat schreiben?«, wirft Frank, der Redakteur des humanistischen Pressedienstes, in Berliner Kodderschnauze ein. »Medizinisch nicht indizierte Vorhautamputation an nicht einwilljungsfähigen Patienten sind nicht durch dit Recht auf freie Reljonsausübung jedeckt und jehörn deswegen verboten?!«

Alle lachen, nur Walter nickt.

»So in etwa, ja.« Nun lockert er seine Krawatte. »Was schlagen Sie denn vor?«

»Kannst mich ruhich duzen!« Frank überlegt einen Moment. »Wir wollen uns ja für Kinderrechte einsetzen, außerdem muss jeder uff een Blick kapieren, wat wir wollen, oder?« Alle nicken, also redet Frank weiter. »Wie wär's denn mit: ›Finger weg von meen Pimmel!‹?«

Stille. Frau Doktor Meyer blinzelt langsam, Walter bekommt seinen Mund nicht mehr zu.

»Finde ich gut«, sagt Ali. »Aber Pimmel könnte zu obszön für die Öffentlichkeit sein, oder?«

»Aber Jungs sagen: Pimmel!« Frank schaut Ali in die Augen. »Obszön wäre: Schwanz!«

»Also ich muss doch bitten!« Walter ist kreidebleich im Gesicht. »Könnten wir das vielleicht etwas sachlicher angehen?!«

»Ich finde die Fixierung auf das Geschlechtsteil nicht gut«, wirft Beate in den Raum. »Wir würden uns doch auch gegen Riten aussprechen, in denen andere, nichtgenitale Körperteile beschnitten würden.« Wieder nicken alle. »Außerdem richtet sich unsere Argumentation nicht gegen die Genitalbeschneidung bei Erwachsenen. Mein Blick geht da eher in Richtung Selbstbestimmung …«

Die Zustimmung ist groß, dennoch finden wir keine Formel, die dies in aller Kürze wiedergibt. Nico kommt auf die Idee, Michael anzurufen, was wir kurzerhand tun und ihm unsere bisherigen Überlegungen schildern.

»Find ich gut!«, tönt seine Stimme aus dem Lautsprecher, wobei man sein zufriedenes Lächeln bis durchs Telefon hört. »Wie wäre es denn mit …« Sekunden vergehen, in denen alle wie gebannt auf das Handy in der Tischmitte starren. »Mein Körper gehört mir! – Dann wären wir auch die Pimmelfrage los …«

»Mein Körper gehört mir …« wiederhole ich und schaue allseits in zustimmende Gesichter. »Ist gekauft – danke!«

»Guhut!« Michael freut sich. »Ich hab übrigens gerade mit Holm Putzke telefoniert«, sagt er dann wie beiläufig.

»Holm Putzke?« Walter nimmt Haltung an. »Der? Holm? Putzke?!«

»Welcha denn sonst, ey?« Frank fasst sich an die Stirn. »Meinste den Namen jibbts zweema?!«

»Ja, der!«, hören wir Michaels Stimme. »Er und Rolf Herzberg unterstützen unsere Kampagne gern. Außerdem kennen die einen sehr gut vernetzten Juristen, der dazu einen offenen Brief an die Bundesregierung schreiben will. Das dauert aber noch … Und irgendeine Redaktion hat bei mir angerufen, was Größeres – Phil?«

»Ja?«

»Die melden sich gleich bei dir.« Im Hintergrund klingelt sein Telefon. »Oh, da muss ich ran – frohes Schaffen euch!«

Und in der Tat kommen wir nach dem Anruf gerade so dazu, uns alle einmal verdutzt anzuschauen, da klingelt auch schon mein Handy. Mucksmäuschenstille kehrt umgehend ein, ich gehe ran und schalte wieder den Lautsprecher ein.

»Guten Tag Herr Möller« erklingt eine freundliche Frauenstimme, »Klawinski mein Name von der Redaktion Anne Will. Haben Sie einen Moment Zeit für mich?«

»Aber klar doch, guten Tag!« Wir alle starren auf das Telefon. »Schön, dass Sie anrufen.«

»Wir möchten Sie gern als Talkgast in unsere Sendung einladen. Ich habe ihre Nummer von Michael Schmidt-Salomon bekommen, und der sagt, dass Sie Mitglied im Arbeitskreis Kinderrechte sind, der sich für ein Verbot ritueller Beschneidungen ausspricht – ist das richtig?«

»Exakt, ja!« Alle Kollegen nicken freudig, nur Walter springt auf und zeigt auf die Tafel. »Wobei es uns ausschließlich um Beschneidungen geht«, füge ich schnell hinzu, »die nicht medizinisch indiziert sind und an Minderjährigen durchgeführt werden.«

»Ja, das ist klar!« Papier raschelt im Hintergrund. »Ich habe momentan leider nur wenig Zeit, da wir die Sendung nach dem Urteil schnell bringen wollen, aber meine Kollegin würde Sie übermorgen zum ausführlichen Vorgespräch anrufen, bei dem wir klären wollen, ob Sie thematisch in die Sendung passen – okay?«

»Klar!«

Mit einem freundlichen Dank verabschiedet die Dame sich, woraufhin sich unser just gegründeter Arbeitskreis direkt in die Arbeit stürzt: Während sich die meisten von uns in erster Linie um die Graphik, den Flyer und die Homepage der Kampagne kümmern werden, wollen Walter, Beate und ich die Zeit dazu nutzen, mich auf das Gespräch vorzubereiten. Dafür verkrümeln wir uns mit einer Thermoskanne frischen Kaffee in den kleineren Konferenzraum, wo Walter seine juristischen Ausführungen vertieft und dabei die Kinderrechtskonvention der Vereinten Nationen ins Spiel bringt.

»Diese wurde 1989 von der UN ratifiziert und trat 1992 in Deutschland in Kraft«, erklärt er. »Nach Artikel 14 sollen alle Vertragsstaaten das Recht des Kindes auf Religionsfreiheit achten, und nach Artikel 19 treffen diese Staaten alle geeigneten Maßnahmen, um Kinder vor jeglicher Form von Gewaltanwendung, Schadenszufügung oder Misshandlung zu schützen. Darüber hinaus sollten wir uns berufen auf Artikel 136 der Weimarer Verfassung, der nach Artikel 140, Grundgesetz, Bestandteil des Grundgesetzes ist. Besonders wichtig ist hier Absatz 4, nach dem niemand zur Teilnahme an religiösen Übungen gezwungen werden darf.« Walter blickt über den Rand seiner Brille hinweg in die Runde. »Ist das so weit verständlich?«

»Ich schreib mir das einfach erst einmal alles auf …«, sage ich, doch nachdem ich ihm weitere Minuten bei seinen juristischen Ausführungen zugehört habe, wird mir klar, dass mein Nicht-Juristen-Hirn anders funktioniert. »Könnten wir nicht eine Liste mit möglichen Fragen an mich erarbeiten, und darauf Antworten formulieren?«

»Am besten auch mit den typischen Argumenten von Befürwortern der Beschneidung.« Beate nickt. »Das erscheint mir sinnvoll.«

Und genau so gestalten wir den restlichen Arbeitstag und auch den folgenden: Wir werfen medizinische und juristische Fragen auf und formulieren Antworten auf sie; wir greifen religiöse Argumentationen auf und entkräften diese; wir notieren uns Studien, sammeln weltweit Namen und Argumente von Institutionen und NGOs, die sich gegen rituelle Beschneidungen engagieren; wir lesen Holm Putzkes Ausführungen und telefonieren mit ihm; wir sprechen immer wieder auch mit Michael, der parallel an einer Pressemitteilung arbeitet, in der die Gründung unseres Arbeitskreises bekanntgegeben wird; und wir wühlen uns durch den täglichen Berg an wütenden Kommentaren im Internet, die sich Beschneidungsgegner und -befürworter gleichermaßen an den Kopf werfen.

»Das Wichtigste wird sein, die Debatte zu versachlichen«, sagt Michael, als wir ihn am nächsten Tag anrufen. »Der Shitstorm wütet schon im Netz! Seid ihr auf den Vorwurf des Antisemitismus vorbereitet?«

»Also das ist doch hanebüchen!« Walter schüttelt den Kopf. »Wir setzen uns für Kinderrechte ein, wieso sollte man uns da Antisemitismus vorwerfen?!«

»Weil wir eine uralte jüdische Tradition in Frage stellen!«, entgegnet Michael aufgebracht. »Dass es längst gläubige Juden gibt, die diese Entscheidung jedem erwachsenen Mann selbst überlassen wollen und sich trotzdem als fromme Juden verstehen, ist dabei vollkommen egal! Die konservativen jüdischen Verbände werden das als Generalangriff auf ihren Glauben umdeuten und behaupten, dass die ganze Welt ihre Praxis akzeptiere – nur wir Deutschen nicht.«

»Und was sagen wir dann?«, frage ich, wenn auch eher mich selbst.

»Tja, besser wäre es ja schon gewesen, wenn die Debatte nicht in der Heimat des Holocaust angefangen hätte, damit würden wir uns sicher einige Umwege sparen. Aber nun …« Michael holt Luft. »Zuerst mal muss man ja sagen, dass die Debatte ganz ursprünglich von Juden angestoßen wurde, die heißen ›Jews against Circumcision‹. Und natürlich werden auch Antisemiten aus ihren braunen Löchern kriechen und versuchen, auf den Zug aufzuspringen, aber das hat ja mit dem Engagement von Kinderschutzorganisationen und Kinderärzten tatsächlich nichts zu tun. Außerdem gilt hier das Gleiche wie immer.« Jetzt lächelt Michael wieder hörbar. »Wenn man Demagogen bekämpfen will, muss man ihnen dort recht geben, wo sie recht haben, sonst feiern sie mit halben Wahrheiten ganze Erfolge!«

»Hast du dir das gerade ausgedacht?«, will ich wissen.

»Quatsch, ich bin Schriftsteller, solche Sätze sind quasi mein täglich Brot!« Wieder klingelt das Telefon im Hintergrund. »Also, bis später …«, säuselt er wieder gutgelaunt ins Telefon, dann ist er weg.

»Okay, bald ruft die Redaktion an, Philipp!« Walter schaut auf die Uhr. »Dann lass uns doch mal alles durchgehen, wir fangen am besten mit den Basics an. Fertig? Ich spiel jetzt mal die Redakteurin, ja?« Er räuspert sich. »Also, Herr Möller, aus welchen Gründen setzt sich denn Ihr Arbeitskreis gegen die medizinisch nicht indizierte Knabenbeschneidung ein?«

»Nun ja …« Auch ich räuspere mich. »Die Zirkumzision, also die irreversible Amputation der Penisvorhaut bei

Jungen, ist ja zuerst einmal ein riskanter und schmerzvoller operativer Eingriff, bei dem ein Großteil des sensiblen Gewebes am Penis entfernt wird.«

»Etwa siebzig Prozent«, fügt Beate hinzu.

»Ich weiß.«

»Dann sag es auch.«

»Aber …«

»Nichts aber!« Sie schaut mich streng an. »Zahlen sind immer gut, je konkreter, desto besser.«

»Na gut.« Ich suche nach dem roten Faden. »Aus ethischer Perspektive stellt das einen massiven Eingriff in das Selbstbestimmungsrecht und das Recht eines Menschen auf körperliche Unversehrtheit dar, und das ist höher zu bewerten als die religiösen Vorstellungen der Eltern.« Ich muss einen Moment überlegen. »Medizinische Argumente für eine Vorhautamputation fallen aus heutiger Sicht zudem weg, da Vorhautverengungen, das weiß man inzwischen, der Normalfall sind. Hier hat unter Kinderärzten in den letzten Jahren ein entschiedenes Umdenken stattgefunden, wie auch der Bundesverband der Kinder- und Jugendärzte meint.«[84]

»Sehr gut.« Beate lächelt, wenn auch kaum erkennbar, aber immerhin zum ersten Mal. »Aber ist die Vorhautbeschneidung denn nicht nur eine Bagatelle, wie das Stechen von Ohrlöchern?«

»Nein, und zwar aus fünf Gründen nicht! Erstens wird bei der Beschneidung so viel Gewebe entfernt – etwa fünfzig Prozent der Penishaut! –, dass Sie es eher mit der Amputation des Ohrläppchens vergleichen müssten. Entsprechend ist zweitens der Schmerz keineswegs miteinander vergleichbar, was auch damit zusammenhängt, dass die Vorhaut etwa 20 000 Nervenenden enthält, was drittens bedeutet, dass dabei das sensibelste Organ des männlichen Körpers entfernt wird. Zudem hat die Vorhaut – viertens – im Gegensatz zum Ohrläppchen eine biologische Funktion.« Ich schaue Beate an und überlege, dann fällt mir auch der fünfte Punkt wieder ein. »Außerdem halten wir auch das Stechen von Ohrlöchern bei Kindern für problematisch, wenn auch weniger als die Amputation der Vorhaut. Unsere Forderung lautet: Jeder Mensch soll selbst entscheiden, ob er genital beschnitten wird oder nicht!«

»Aber Herr Möller!«, schaltet Walter sich nun wieder mit verstellter Stimme ein. »Je später man das macht, desto schlimmer ist es doch! Am besten sollte man es doch daher bei Neugeborenen machen, die erinnern sich doch daran gar nicht!«

»Das hat man lange Zeit geglaubt, ja!« Ich muss grinsen. »Aber so ist das eben mit Glaubensfragen: Früher oder später zerschellen sie an der Wirklichkeit. Früher hat man ja tatsächlich gedacht, Säuglinge könnten keinen Schmerz empfinden, aber leider ist das Gegenteil der Fall! Neugeborene wissen im Gegensatz zu Erwachsenen und älteren Kindern noch nicht, dass der Schmerz vorbeigeht. Daher stößt das Hirn keine Endorphine aus, die den Schmerz erträglicher machen. Ein Mann namens …«

»Boris Zernikow«, hilft Beate mir auf die Sprünge.

»Genau, der leitet das deutsche Kinderschmerzzentrum und hat herausgefunden, dass beschnittene Kinder bei Impfungen signifikant mehr Stresshormone ausschütten, weil sich durch den ungemilderten Beschneidungsschmerz ein spezifisches Schmerzgedächtnis ausbilden kann.«[85]

»Also doch später beschneiden?« Walter lehnt sich zurück. »Im Grundschulalter, wie bei Muslimen?«

»Auch nicht, nein. Ich kann zwar verstehen, dass nur wenige Männer den Mut aufbringen, darüber zu reden, aber mein Kollege Ali Utlu hat bei unserem ersten Treffen eindrucksvoll geschildert, wie er als Fünfjähriger beschnitten wurde – solche Geschichten vergisst man nicht!«

»Das mag ja sein!« Beate zögert kurz, greift dann aber nach einem Schal und wickelt sich diesen provisorisch um den Kopf. »Aber als muslimische Frau sage ich ihnen: Beschnittene Männer sind einfach hygienischer!«

»Ungewaschene beschnittene Männer sind vielleicht hygienischer als ungewaschene unbeschnittene Männer, das mag sein.« Beates Kopftuch irritiert mich etwas, aber sie verzieht keine Miene. »Aber bei heutigen Hygienestandards gibt es keinen Anlass zur Beschneidung – nur zum Waschen!«

»Aber Smega, dieses eklige weiße Zeugs unter der Vorhaut, verursacht doch Gebärmutterhalskrebs!« Sie verzieht das Gesicht. »Sogar die Weltgesundheitsorganisation rät zu Beschneidungen – also?«

»Nun mal eins nach dem anderen, ja?« Ich linse in meine Unterlagen. »Die WHO hat früher erwachsenen Männern – nicht Kindern! – in afrikanischen Ländern mit hoher HIV-Rate zu präventiven Beschneidungen geraten[86], hat diese Empfehlung aber schon vor vielen Jahren zurückgezogen, weil es keinerlei Daten gab, die diese These belegt haben. Im Gegenteil ist die Übertragungsrate von HIV in diesen Gebieten sogar noch angestiegen, vermutlich weil beschnittene Männer beim Sex ohnehin weniger spüren und mit Kondom – das legen Erfahrungsberichte nahe – fast gar nichts mehr merken!« In Vorbereitung auf die Talkshow übe ich schon mal, angesichts dieser ungeheuerlich falschen Behauptungen ruhig zu bleiben. »Und das Gleiche gilt übrigens für die Behauptung, Smegma würde Gebärmutterhalskrebs verursachen – vollkommener Unsinn, keine einzige belastbare Studie belegt dies! Außerdem müssten dann auch

Frauen beschnitten werden, denn Smegma gibt es in der Vagina ebenso!«

»Das ist ja wohl die Höhe!« Beate schimpft jetzt so doll, dass sie ihr Kopftuch festhalten muss. »Sie wollen ja wohl kaum die weibliche mit der männlichen Beschneidung in einen Topf werfen!«

»Das habe ich zwar nicht getan, aber …« Ich atme einmal durch, denn jetzt wird es wirklich heikel. »… letztlich ist die Genitalbeschneidung bei Männern durchaus vergleichbar mit der bei Frauen.«

»Was?!«, schreit Beate mich an. »Sind Sie verrückt?!«

»Ich weiß, das Thema ist schwierig, aber es gibt schließlich sehr verschiedene Formen der weiblichen Beschneidung, also lassen Sie uns doch bitte einen Moment sachlich bleiben.« Walter streckt seinen Daumen hoch. »Natürlich ist die sogenannte Infibulation, also die komplette Entfernung der äußeren Klitoris und Schamlippen und das anschließende Vernähen der Vagina viel, viel schlimmer als die Vorhautbeschneidung bei Männern. Aber andere Formen der weiblichen Beschneidung, etwa das Anritzen der Klitorisvorhaut, die danach wieder komplett verheilt, sind auch grausam, haben aber weit weniger Folgen für die beschnittenen Mädchen als für beschnittene Männer und sind aber fast weltweit geächtet – zu Recht! Es gibt also keinen einzigen triftigen Grund, Artikel drei des Grundgesetzes zu missachten, nachdem alle Menschen vor dem Gesetz gleich sind – Männer wie Frauen, Jungen wie Mädchen!«

»Aber der Bund zu Gott!«, sagt Walter nun aufgebracht. »Gott hat uns Juden befohlen, unsere Söhne zu beschneiden, um so den Bund zu ihm zu schützen! Ist das etwa kein triftiger Grund?«

»Wollen wir nun religiös diskutieren oder medizinisch?«

»Beides!«

»Na gut! Zuerst einmal finde ich ja sehr spannend, dass dieses Ritual auf die alttestamentarische Geschichte von Abraham zurückgeht, dem Gott befohlen hat, ihm seinen Sohn zu opfern. Dieser Abraham ist ja tatsächlich bereit, seinen eigenen Sohn zu erstechen – sorry, aber was ist das für eine grausame Moral?! Habe ich das denn richtig verstanden, dass die Beschneidung der Jungen wirklich auf diese Geschichte zurückgeht, nur dass Gott nicht mehr der ganze Sohn geopfert wird, sondern bloß noch sein sensibelster Körperteil?«

»Das ist etwas verkürzt ausgedrückt, aber ja!« Walter wird wieder schärfer. »Aber das lassen Sie mal schön unsere Sorge sein, ja? Das Grundgesetz sichert uns schließlich ein uneingeschränktes Recht auf die Ausübung unserer Religion zu.«

»Ihr Grundrecht auf Religionsausübung würde durch ein Verbot der Zwangsbeschneidung bei Jungen nicht verletzt«, antworte ich wie geübt, »denn dieses Grundrecht gilt nur für Sie persönlich und lässt sich nicht auf Dritte übertragen – auch nicht auf Ihre eigenen Kinder! Jeder Mensch hat das Recht, sein Kind religiös zu erziehen: muslimisch, jüdisch, christlich, buddhistisch, esoterisch – wie auch immer. Es gibt ja sogar das Recht, Kinder mit einem bestimmten Glauben zu indoktrinieren, obwohl sie noch viel zu jung sind, sich intellektuell dagegen zu wehren! Wir finden das nicht gut, aber das ist ein anderes Thema. Doch so wie jedes andere Recht auch, hört Ihr Recht auf Religionsausübung dort auf, wo das Recht des anderen beginnt – und in diesem Fall eben an der Vorhaut! Vor dem Grundgesetz ist jeder Mensch gleich, und so haben Jungen wie Mädchen vollkommen unabhängig von den religiösen Überzeugungen ihrer Eltern das gleiche Recht auf körperliche Unversehrtheit. Wenn wir dieses Recht missachten, bezeichnet sich die Bundesrepublik Deutschland zu Unrecht als Rechtsstaat!«

»Aber die Abschaffung der Beschneidung ist im Judentum unter keinen Umständen denkbar«[87], sagt Walter nun scharf. »Mit einem Verbot wäre jüdisches und muslimisches Leben in Deutschland de facto nicht mehr möglich!«

»Auch auf die Gefahr hin, dass Sie das jetzt als unerhört empfinden, aber das stimmt einfach nicht.« Wieder muss ich durchatmen, denn bekanntlich mag niemand eifernde Talkshowgäste. »Es gibt in Deutschland, aber auch in anderen Teilen der Welt, in Israel, in den USA, aber auch in muslimisch geprägten Ländern zahlreiche Menschen, die sich eindeutig gegen die Zwangsbeschneidung bei Jungen aussprechen und sich trotzdem als vollwertige Gläubige verstehen. Also bitte: keine leeren Drohgebärden, damit laden Sie die Debatte emotional unnötig auf!«

»Gut, dass Sie die USA ansprechen …« Auch Walter scheint nun ganz in seinem Element zu sein. »Wenn die Beschneidung dem Wohl der Jungen eher schadet als nützt, Herr Möller, warum wird sie denn dann in den USA immer noch durchgeführt?«

»Das klingt ja fast so, als glaubten Sie, dass in den USA nur sinnvolle Dinge getan werden!« Ich grinse und nehme mit großer Freude wahr, dass auch Beate mal lächeln muss. »Aber ganz im Ernst, die Geschichte der Beschneidung ist eine Geschichte, wie sie vielleicht nur in den USA passieren kann. Dort wurde sie vor ungefähr 150 Jahren eingeführt, aber nicht etwa aus hygienischen Gründen, sondern ganz offiziell als Methode, Selbstbefriedigung zu erschweren und zu bestrafen. Und es war kein Geringerer als John Harvey Kellog, der nicht nur die Cornflakes erfunden, sondern auch die Beschneidung als wirksames Mittel gegen die Lust am eigenen Körper propagiert hat. Er hat sogar geschrieben, dass sie ohne Betäubung durchgeführt werden soll, damit der Junge sich immer an den kurzen Schmerz erinnert, und bei Mädchen hat er unverdünnte Säure auf der Klitoris empfohlen, um die sexuelle Lust effektiv zu mindern.[88] Medizinisch-hygienische Argumente wurden in den USA erst viel später dazuerfunden, und seitdem das klar ist, gehen die Zahlen der routinemäßigen Beschneidungen konstant runter, von über 90 Prozent in den siebziger Jahren auf heute unter 50 Prozent!«

»Puh!« Beate streift sich das Tuch vom Kopf. »Pause?«

»Nee, ich bin gerade so schön in Fahrt!« Ich nehme einen Schluck kalten Kaffee. »Gefällt mir auch gut mit der Übungssituation, lasst uns doch weitermachen!«

»Wir sind auch gleich durch«, sagt Walter und verstellt dann wieder seine Stimme. »Ich finde außerdem immer noch, dass ein Beschneidungsverbot ein Eingriff in die Religionsfreiheit wäre – und die ist in Deutschland oberstes Gebot!«

»Oberstes Gebot ist sie nicht, nein, das Recht eines Menschen auf körperliche Unversehrtheit ist höher zu bewerten«, pariere ich schnell. »Außerdem geht es uns nicht um ein generelles Beschneidungsverbot, sondern um ein Verbot der Zwangsbeschneidung an Minderjährigen. An diesem Begriff erkennt man schon, dass wir die Religionsfreiheit damit sogar stärken würden – und zwar die der Kinder und Heranwachsenden! Denn durch die Beschneidung werden sie ganz offen als Mitglied einer bestimmten Herde gebrandmarkt. Zwar können sie ihr religiöses Bekenntnis später immer noch widerrufen – wenn sie nicht erfolgreich indoktriniert wurden –, aber nicht umsonst hat sogar mal ein muslimischer Arzt empfohlen, die Beschneidung nicht erst bei Sechzehnjährigen, sondern deutlich früher vorzunehmen – weil bis dahin die

Gefahr zu groß ist, dass Jugendliche sich darüber informiert haben.«

»Aber unbeschnittene Jugendliche, das weiß ich genau«, sagt Beate, die sich nun wieder das Kopftuch umgebunden hat, »werden innerhalb der muslimischen Community gemobbt. Schon deswegen sollten Sie beschnitten werden!«

»Sie wollen also ehrlich sagen: Lassen Sie uns unsere Söhne beschneiden, sonst grenzen wir sie aus?« Ich schaue Beate scharf an. »Ist das Ihr Ernst?!«

»Aber ich kenne keine einzigen muslimischen Mann«, hält sie dagegen, »der unzufrieden ist mit seiner Beschneidung!«

»Dann soll er es doch machen lassen – als Erwachsener! Und dass Sie keinen kennen, heißt nicht, dass es keine solchen Männer gibt.« Ich muss ein bisschen lachen, denn diese Milchmädchenargumentation ist auch außerhalb der Beschneidungsdebatte nicht selten – der klassische Wahrnehmungsfehler. »Außerdem sind die allermeisten Männer aus Ihrem Umfeld vermutlich beschnitten worden, lange bevor sie erste sexuelle Erfahrungen gemacht haben und wissen daher überhaupt nicht, wie sich Sex oder Selbstbefriedigung mit Vorhaut und intakter Eichel anfühlt. Außerdem müssten solche Männer zwei schmerzhafte Dinge einräumen: Erstens, dass ihre Eltern ihnen unrecht getan haben, wenn auch unbewusst, und zweitens, dass ihr Penis zwar funktionsfähig, aber eben nicht mehr vollständig ist.«

»Aber keiner von denen sagt, dass es weh getan hat – wirklich nicht! Außerdem …« Ein vorsichtiges Lächeln umspielt ihre Mundwinkel. »… sagt man ja, dass beschnittene Männer länger können. Wäre Beschneidung nicht fair den Frauen gegenüber?«

»Stellen Sie sich dieses Argument bitte einmal umgekehrt vor«, sage ich ruhig. »Männer würden sich für die

Genitalbeschneidung an weiblichen Babys und Kindern aussprechen, weil sie dann später mehr Spaß mit ihnen im Bett haben könnten. Wollen Sie vielleicht mal einen Moment darüber nachdenken?«

»Kommen wir mal wieder zum sachlichen Teil!«, unterbricht Walter mich mit seiner echten Walter-Stimme. »Gehen wir also mal davon aus, dass Ihre Meinung sich durchsetzt …«

»Meine Meinung – und die von so ziemlich allen Ärzteverbänden und Juristen, genau.«

»Ja ja!« Walter klingt gereizt. »Wie stellen Sie sich das dann vor? Soll die deutsche Polizei dann Moscheen und Synagogen stürmen, in denen Beschneidungen durchgeführt werden? Oder Krankenhäuser?«

»Nein, perspektivisch halten wir das Strafrecht nicht für das richtige Instrument im Kampf gegen Zwangsbeschneidung.«

»Sondern?«

»Aufklärung! Wir sind dafür, Zwangsbeschneidung in einer Übergangsphase so zu behandeln, wie es das Kölner Landgericht getan hat: als Körperverletzung zu verurteilen, aber nicht zu ahnden. In dieser Zeit sollten Eltern breitenwirksam und in vielen Landessprachen über die Risiken und Komplikationen der Operation, aber auch über mögliche Langzeitfolgen aufgeklärt werden.«

»Was sind denn die Risiken der Operation?«, will Beate wissen, die ihr Kopftuch inzwischen abgelegt hat.

»Sogar bei optimalen Bedingungen ergeben sich in ungefähr zwanzig Prozent der Fälle Komplikationen, wie Nachblutungen, Infektionen, Geschwüre, Verengung der Harnröhre, und so weiter. In dramatischen Einzelfällen muss infolge der Beschneidung sogar der gesamte Penis amputiert werden, und im Zusammenhang mit der erforderlichen Narkose kam es in Deutschland schon zu Behinderungen und auch zu Todesfällen. In den USA sterben einer Studie zufolge jährlich mehr als einhundert Kinder an den Folgen einer Infektion nach der Beschneidung,[89] und Schätzungen gehen davon aus, dass weltweit mehrere tausend Jungen die Folgen dieser Operation nicht überleben.[90]«

»Und warum ist das nicht bekannt?«, fragt Beate.

»Ist es doch, solche Studien sind für jedermann einsehbar – aber Einsehen ist eine seltene Kunst im Zusammenhang mit religiösen Überzeugungen!«

»Aber meinen Sie denn nicht, dass dann alle zum Hinterhofbeschneider laufen, der diese OP unter schlechteren Bedingungen durchführen würde?«

»Schon wieder so eine Drohung – lassen Sie uns doch bitte sachlich bleiben! Wenn Eltern ausreichend aufgeklärt sind, vor allem auch über die hohen Risiken einer Hinterhofbeschneidung – die in jedem Fall eine handfeste Straftat ist! –, wird es eher zu einem Beschneidungstourismus kommen, der in den Heimatländern der Eltern stattfindet. Weil das auf Dauer aber zu aufwendig sein wird, zu teuer, wird das Verbot eine Signalwirkung haben – und die Fälle von Zwangsbeschneidungen werden kontinuierlich sinken.«

»Okay!« Beate streift das Tuch ab und wirft es davon. »Ich kann nicht mehr – lasst uns Mittagspause machen!«

Etwas erschöpft stimmen Walter und ich zu und versuchen, im Restaurant aus Rücksicht auf andere Gäste weniger brisante Dinge zu besprechen als akute Phimosen, Vaginalverstümmelung und Impotenz, scheitern dabei aber kläglich. Zurück im Büro beschäftigen wir uns alle mit der Verschriftlichung der Antworten, dann ist es endlich so weit: Mein Telefon klingelt.

»Philipp Möller, hallo!« Lautlos schlagen Beate, Walter und ich ein. »Schön, dass Sie anrufen …«

»Das sagen Sie jetzt«, antwortet die freundliche Stimme aus dem Telefon. »Aber ich will es kurz und schmerzlos machen: Die Redaktion hat sich nun doch für einen anderen Talkgast entschieden – wir ziehen unsere Einladung hiermit zurück!«

»Bitte?« Ich spüre einen Schmerz in der Magengrube. »Wieso das denn?!«

»Das sind redaktionsinterne Gründe, Herr Möller, das kann ich Ihnen nicht sagen.« Sie seufzt. »Es tut mir unendlich leid, und ich hoffe, dass wir Ihnen keinen Aufwand verursacht haben!«

»Na ja …« Ich lehne mich zurück und überblicke die seitenweise Notizen, die ich mir gemacht habe. Und ärgere mich. »Ein bisschen schon, ja. Aber wir arbeiten ja sowieso an dem Thema – alles gut!«

Nichts ist gut, klar, aber gegenüber einer solchen Redaktion sagt man vermutlich besser nicht: Hättet ihr euch das nicht früher überlegen können?! Zumindest nicht, wenn man den Redakteuren von Anne Will in guter Erinnerung bleiben möchte …

Und so zieht sich die Debatte ohne meinen Auftritt durch Deutschland, wo das Thema in zahlreichen Artikeln behandelt wird. Doch das vielleicht blödeste Statement dazu kommt von fast ganz oben:

»Ich will nicht, dass Deutschland das einzige Land auf der Welt ist, in dem Juden nicht ihre Riten ausüben können«, heißt es darin. »Wir machen uns ja sonst zur Komiker-Nation.«[91]

Und weil unsere Bundeskanzlerin mit diesem Satz sehr klar gemacht hat, dass der politischen Elite unseres Landes religiöse Riten mehr Wert sind als Kinderrechte, geht ab hier alles sehr schnell: Im August 2012 tritt der Ethikrat zusammen, in dem ein glasklarer Vortrag des Verfassungsrechtlers Reinhard Merkel den wilden Mischungen aus religiösen und pseudo-medizinischen Argumenten eines jüdischen Arztes und eines muslimischen Arztes gegenübersteht. Und am 12. Dezember 2012 ist es dann so weit: Die Mitglieder des Bundestages stimmen für die Verabschiedung des ersten und einzigen Gesetzes in Deutschland ab, das nicht für beide Geschlechter gilt:

»Die Personensorge umfasst auch das Recht, in eine medizinisch nicht erforderliche Beschneidung des nicht einsichts- und urteilsfähigen männlichen Kindes einzuwilligen«, steht seitdem in Paragraph 1631d des Bürgerlichen Gesetzbuches[92], »wenn diese nach den Regeln der ärztlichen Kunst durchgeführt werden soll.« Weil die jüdische Beschneidungstradition allerdings vorsieht, dass die Vorhaut nicht von einem Arzt, sondern von einem Mohel durchgeführt wird, könnte der zweite Teil des ersten Absatzes ein Problem darstellen, also hat sich die von uns gewählte Regierung noch einen zweiten Absatz einfallen lassen: »In den ersten sechs Monaten nach der Geburt des Kindes dürfen auch von einer Religionsgesellschaft dazu vorgesehene Personen Beschneidungen gemäß Absatz 1 durchführen …«

Zusammenfassend lässt sich also sagen, dass auf deutschem Boden ausschließlich Mädchen vor rituellen Genitalbeschneidungen geschützt sind; Jungen, die älter als sechs Monate sind, haben immerhin ein Recht darauf, dass ihre Vorhaut nur nach den Regeln der ärztlichen Kunst amputiert werden darf; den geringsten gesetzlichen Schutz vor Genitalbeschneidung genießen aber männliche Säuglinge, denn an ihren Genitalien dürfen auch Menschen Operationen vornehmen, die keine Ärzte sind, sondern von Religionsgemeinschaften dazu ausgebildet wurden – bitte?!

Eine gesetzliche Garantie also, genital intakt und damit sexuell voll empfindungsfähig zu sein, gilt im 21. Jahrhundert in der Gottesrepublik Deutschland nur für Mädchen und für Söhne, deren Eltern Verstand vor Verblendung haben walten lassen – oder rechtzeitig Informationen erhalten haben, um ihre Entscheidung zu überdenken.

Wie aber sähe nun gottloses Glück an der Schnittstelle zwischen Religion und Rechtsstaat aus?

Nun, wie üblich wäre dieses Glück durch Aufklärung und Selbstbestimmung geprägt: Volljährige Menschen beider Geschlechter, die in einem ärztlichen Aufklärungsgespräch sämtliche Fakten und Risiken einer Schönheitsoperation erfahren haben, können in einem gottlos glücklichen Rechtsstaat ohne Probleme solche Eingriffe vornehmen lassen. Da urologische Praxen jedoch nur Genitalbeschneidungen vornehmen, wenn sie medizinisch nötig sind, müsste wohl in einem Großteil der Fälle ein Besuch beim plastischen Chirurgen her. Und weil diese ganz besondere Art von Arzt sich wohl kaum mit den dreihundert Euro begnügen würde, die der Urologe bisher dafür verlangt, dürften die Zahlen intakter Genitalien wohl kontinuierlich steigen.

Wer sich aber im Deutschland des 21. Jahrhundert darauf beruft, im Namen eines Gottes zu handeln, dem wird per Gesetz Narrenfreiheit garantiert – weshalb ich Olgun und Saliha nicht verstehe, die wir etwa ein Jahr nach der Verabschiedung des Gesetzes zu Hause besuchen.

»Das war ganz schlimm«, erzählt Olgun, »seine Vorhaut war so stark zugewachsen, dass sich beim Pipimachen ein richtiger Ballon gebildet hat.«

»Wir haben wirklich alles probiert«, erklärt Saliha hingegen, »aber am Ende mussten wir ihn aus medizinischen Gründen beschneiden lassen – hat unser Arzt so empfohlen!«

Das erklärt dann wohl auch das professionelle Foto, das in Samis Zimmer hängt – auf dem er das traditionelle türkische Beschneidungskostüm trägt.

Außen Kopftuch, innen Allah?

»Ich kündige!« Franziska schaut zuerst meine Vorstandskollegin und dann mich an. »Tut mir auch leid, dass euch das jetzt trifft, aber ich bin hier schon länger nicht mehr zufrieden.«

»Und die Kinder?«, will meine Kollegin wissen. »Was ist mit …«

»Denen sage ich es morgen.« Sie schlägt ihre Beine übereinander und verschränkt ihre Arme. »Meine Entscheidung ist getroffen, das war's!«

Na super. Stress. Purer Stress ist das. Dabei hätte ich es wissen müssen, als ich mich zur Wahl gestellt habe. Weil ich aber nun einmal zu den Typen gehöre, die bestimmte Anfragen einfach nicht ablehnen können, habe ich zugesagt – und jetzt habe ich den Salat: Ich bin erster Vorsitzender unseres elterninitiativen Kinderladens, kurz Kila, den Klara und Anton besuchen. Das Grundprinzip dieser Art pädagogischer Einrichtungen besteht darin, dass Eltern einen eingetragenen Verein gründen, der dann Träger des Kinderladens wird. Dieser Verein hat einen Vorstand, und dieser Vorstand ist schließlich offizieller Arbeitgeber für das angestellte pädagogische Personal. Und wenn mal jemand kündigt? Tja, dann muss eben Ersatz gesucht werden …

Die Anzeige ist schnell geschaltet, und so erreichen uns schon wenige Tage später die ersten Bewerbungen. Natürlich ist unser Kila ein politisch höchst korrekter und durchtrieben basisdemokratischer Ort – ganz im Geiste der Zeit, in dem das Konzept der Kinderläden aufkam. 1967 war das, als Eltern ihre Kinder in Freiheit wollten aufwachsen sehen und deswegen das Konzept der antiautoritären Erziehung einführten, das in staatlichen, vor allem aber in kirchlichen pädagogischen Einrichtungen nicht gern gesehen war. Im berühmten Jahr 1968 sprossen Kinderläden dann vor allem in Berlin, aber auch in Stuttgart und in Hamburg wie Pilze aus dem Boden und wurden zur geistigen Heimat für Spontis, die notorischen Gegner des Establishments, und für den Aktionsrat zur Befreiung der Frau.

Meine Frau Sarah ist selbst Kila-Kind, ihre Mutter ist Hippie und war immer Kila-Mutti, und auch ich bin mit der vollkommen selbstverständlichen Überzeugung von Selbstbestimmung und Gleichberechtigung aufgewachsen. Nach unseren Erfahrungen bei der Suche nach einem Betreuungsplatz für Klara stand für uns fest: Städtische Kindergärten sind oft überfüllt, deren Personalschlüssel nicht selten eine Katastrophe, und dort einen Platz zu bekommen erinnert manchmal an den Kauf eines Trabbis in der DDR, der schon vor Geburt des Kindes bestellt werden musste. Kirchliche Kindergärten hingegen haben den offiziellen Auftrag, die Kleinsten im religiösen Glauben zu erziehen und kamen daher für uns auch nicht in Frage, also entschieden wir uns – passend zu unserer eigenen Geistesfreiheit – für einen Kinderladen.

Und nun habe ich den Salat und muss Personalentscheidungen treffen.

Weil ich diese Entscheidung aber zum Glück nicht allein treffen muss, treffe ich heute Nachmittag meine Vorstandskolleginnen und unsere Erzieherinnen im Essraum des Kinderladens. Hier riecht es noch nach Kartoffelbrei und Spinat, wir sitzen auf Stühlchen an Tischchen, essen

Kekschen von Tellerchen und trinken gefiltertes Wasser aus Tässchen.

Erfreulich ist hingegen, wie schnell wir mit den Bewerbungen vorankommen, und wie einig wir uns dabei weitestgehend sind – ein echter Vorteil, wenn Menschen zusammenarbeiten, die allein schon durch ihre Arbeit in einem Kinderladen offenbar eine gewisse politische Basis miteinander teilen.

»Okay, das geht ja gut voran«, sagt meine Vorstandskollegin und zieht die nächste Bewerbung aus dem Stapel. »Dann kommen wir jetzt zu Medina Al-Wahibi – eure Meinungen?«

»Macht einen total netten Eindruck«, sagt eine Erzieherin, »gute Qualifikationen« die nächste und »ich würd die einladen« eine andere.

»Und du, Philipp?« Alle schauen mich an. »Was hältst du von Frau Al-Wahibi?«

»Tjaaa…« Unmut steigt in mir auf, denn bisher ist meine Haltung zu ihr eher emotional als professionell. »Ich kann ihre Qualifikation nicht ganz einschätzen«, beginne ich vorsichtig, »aber …«

»Aber?!« Unsere Auszubildende Bettina, die bei uns wirklich gute Arbeit leistet, schaut mich mit zusammengekniffenen Augen an. »Hast du irgendein Problem mit Frau Al-Wahibi, Philipp?«

»Das weiß ich noch nicht.« Ich zähle innerlich bis drei, dann halte ich ihr Foto hoch: Es zeigt eine junge, freundlich blickende Frau mit rot angemalten Lippen, mit großen, dunklen und stark geschminkten Augen – und einem reichhaltig verzierten und aufwendig gesteckten Kopftuch, das fein säuberlich jeden Quadratzentimeter ihrer Haare abdeckt. »Aber ehrlich gesagt tue ich mich schwer mit ihrer religiösen Kopfbedeckung.«

Im gesamten Raum werden jetzt Augenbrauen hochgezogen, Lippen aufeinandergepresst, die Auszubildende schüttelt den Kopf.

»Vielleicht kann ich das ja kurz erklären«, werfe ich schnell ein, »bevor es hier zu Missverständnissen kommt.«

»Zu spät«, sagt Bettina und schaut demonstrativ aus dem Fenster.

»Ich will das wissen!« Unsere dienstälteste Erzieherin, Sabine, die den Kila in den 1980er Jahren mit gegründet hat, und von der alle wissen, dass sie in einer lesbischen Beziehung lebt, legt ihren Stift weg. »Dann lass' mal hören.«

»Nun gut!« Ich räuspere mich. »Wenn mich nicht alles täuscht, sind elterninitiative Kinderläden aus einer Bewegung entstanden, die sich gegen elitäre Herrschaftsstrukturen und für die Rechte des Individuums eingesetzt hat, speziell für die Rechte von Frauen.« Sabine nickt, doch Bettina nimmt mich wieder ins Visier. Nervös rücke ich meinen Hintern auf dem Stühlchen zurecht, das nur einer meiner Pobacken Platz bietet. »Sarah und ich geben unsere Kinder hier jeden Tag in dem guten Wissen und Gewissen ab«, sage ich mit Blick zum Team der Erzieherinnen, »sie einer Atmosphäre der Freiheit und der Gleichberechtigung zu überlassen – und eurer entsprechenden Weltanschauung. Ich weiß ja nicht, wie es euch geht, aber für mich steht das Kopftuch von Frau Al-Wahibi als Zeichen des Islam eindeutig im Konflikt mit den Wertvorstellungen, die wir unseren Kindern vermitteln – deswegen tue ich mich schwer damit, dass sie hier Erziehungsarbeit leisten soll.«

»Also wir kennen ja deine Haltung zur Religion, Philipp, und ich teile die auch. Aber das hier …«, schimpft Bettina mich jetzt offen an, »ist so was von intolerant – und arbeitsrechtliche Diskriminierung!«

»Moment mal«, schaltet sich nun Sabine ein. »Es könnte

natürlich sein, dass Frau Al-Wahibis Kopftuch nur Mode ist, und …« Sie holt tief Luft und schaut Bettina an. »In anderen Jobs wäre mir das auch vollkommen schnuppe – denn solange sie meine Lebensform akzeptiert, tue ich das auch mit ihrer! Aber ich finde die Verschleierung von Frauen höchst problematisch.« Jetzt schaut Sabine Bettina mit zusammengekniffenen Augen an. »Die persönliche Religiosität der Frau interessiert mich kein bisschen, aber ich gebe Philipp recht: In einer pädagogischen Einrichtung haben religiöse Symbole und Überzeugungen nichts zu suchen.« Fragend schaut sie in die Runde. »Gibt es dazu nicht auch ein passendes Gerichtsurteil?«

»Ihr wisst doch überhaupt nicht, ob sie religiös ist!« Bettina knallt ihren Stift auf das Tischchen. »Und das geht euch auch nichts an, verdammt nochmal. Das allgemeine Gleichbehandlungsgesetz verbietet religiöse Diskriminierung am Arbeitsplatz – ich sage: Frau Al-Wahibi ist geeignet, wir müssen sie einladen!«

Na super, Möller, da hast du ja wieder mal was losgetreten. Angesichts der Lage schlägt meine Vorstandskollegin vor, die Entscheidung zu Frau Al-Wahibis Bewerbung an einem anderen Tag zu besprechen, was von allen dankend angenommen wird – außer von Bettina, die bis zum Ende unseres Meetings aus dem Fenster schaut und den Kila schließlich grußlos verlässt.

Auch ich gehe nachdenklich nach Hause. Hat Bettina vielleicht recht? Resultiert meine Argumentation bloß aus der Aversion, die ich dem politischen Islam gegenüber empfinde? Diese Aversion kann ich zwar sehr gut begründen – ein Blick in die Scharia und den Koran oder in die Nachrichten aus islamisch regierten Ländern reicht schließlich aus –, aber schütte ich vielleicht das Kind mit dem Bade aus, wenn ich eine Frau, die sich per Kopfbedeckung zum Islam bekennt, nicht mit der Aufgabe betreuen will, Kinder zu erziehen – vor allem meine?! Dass ihre Verschleierung ein klares Bekenntnis zum Islam ist, dürfte wohl zweifelsfrei sein, aber vielleicht spielt das in ihrer Erziehungsarbeit ja überhaupt keine Rolle. Vielleicht vermittelt sie den Kids ja trotz ihrer Verschleierung, dass Männer und Frauen gleichberechtigt sind. Und dass jeder Mensch selbst entscheiden kann, wen er liebt, egal ob Mann oder Frau. Und dass jeder Mensch frei wählen darf, an welchen Gott er glaubt, oder ob er überhaupt religiös sein will. Und dass manche Menschen eben an den einen Gott glauben, die anderen an einen anderen und die meisten – zumindest in der Berliner Heimat unserer Kinder – eben an keinen Gott. Und dass es mit diesen unterschiedlichen Haltungen überhaupt kein Problem gibt.

Möglich ist das ja – auch wenn sie selbst mit dem Kopftuch das Symbol einer Ideologie trägt, bei der nicht nur in den Quelltexten steht, sondern deren Führungsriege auch in Deutschland ganz aktuell vertritt, dass Frauen Männern untergeordnet sind, dass Homosexualität eine Sünde ist, dass der Mensch nicht im Laufe der Evolution entstanden, sondern vom einzig existierenden Gott erschaffen wurde, dessen Gesetze über denen stehen, die Menschen untereinander ausgehandelt haben.

Aber müsste ich dann nicht auch bei Bewerberinnen skeptisch werden, die ein Kreuz an einer Halskette tragen? Immerhin gilt der gesamte vorherige Abschnitt auch für nicht wenige offizielle Vertreter des Christentums.

Aber vielleicht ist Frau Al-Wahibis Verhältnis zur Religion ja ähnlich wie das der meisten in Deutschland lebenden Christen, und sie trägt das Kopftuch entsprechend nicht aus einer islamisch-politischen Überzeugung, sondern aus einer rein privaten. Oder weil sie sich durch ihre kulturelle Zugehörigkeit dazu verpflichtet fühlt? Oder vielleicht doch dazu verpflichtet wird? Eventuell trägt sie es ja auch vollkommen freiwillig. Doch wie frei kann der Wille einer Person eigentlich sein, wenn sie aufgewachsen ist in der festen Überzeugung, nur eine verschleierte Frau sei eine gute Frau?

Oje, vermutlich werde ich die Antworten darauf nie erfahren, denn wenn wir sie einladen, dürfen wir all diese Fragen nicht stellen – weil sie auf ihre Religion abzielen, weshalb sie durch das AGG, das Allgemeine Gleichbehandlungsgesetz verboten sind. Deutlich einfacher wäre das in einer der 17 500[93] christlichen Kitas deutschlandweit, denn die sind durch Absatz 9 und Absatz 20 von diesem Gesetz ausgenommen.

»Sehr geehrte Frau Al-Wahibi«, könnte deren Leitung ohne Probleme antworten, »wir danken Ihnen ganz herzlich für Ihre Bewerbung, sehen aber von einer Einladung zum Bewerbungsgespräch ab. Als christliche Erziehungseinrichtung haben wir nämlich die offizielle Aufgabe, Kinder im christlichen Glauben zu erziehen, und sind daher staatlich dazu berechtigt, bei einer Einstellung in unserem Hause die Mitgliedschaft in unserer Religionsgemeinschaft vorauszusetzen.«

Nach momentan geltendem Recht hätte kein Anwalt eine Chance darauf, diese Antwort anzufechten. Dass christliche Kitas zu 85 Prozent und mit 1,7 Milliarden Euro aus staatlichen Mitteln finanziert werden[94], ist dabei genauso irrelevant wie Artikel 1 unseres Grundgesetzes, nach dem alle Menschen in Deutschland die gleichen Rechte haben. Denn das Privileg eines eigenen Arbeitsrechts, nach dem Menschen, die nicht der eigenen Religion angehören, diskriminiert werden dürfen, gilt für sämtliche religiösen Einrichtigungen.

Wir als Kinderladen hingegen sind ein eingetragener Verein und unterliegen damit den Gesetzen der Bundesrepublik Deutschland. Wenn wir also wissen wollen, ob eine pädagogische Fachkraft zu uns passt, dann müssen wir auf anderem Wege herausbekommen, ob sie die Prinzipien unserer offenen Gesellschaft anerkennt. Aber wie?

Sollen wir sie vielleicht fragen, wie sie zu gleichgeschlechtlichen Lebenspartnerschaften steht? Oder ob sie die Evolution als millionenfach belegte Tatsache anerkennt? Oder ihre Haltung zur Religionsfreiheit abklopfen? Oder glasklar gefragt:

Wie lässt sich feststellen, ob die Weltanschauung eines Pädagogen dazu geeignet ist, Kinder bei der Entwicklung zu selbstbestimmten Individuen in eine offene Gesellschaft zu begleiten?

Denn nicht weniger als das muss letztlich der Anspruch sein, den wir an Pädagogen haben sollten. Das bedeutet keinesfalls, dass Kinder gottlos glücklich werden sollen – aber möglichst selbstbestimmt und zufrieden. Ich meine, in einem säkularen Staat müssen Kinder nach und nach alle Informationen über diese Welt erhalten, die wir bereits gesammelt haben, damit sie später selbst entscheiden können, ob und woran sie gegebenenfalls glauben wollen – das ist die Grundlage von Aufklärung und Selbstbestimmung.

Mir brummt der Schädel, als ich zu Hause ankomme. Dort verbringe ich einen nachdenklichen Nachmittag mit meinen beneidenswert sorgenfreien Kids, und als die beiden schlafen, schmeiße ich mich auf die Couch, schnappe mir das Tablet und suche nach dem Gerichtsurteil, das Sabine vorhin angesprochen hat. Innerhalb von 0,44 Sekunden findet Google knapp 100 000 deutschsprachige News zum Thema Kopftuch – und listet dabei ganz oben einen aktuellen Fall aus Stuttgart[95] auf, dessen Kern schnell erzählt ist:

Eine muslimische Kopftuchträgerin bewirbt sich als Zahnarzthelferin bei einem Zahnarzt und erhält per Mail die Absage mit den Worten »Wir stellen keine Kopftuchträgerinnen ein«.

Uff. So einfach kann man es sich natürlich auch machen, aber das wird wohl Ärger geben. Der Herr Doktor wird jedoch noch deutlicher: »Wir verstehen auch nicht, wie Bewerberinnen sich diese Toleranz vorstellen.«

Ich lehne mich zurück und raufe mir die Haare – bin ich etwa ähnlich verbohrt wie dieser Zahnarzt? Ist der überhaupt verbohrt, oder ist es sein gutes Recht, die Dame abzulehnen? Und was bedeutet in diesem Zusammenhang eigentlich Toleranz?

»Etwas erdulden oder ertragen«, spuckt meine Erinnerung aus und wird von der Suchmaschine bestätigt, übersetzt aus dem lateinischen *tolerare*. Und als Beispiel wird hier nicht nur die philosophische und politische Dimension des Begriffes angeführt, sondern eine zusätzliche, ganz unerwartete: die technische.

Erinnerungen an ein sehr kurzes und fast vergessenes Kapitel meines Lebens werden wach. Kurz nach meinem Zivildienst hatte ich die Schnapsidee, Theater- und Veranstaltungstechnik zu studieren, doch noch bevor der verantwortliche Professor mich darüber aufklärte, dass ich damit stets hinter den Kulissen arbeiten und nicht auf diesen Bühnen stehen werde – woraufhin ich schlagartig das Interesse daran verlor –, absolvierte ich das nötige Vorpraktikum in einem Maschinenbaubetrieb.

In einer Kreuzberger Werkstatt feilte ich also wochenlang an meiner Feiltechnik, bohrte Löcher in Stahl, schnitt Gewinde hinein, montierte Steckdosen in Maschinen und machte dabei auch mal die Bekanntschaft mit 220 Volt auf

16 Ampere, die nach Adam Riese mit 3680 Watt durch meine Nervenbahnen zuckten und mir dabei eindrucksvoll veranschaulichten, was ich im Physikunterricht nie so recht kapieren wollte: v mal a gleich w, wobei w hier offensichtlich für Wahnsinnsschmerzen steht.

»Jetzt sind'se wach, he?«, brüllte mein Chef mich damals an, ein cholerischer Workaholic, der von 6 bis 20 Uhr mit hochrotem Kopf durch die Werkstatt rannte und seine Angestellten zusammenschiss. »Sie schnappen sich jetzt den Bauplan hier«, schrie er weiter, »und fertigen das Teil an, klar?!«

Er drückte mir eine Skizze in die Hand, auf der ganz oben stand: ±1.

»Was heißt denn das hier?«, wollte ich wissen und zeigte auf das Plus-Minus-Zeichen.

»Das ist die Toleranz!«, brüllte er mich an. »Ein Millimeter – was denn sonst?!«

»Und … was bedeutet das?«, fügte ich vorsichtig hinzu.

»Manometer, ihr Studenten von heute wisst aber auch gar nix mehr!« Außer sich vor Wut entriss er mir den Zettel und schrie jetzt so laut, dass er zwischendurch Luft holen musste. »Toleranz ist die maximale Abweichung … von der Norm! … Wenn hier also zehn Millimeter steht … dann muss das Bauteil …«

»… mindestens neun und höchstens elf Millimeter lang sein?«, erlöste ich ihn von seiner Atemlosigkeit und dachte, er würde jeden Moment umkippen. Stattdessen aber griff er mich an der Schulter und zog mich zu einer der Maschinen, die kurz vor der Fertigstellung standen.

»Das Teil hier verschicken wir für 'ne knappe Million Euro nach Indochina!« Er brüllte jetzt wieder ganz normal und riss eine Tür am Rand der riesigen Maschine auf, die locker so groß war wie eine Heimsauna. Gemeinsam blickten wir in ihr höchst kompliziertes Innenleben, das aus tausenden Einzelteilen bestand. »Ob das Kabel hier ein bisschen zu lang oder zu kurz ist – scheißegal, Hauptsache es ist da, denn als Verbindung ist es wichtig! Aber wenn von den sensiblen Teilen der Maschine auch nur EIN EINZIGES Teil den Toleranzwert überschreitet, dann bricht das ganze System zusammen! Und jetzt frag ich Sie.« Er schrie wieder wie bekloppt: »Was passiert dann wohl?!«

»Dann bleibt die Maschine stehen?«

»Genau!« Sein Speichel landete in meinem Gesicht. »Dann is alles im Arsch – kapiert?!«

»Jawohl!« Ich konnte mir gerade noch verkneifen zu salutieren.

»Und wann haben Sie sich heute morgen eingestempelt?«

»Um sieben Uhr, wie Sie ge…«

»Nee! Um sieben Uhr zwei! Bei Toleranz null!« Er rammte mir die Skizze auf die Brust und ließ mich damit stehen. »Noch eine Verspätung, und Sie fliegen hier achtkantig raus. Und jetzt ab an die Arbeit, aber schneller wie der Hund bellt!«

An diesem Abend diskutierte ich nach einem klitzekleinen Joint mit meinem Nachbarn so lange über Toleranzabweichungen in Systemen, dass ich am nächsten Morgen um halb elf wach wurde und nach einem starken Kaffee nur noch in die Werkstatt ging, um ein letztes Mal angeschrien zu werden und meine Sachen abzuholen. Erfüllt hätte mich ein Dasein als Veranstaltungstechniker ohnehin nicht, aber an diesem Tag hatte ich immerhin gelernt, dass die verschiedenen Dimensionen des Toleranzbegriffs vollkommen zu Recht mit dem gleichen Wort bezeichnet werden: Jedes System hat seine Normen, wobei manche Bereiche eine größere Toleranz vertragen als andere, ohne dass das System zusammenbricht. Toleranz ist also nicht immer etwas Gutes, sondern muss Grenzen haben, damit das System stabil bleibt.

In größeren Gesellschaften sind einige Bereiche, wie die Kabel in der Maschine, zwar verdammt wichtig, aber wie genau sie gestaltet sind ist weniger relevant – Hauptsache sie sind da! Mode, bildende Kunst, Musik, Theater, Filme, Architektur, Literatur und Satire, aber auch Bereiche wie Freundschaft oder Liebe vertragen ein extrem hohes Maß an Unterschiedlichkeit. Ihre Existenz ist wichtig, ihre Gestalt jedoch bietet fast unendlich viel Raum für Kreativität.

Andere Bereiche jedoch vertragen weniger Abweichung von der Norm, und das sind die zentralen Elemente der Maschinerie unserer offenen Gesellschaft: Demokratie, die gleichen Gesetze für alle und Gewaltenteilung; Gleichberechtigung der Individuen und sämtliche Formen der Freiheit, die ein Individuum ausüben kann, ohne dabei die Freiheiten anderer zu einzuschränken: Meinungsfreiheit, Pressefreiheit, Freiheit der Wissenschaft und Kunst, aber auch Religionsfreiheit, also das Recht darauf, frei in der Wahl der Religiosität zu sein – aber auch frei von Religion sein zu dürfen.

Nun leben wir ja glücklicherweise nicht (mehr) in einer Maschinerie, die von einem cholerischen Despoten entworfen und von seinen Knechten gebaut wurde – auch wenn manche Gruppen das Rad der Zeit gern genau dahin zurückdrehen möchten –, sondern wir leben in einem gesellschaftlichen System, das zwei wesentliche Merkmale hat: Es ist offen für Veränderungen, und es räumt jedem Einzelnen das Recht auf Freiheit ein – beides unter der strengen Voraussetzung, dass die Toleranzwerte in diesen höchst sensiblen Bereichen der Maschine nicht überschritten werden.

Weichen nämlich Mitglieder oder ganze gesellschaftliche Gruppen innerhalb der sensiblen Bereiche zu sehr von der Norm ab, dann drohen sie damit das gesamte System lahmzulegen: das Aushöhlen der Demokratie, das Missachten der Gesetze des Rechtsstaates, das Widersetzen insbesondere gegenüber der Exekutive, also etwa der Staatsanwaltschaft oder der Polizei – alles Handlungen, die die Grenzen der Toleranz einer offenen Gesellschaft eindeutig überschreiten.

Wir müssen uns also fragen: Dulden wir die Benachteiligung von Menschen? Lassen wir zu, dass gesellschaftliche Gruppen die persönlichen Freiheitsrechte ihrer Mitglieder einschränken? Gibt es Fälle, in denen die Meinungsfreiheit beschnitten wird, oder die Freiheit der Presse, der Kunst oder der Wissenschaft? Und müssen wir eventuell auch Fälle verzeichnen, in denen Menschen an der freien Wahl ihrer Religiosität gehindert oder ohne Einwilligung an religiösen Ritualen teilnehmen müssen?

Wenn wir nur eine einzige dieser Fragen mit Ja beantworten müssen, dann sollten sämtliche Sensoren unseres Systems Alarm schlagen – denn hier sind die Grundpfeiler unserer Freiheiten ernsthaft bedroht. Und dabei ist es vorerst vollkommen unwichtig, wer unsere Freiheiten bedroht und mit welchem Motiv – die Bedrohung muss gestoppt und unsere Freiheiten somit geschützt werden.

Wenn der Zahnarzt also schreibt, er verstehe nicht, wie Bewerberinnen sich diese Toleranz vorstellen, hat er den Begriff dann richtig eingesetzt? Oder sollte er sich vielleicht doch lieber wieder auf das Einsetzen von Kronen konzentrieren?

Betrachten wir seine Zahnarztpraxis dafür mal für einen Moment als Maschine, in der es verschiedene Arbeitsbereiche und entsprechend verschiedene Toleranzbereiche gibt, und fragen uns: Könnte das Kopftuch der Bewerberin diese Maschine zum Stillstand bringen? Befindet sich das Kopftuch also ganz sicher in einem der sensiblen Bereiche und überschreitet dort den Toleranzwert, so dass es das System seiner Zahnarztpraxis zum Erliegen brächte?

Vermutlich hat auch der Zahnarzt sich dies gefragt, als seine Absage im Netz kursierte und er tausende Hassmails inklusive der Androhung körperlicher Gewalt bekam – und als der Anwalt der abgelehnten Bewerberin ankündigte, ihn dafür vor Gericht zu zitieren, denn im Gegensatz zu einem christlichen Betrieb gelten für ihn schließlich die Gesetze der Bundesrepublik Deutschland. Und in seiner Not fand der Anwalt des Zahnarztes das Argument, ein Kopftuch bringe hygienische Probleme mit sich, die er in seiner Praxis nicht zulassen dürfe – also nicht tolerieren.

Seinen Ruf hätte er damit zwar auch nicht retten können, aber wenigstens hätte er damit Chancen vor Gericht gehabt. Doch die Realität kam ihm sofort auf die Schliche, und zwar in Form des Robert-Koch-Instituts: In zahlreichen anderen Praxen arbeiten Frauen mit Kopftüchern; hygienische Probleme treten dadurch nicht auf.

Die einfache und glasklare Antwort auf die Frage, ob der Arzt hier richtig gehandelt hat, lautet also: Nein! Das Kopftuch birgt in einer Zahnarztpraxis weder als modisches Element noch als religiöses Symbol die Gefahr, die Praxis zu gefährden, insofern wird der Anwalt der Klägerin gute Chancen haben, den Fall zu gewinnen. Was das in der Konsequenz bedeutet, vor allem auch für die vielen anderen Bewerberinnen mit Kopftuch, ist vorerst unklar, im Fall Stuttgart können wir aber festhalten:

Die Religiosität oder Weltanschauung einer Person darf

kein Grund dafür sein, sie als Bewerberin oder Arbeitnehmerin zu benachteiligen – solange zentrale Elemente ihrer Arbeit durch ihre Religiosität nicht behindert werden.

Aber zurück zu meiner Fragestellung: Was mache ich nun mit Frau Al-Wahibi? Schließlich betreiben wir ja keine Zahnarztpraxis, sondern eine pädagogische Einrichtung, ein System also, in dem die religiöse Einstellung der Bewerberin höchstwahrscheinlich kollidieren wird mit den Anforderungen, die an sie als Pädagogin gestellt werden – oder? In genau dieser Frage könnte mir der Fall weiterhelfen, den unsere Dienstälteste vorhin erwähnt hat, und den ich eigentlich gesucht hatte, bevor ich auf den Stuttgarter Zahnarzt stieß.

Siehe da: Anfang 2015 gab es dazu ein aufsehenerregendes Urteil des ersten Senats des Verfassungsgerichts[96] – zugunsten zweier muslimischer Kopftuchträgerinnen. Beiden war das Tragen einer religiösen Kopfbedeckung auf Basis eines arbeitsrechtlichen Urteils untersagt worden, beide widersetzten sich – eine, indem sie das Kopftuch durch eine Wollmütze ersetzte und ihren Hals mit einem Rollkragenpulli bedeckte –, beide wurden dafür vom Arbeitgeber ermahnt, zogen mit der Begründung vor Gericht, dadurch in ihrer Religionsfreiheit eingeschränkt zu werden – und gewannen.

Wer sich nun durch die in Juristendeutsch verfasste Pressemeldung des Verfassungsgerichts wühlt, der stellt einige interessante Punkte fest, die auch für mein Dilemma wichtig sein könnten, die aber vor allem ein interessantes Licht auf die weltanschauliche Neutralität der Bundesrepublik Deutschland werfen.

Grundsätzlich hat hier das »Bundesverfassungsgericht entschieden, dass ein pauschales Verbot religiöser Bekundungen in öffentlichen Schulen durch das äußere Erscheinungsbild von Pädagoginnen und Pädagogen mit deren Glaubens- und Bekenntnisfreiheit (Art. 4 Abs. 1 und 2 GG) nicht vereinbar ist.«[97]

Heißt im Klartext also schon einmal: Glaubensfreiheit first, denn um eine religiöse Bekundung zu verbieten, müsse nicht nur eine abstrakte Gefahr für die Beeinträchtigung des Schulfriedens und seiner weltanschaulichen Neutralität ausgehen, sondern eine konkrete Gefahr.

Kopftuch ist also in Ordnung, das Leugnen wissenschaftlicher Fakten wie der Evolutionstheorie wäre schon etwas anderes – was natürlich für alle Lehrkräfte gilt!

Einig sind sich die acht beteiligten Verfassungsrichter in ihrem Urteil zwar nicht, aber bevor wir uns die Begründungen genauer anschauen, steht etwas recht Spannendes in der Pressemeldung. Auf Basis irgendeines gutversteckten Paragraphen des Schulgesetzes von Nordrhein-Westfalen[98] meinte ein Gericht geringerer Instanz, das muslimische Kopftuch bei Lehrerinnen verbieten zu können, weil sogenannte christlich-abendländische Bildungs- und Kulturwerte privilegiert werden sollen. Großer Unsinn kleingedruckt, der von den Richtern gleich mal in der Luft zerrissen wurde: Zack, Artikel Drei und Artikel 33 Grundgesetz[99] – das Ding ist kassiert, die Nummer wird für nichtig erklärt, nix da tolles Christentum, böser Islam, vor dem Gesetz sind alle Religionen gleich.

Die Entscheidung jedoch, der Ausübung der Glaubensfreiheit mehr Gewicht zu schenken als der weltanschaulichen Neutralität der Schule und ihrer Angestellten, begründen die sechs befürwortenden Richter so: Die Ausübung der Religion ist durch das Grundgesetz geschützt, und ob das Tragen bestimmter Kleidung fester Bestandteil dieser Religion ist, das entscheiden immer noch die Religionsgemeinschaften selbst. Dass das Bedeckungsgebot unter islamischen Gelehrten umstritten ist, ist dabei auch irrelevant, denn immerhin beziehen sich die beiden Klägerinnen auf zwei Stellen im Koran.

Aber es kommt noch mehr, denn die Klägerinnen hätten »plausibel dargelegt«, dass das Kopftuch ihrer Meinung nach nicht bloß irgendeine religiöse Empfehlung ist, sondern ein klarer Befehl, weshalb sie sich durch ein pauschales Kopftuchverbot nicht nur in ihrer Identität verletzt fühlen, sondern auch faktisch gehindert würden, ihren Beruf auszuüben. Dadurch wiederum, so die Richter, entstehe ein Spannungsverhältnis zum Gebot der Gleichberechtigung der Frau.

Deutschlands höchstes Gericht sagt also, das Symbol der Ungleichbehandlung von Frauen müsse zugelassen werden, um ihre Ungleichbehandlung zu verhindern.

Und je länger ich über diesen Satz nachdenke, desto verrückter erscheint er mir – weil er stimmt. Und auch die restliche Argumentation der Richter ist bestechend gut: Religiöse Kleidung ist nicht das Problem, solange ihre Trägerinnen und Träger nicht verbal auf die Kinder einwirken. Die Anwesenheit religiöser Lehrkräfte spiegelt die weltanschauliche Vielfalt einer Nation dar und steht nicht für eine Identifikation des Staates mit einer Religion – wie im Fall eines Kruzifixes im Klassenzimmer. Und noch viel wichtiger: Das Kopftuch dürfe, so die Richter, keinesfalls zu der Annahme führen, ihre Trägerinnen träten gegen die Menschenwürde, die Gleichberechtigung, die Freiheitsgrundrechte oder die Demokratie ein. Und genau hier muss man die langen Ausführungen der Richter auf den Punkt bringen:

Nicht die Verpackung eines Kopfes ist wichtig, sondern sein Inhalt. Gut geht es mir mit dieser Haltung zwar nicht, denn ich bin nach wie vor der Meinung, dass staatliche Bildungseinrichtungen und ihre minderjährigen Klienten vor dem Zugriff irrationaler Ideologien regelrecht geschützt werden müssen. Und nach vielem, was ich im Kontakt mit Religiösen gelernt habe, können vor allem jene, die ihre Religiosität per Kleidung oder Schmuck nach außen tragen, oft gar nicht anders, als ihre Mitmenschen früher oder später vom vermeintlichen Wahrheitsgehalt ihrer Religion überzeugen zu wollen – was bei Minderjährigen oft ein Kinderspiel ist. Zwar sind weder ein Kopftuch noch ein Kruzifix an der Halskette Garanten dafür, dass ihre Träger wegen religiöser Befangenheit für den Einsatz an staatlichen Bildungseinrichtungen ungeeignet sind – aber unter Umständen ein erster Hinweis darauf.

Natürlich ist auch andersherum die Abwesenheit religiöser Kleidung auch kein Garant dafür, dass die weltanschauliche oder politische Haltung eines Menschen dazu geeignet ist, ihn mit der sensiblen Aufgabe zu betrauen, Kinder und Jugendliche im politischen Klima der Demokratie, der Aufklärung und der Selbstbestimmung heranwachsen zu lassen.

Und so bleibe ich in meinem Dilemma als Vorstand des Kinderladens wohl stecken: Ich möchte weder mein eigenes noch andere Kinder in die pädagogische Obhut einer Person geben, die sich per Kleidung offen zu einer Ideologie bekennt, die inkompatibel mit den Prinzipien der offenen Gesellschaft ist. Zugleich möchte ich aber auch keine vorschnellen Urteile über Menschen treffen, die unter Umständen von ihrem sozialen Umfeld zum Tragen dieser Kleidung gezwungen werden, oder trotz ihres Bekenntnisses genauso gute oder schlechte pädagogische Arbeit leisten können wie solche, die frei von Religion durchs Leben gehen.

Doch was am stärksten an mir knabbert: Ich möchte mir auf gar keinen Fall Islamophobie vorwerfen lassen, denn kaum ein anderer Begriff eröffnet eine derart verzwickte Diskussion wie dieser – weil er furchtbar unpräzise ist, und das dürfte beabsichtigt sein. Denn hinter diesem von Islamisten erfundenen Kampfbegriff, den sich Linke, Rechte, Muslime und Christen inzwischen heiter um die Ohren hauen, versteckt sich einzig und allein die Taktik, Kritik am Islam im Keim zu ersticken. Mit diesem Begriff kann jeder, der es wagt, islamische Gebote auch nur im Ansatz zu hinterfragen, augenblicklich zum Schweigen gebracht werden.

Als etwa kürzlich bekanntwurde, dass die islamische Regierung in der Türkei Kinderehen offiziell legalisiert hatte, reagierte Schwedens Regierung mit scharfer Kritik daran – was die Herren in Ankara im Handumdrehen als Islamophobie diffamierten, und schon war Ruhe im internationalen Karton.[100]

Aber nicht nur Islamisten, also die Befürworter einer Rechtsordnung, die auf den Gesetzen der Scharia beruhen, verwenden diesen Begriff. Leider lassen sich auch zahlreiche politisch eher liberal eingestellte Menschen immer wieder dazu instrumentalisieren, sowohl muslimfeindliche Rechtspopulisten als auch brave Religionskritiker als islamophob zu bezeichnen – und spielen damit dummerweise genau den Menschen in die Karten, die von Liberalismus überhaupt nichts wissen wollen: den Islamisten.

Und fertig ist der populistische Budenzauber: Wer auch nur einen Funken Verstand übrig hat, lehnt sowohl den politischen Islam als auch den Rechtspopulismus ab, und doch werfen wir uns ständig gegenseitig vor, mit der Verharmlosung oder der Dämonisierung einer der beiden Ideologien die jeweils andere zu stärken. In manchen Kreisen kann man entsprechend noch nicht einmal das Wort

Islamkritik aussprechen oder tatsächlich existierende Probleme in islamischen Parallelgesellschaften ansprechen, da gilt man schon als »Islamophober«, der eigentlich auch »gleich die AFD wählen könnte«. In anderen Kreisen hingegen reicht schon der vorsichtige Hinweis darauf, dass nicht alle Menschen mit schwarzen Haaren Muslime und nicht alle Muslime Islamisten sind – schon ist man der »linke Gutmensch«, der den Untergang des christlichen Abendlandes mitzuverantworten hat.

Sachliche Debatten sind dann auf keiner Seite mehr möglich, aber genau das wollen rechte und religiöse Populisten ja auch erreichen: dass Befürworter der offenen Gesellschaft sich in die Haare kriegen – und das ist ihre Stunde, die Stunde der Demagogen, die dann »mit halben Wahrheiten ganze Erfolge feiern können«, wie mein Freund Michael Schmidt-Salomon es auf den Punkt bringt.

Und dabei ist es doch nun wirklich nicht so schwer, ein bisschen Ordnung in die Begriffe zu bringen!

Wenn jemand grundlos auf Kopftuchträgerinnen schimpft, oder Muslimen pauschal unterstellt, sich »wie die Karnickel zu vermehren« und zugleich nichts davon hören will, dass es in Deutschland gerade mal 4,4 % Muslime[101] gibt und die Geburtenrate muslimischer Frauen sich bereits an die Geburtenrate deutscher Frauen angeglichen hat[102], dann ist das keine Islamophobie, sondern Antimuslimismus: der gezielte Hass auf Menschen muslimischen Glaubens, den wir ja vom Antisemitismus nur allzu gut kennen.

Lehnt hingegen jemand islamische Gesetze ab, die etwa die Gleichberechtigung von Frauen massiv behindern oder Homosexuelle diffamieren und religiöse über weltliche Gesetze stellen, dann ist auch das keine Islamophobie, sondern Islamkritik. Werden die Prinzipien dieser Kritik, die zur Selbstbestimmung des Individuums beitragen soll, auf andere Religionen übertragen, dann handelt es sich dabei um Religionskritik. Und wenn diese Prinzipien auch vor anderen Ideen keinen Halt machen, die die offene Gesellschaft in Gefahr bringen, dann ist das Ideologiekritik – welcome to my world!

»Hey Bettina!« Am nächsten Morgen winke ich unserer Auszubildenden von weitem zu, als wir aus zwei verschiedenen Richtungen auf den Kinderladen zugehen. »Von mir aus laden wir Frau Al-Wahibi ein, okay?«

»Aha!« Sie neigt den Kopf zur Seite. »Woher der plötzliche Sinneswandel?«

»Ach, du …« Ich winke ab. »Ich folge damit bloß dem Urteil des Bundesverfassungsgerichts, das die weltanschauliche Neutralität des Staates durch das Tragen religiöser Kleidung bei Pädagogen höchstens abstrakt, nicht aber konkret gefährdet sieht, und daher meint, durch ein pauschales Kopftuchverbot sei nicht nur das Recht auf freie Religionsausübung eingeschränkt, sondern führe auch zu einem rechtfertigungsbedürftigen Spannungsverhältnis zur tatsächlichen Gleichberechtigung der Frau.«

»Cool!«

»Ich bin dennoch skeptisch«, sage ich lächelnd, »und werde ihr spätestens im Bewerbungsgespräch kräftig auf den islamischen Zahn fühlen!«

»Das finde ich gut!« Bettina lächelt ebenso. »Dann ruf sie doch am besten gleich an!«

Als ich den Kinderladen verlasse, zücke ich sofort mein Handy und habe Frau Al-Wahibi umgehend am Apparat. Sie ist ausgesprochen freundlich, spricht akzentfrei Deutsch und freut sich sehr über die Einladung – nur eine Frage müsse sie mir noch stellen, denn von meiner Antwort hänge ab, ob sie die Einladung überhaupt annehmen dürfe:

»Wird in Ihrem Kinderladen Schweinefleisch serviert?«

Nach dem Leben ist vor dem Leben

Mein Herz rast. Meine Hände sind nasskalt, meine Lippen staubtrocken, meine Kehle auch. Ich stehe neben einer Sperrholzwand, vor mir ein Expfarrer, hinter mir ein Kabarettist, und trete von einem Bein aufs andere.

»Na, nervös?«, flüstert der Kabarettist mir von hinten ins Ohr.

»Mega!« Ich wische meine Handflächen an der Jeans ab und drehe mich zu dem hageren Typen mit der Nerdbrille um.

»Ach, mach dir keinen Kopf!«, sagt er freundlich lächelnd. »Das Schlimmste, was dir gleich passieren kann, ist doch, dass du dich vor Millionen Zuschauern bis auf die Knochen blamierst und nie wieder jemand etwas von dir wissen will.«

Ich muss wohl dreinschauen wie ein Reh kurz vorm Wildunfall, also legt der Mann namens Vince Ebert seine Hand auf meine Schulter und lächelt.

»Das wird schon! Denk einfach immer daran …«, sagt er und gibt sich alle Mühe, mir zu signalisieren, dass er jetzt mal keinen Witz macht. »Wir haben die Realität auf unserer Seite, und die anderen …« Er zeigt auf den bulligen, glatzköpfigen Mann vor mir und spricht leise weiter. »… haben nur die Bibel.«

Ich hole tief Luft und nicke langsam. Mich heute in der quotenstärksten meiner bisherigen Talkshows nicht zum Löffel zu machen ist die eine Sache. Meine Position plausibel darzulegen schon die nächste, dabei aber als der freundliche Atheist aufzutreten ist wohl die größte Herausforderung – vor allem angesichts der Gästeliste, auf der heute eine waschechte Abtreibungsgegnerin steht. Mit der ganz normalen Unsachlichkeit, die zwangsweise aus der Religiosität hervorgeht, habe ich mich ja langsam abgefunden, aber wenn jemand religiösen Extremismus mit einem sanften Lächeln vorträgt, übernehme ich keine Garantie mehr für Freundlichkeit meinerseits.

Eine männliche, übertrieben gutgelaunte Stimme tönt aus den Lautsprechern im ganzen Studio.

»Und jetzt begrüßen Sie mit mir bitte ganz herzlich im Studio: unsere Gastgeberin Anne Will!«

Tosender Applaus setzt ein, darunter mischt sich die vertraute Stimme der ARD-Moderatorin, die sich beim Publikum bedankt und schließlich das Thema des Abends vorstellt.

»Letzte Ausfahrt: Paradies – gibt es ein Leben nach dem Tod? Und das sind unsere Gäste …«

Jetzt ist es so weit: Nacheinander werden wir aus dem dunklen Hintergrund in den hellerleuchteten Sitzkreis geführt. Die Kameras laufen zwar noch nicht, stehen aber schon bereit und sind auf unsere Gesprächsrunde gerichtet. Grelles Licht erscheint vor mir, und schon in wenigen Minuten werde ich erklären müssen, warum dieses Leben unser einziges Leben ist – und warum das auch gut so ist. Unterstützung erhalte ich dabei zwar von Vince, der nicht nur Physiker, sondern auch schlagfertig ist, aber die Anwesenheit der katholischen Lebensschützerin, einer muslimischen Frauenrechtlerin mit Staatsexamen und Nahtoderfahrung und eines ehemaligen protestantischen Pfarrers, der rein optisch auch Türsteher in einem Nachtclub sein könnte, wird die Sache nicht ganz einfach machen.

Wie in Trance betrete ich das Studio, bekomme einen

Sitzplatz am Rand zugewiesen und werde dann von Frau Will als Letzter, dafür aber wunschgemäß mit den Worten vorgestellt: »... und der, wie er selbst sagt, gottlos glückliche Philipp Möller – willkommen!«

Das Publikum applaudiert, und Anne Will wendet sich zuerst an Seyran Ateş, die erzählen soll, wie sie im Alter von 21 bei einem Anschlag angeschossen und ihre Halsschlagader dabei verletzt wurde. Ganz im Gegensatz zu mir hat Frau Ateş die Ruhe weg, und so habe ich unerwartet viel Zeit, innerlich noch einmal meine wichtigsten Statements durchzugehen.

Und da steht ganz oben: die Hirnforschung, deren Ergebnisse keinen Millimeter Platz lassen für den Glauben an ein Leben nach dem Tod – so sehr es sich mancher auch wünschen mag. Aus dieser recht jungen Disziplin wissen wir nämlich inzwischen, dass sämtliche mentalen Prozesse das Ergebnis höchst komplexer neuronaler Interaktionen sind. So können wir mit Hilfe der funktionellen Magnetresonanztomographie dem Hirn bei der Arbeit zuschauen, dabei Hirnareale verschiedenen Fühl- und Denkaufgaben zuordnen und feststellen, dass der Ausfall dieser Areale, etwa durch Unfälle oder Krankheiten, zum Ausfall exakt jener Fähigkeiten führt, die dort verortet sind. Wir wissen auch, dass unser Hirn bei der Aufgabe, sich selbst zu entschlüsseln, noch ganz am Anfang steht, können aber schon sehr genau beobachten, dass das Absterben einiger weniger Hirnzellen, wie bei der Alzheimer-Demenz, zu einer grundlegenden Veränderung der gesamten Persönlichkeit eines Menschen führt. Und wenn nur ein Bruchteil toter Hirnzellen schon so fatale Folgen hat, dann ist meine Botschaft für heute klar: Der Wunsch nach einem Leben nach dem Tod ändert nichts daran, dass unsere Persönlichkeit im Hirn verankert ist und eines Tages mit ihm stirbt.

Seyran Ateş sieht das anders und redet inzwischen von einem weißen Licht, auf das sie zugegangen sei, wofür sie von der Fundamentalkatholikin seelischen und irdischen Beistand bekommt. Der Muskelpfarrer hingegen nimmt mich schon jetzt ins Visier, also lenke ich mich lieber von seinem stahlblauen und durchbohrenden Blick ab und fasse für mich meinen ersten Punkt noch einmal zusammen:

Wenn all unser Denken, Fühlen, Hoffen und Wünschen, also alles, was unser Menschsein ausmacht, im Gehirn begründet ist; wenn somit unsere gesamte Persönlichkeit verankert ist in den Tiefen der komplexesten Struktur, die wir jemals entdeckt haben – dem menschlichen Gehirn –, dann ist unser Tod nicht mehr und nicht weniger als das Ende unseres Daseins.

Denn die Annahme, in der Maschine unseres Körpers wohne ein Geist, die »Seele«, die unabhängig von der Maschine existieren könne, wird angesichts heutiger Erkenntnisse vollkommen zu Recht als Irrtum bezeichnet: der Descart'sche Dualismus, nach dem Körper und Geist getrennt voneinander existieren, ist faktisch widerlegt – so einfach ist das.

Frau Ateş' Geschichte vom Licht am Ende des Tunnels nutzt der Pfarrer sofort, um ein vermeintliches Muster zu entdecken: Nahtoderfahrungen ähneln sich schließlich immer wieder und weltweit. Klar, räumt er ein, von der Existenz Gottes würde ihn das nicht überzeugen, und ein Beweis für ein Leben nach dem Tod sei es auch nicht – »aber doch immerhin ein Erweis«.

Beweis, Erweis, Hinweis, Nachweis – wer weiß das schon? Aber auch ich erkenne ein Muster: Berufsgläubige wenden gern diese sehr erprobte Taktik der sprachlichen Verneblung an und lenken damit oft erfolgreich davon ab, dass ihre Annahmen nicht einmal auf Sand gebaut sind – sondern reine Luftschlösser.

Doch der Mann kann noch einen Beweis dafür abliefern, dass er im Rhetorikseminar namens Theologiestudium gut aufgepasst hat:

»Es gibt nun einmal Dinge zwischen Himmel und Erde«, sagt er und dreht seine geöffneten Hände dazu langsam und geheimnisvoll neben seinem Kopf, »von denen wir wenig wissen.«

Zumindest Sie wissen davon wenig, Herr Pfarrer, aber als Vertreter einer Himmelsanschauung ist das auch wenig verwunderlich. Die Feststellung, dass sich das Wetter ändert, wenn der Hahn kräht auf dem Mist, oder eben auch bleibt wie es ist, hätte uns hier ungefähr genauso weitergeholfen wie Ihre esoterische Tautologie! Bevor ich aber mit solchen Statements vorpresche, warte ich lieber wie ein braver Schüler bis Frau Will mich aufruft.

Doch jetzt ist für mich Aufmerksamkeit angesagt, nun redet Mechthild Löhr, Bundesvorsitzende der Christdemokraten für das Leben e. V. (CDL), also einer Art deutsche Katholiban. Und das ist wirklich spannend für mich, denn mit jemandem an einem Tisch zu sitzen, der einem Verein vorsitzt, der das schwererkämpfte Recht jeder Frau auf Schwangerschaftsabbruch ernsthaft wieder abschaffen will, empfinde ich im Zeitalter der Selbstbestimmung und Aufklärung schon als eine kleine Sensation.

Aber noch lange, bevor sie ihre antiemanzipatorische Haltung preisgeben kann, beweist Frau Löhr, dass es generell nicht zu ihren Stärken gehört, Dinge zu durchdenken:

»Ob das Wahrheit oder Irrtum ist«, sagt sie in Hinblick auf ein Leben nach dem Tod, »ist ja eine Wahrscheinlichkeit von eins zu eins.«

Und natürlich lässt sie nicht lang darauf warten, den armen Kerl ins Spiel zu bringen, der seine eigene Argumentation mit seinem gesamten Lebensstil ausgehebelt hat: der schwergläubige und später schwerkranke Mathematiker Blaise Pascal. Und im Rahmen ihrer offenbar auch sprachlich eher begrenzten Möglichkeiten erklärt die Abtreibungsgegnerin dem Kabarettisten die Pascal'sche Wette nun so:

»Wenn der eine von uns glaubt – oder auch nicht glaubt! –, dann fragen wir uns doch mal: Was ist für das Leben von dieser Person besser?«

Okay, Fragen sind ja immer ein ganz guter Anfang. Ich meine an Vince' Gesicht ablesen zu können, er vermute bereits wo die Reise hingeht, aber sein Pokerface ist grandios, also phantasiert die Dame weiter – und verliert schon im nächsten Satz den Faden. Bei diesem Verlust wird sie netterweise noch vom Expfarrer unterstützt, bekommt dann immerhin noch die Vermutung hin, das Leben danach könnte »noch großartiger sein«, und schließt ihren Beitrag schließlich mit den Worten:

»Naturwissenschaftler können es jedenfalls nicht ausschließen!«

Uff, mein Hirn ist verknotet, also noch mal ganz in Ruhe und von vorne – nur für den Fall, dass ich diese Milchmädchenwette gleich vor laufender Kamera auflösen muss! In der Frage, ob der Glaube an Gott und ein Leben nach dem Tod von Vorteil ist, spielt Blaise Pascal – sehr systematisch – vier Szenarien durch:

Milchmädchenszenario#1: Du glaubst an den Gott des Christentums und an sein Paradies, hältst dich brav an seine Regeln und liegst damit richtig – Glückwunsch, 1:0 für dich, hurra! Milch und Honig fließen, und der liebe Gott ist ab jetzt für immer und ewig dein Freund. Auf zweiundvierzig eigens für dich erschaffene Privatjungfrauen, die in den kuscheligen Wölkchen auf dich warten, musst du leider verzichten – falscher Gott, sorry. Dafür triffst du aber Oma und Opa wieder und sowieso alle, die der Türsteher ins christliche Big Eden reingelassen hat, zum Beispiel den Papst.

Milchmädchenszenario#2: Du glaubst an den Gott des Christentums und sein Paradies, liegst damit aber falsch – es bleibt beim fairen 0:0, denn der Gläubige hat ja damit nichts verloren, die Sache ist gegessen, das Spiel aus und vorbei.

Milchmädchenszenario#3: Du glaubst *nicht* an den Gott des Christentums und an sein Paradies und liegst damit richtig – ebenfalls kein Treffer, denn erneut gilt: Schicht im Schacht, Ende Gelände, das war's, der Christ führt wieder 1:0.

Milchmädchenszenario#4: Du glaubst nicht an Gott und liegst damit falsch – und das ist das Pascal'sche Horrorszenario! Du landest als Ungläubiger vor dem heiligen Türsteher, der mustert dich kurz, du sagst noch, du würdest auf der Gästeliste stehen, gibst dich als deinen allerfrommsten Kumpel aus, aber hier oben ist man allwissend – die himmlische Bodenklappe geht auf, du fällst und fällst und fällst und weißt: Jetzt gibt's Ärger, aber höllischen, und zwar bis in alle Ewigkeit! Den Spielstand kann man hier schon gar nicht mehr ermessen, Himmel hilf, denn das sind unendlich viele Gegentore, du verlierst quasi 0:∞.

Also, meint Blaise Pascal, wie du es auch drehst und wendest: Am Ende ist der Gläubige immer im Vorteil – rein statistisch gesehen.

Mit dieser Argumentation hat sich Blaise Pascal tatsächlich ideal der über Generationen eingetrichterten Angst vor #4 bedient und die ebenso gut etablierte Hoffnung auf #1 gestärkt. Und auch wenn sich hierzulande von dieser göttlichen Hütchenspielerei kaum noch jemand ins Bockshorn jagen lässt, wird diese Wette offenbar immer noch als Argument angeführt, »man könne es schließlich nicht wissen …«

Ein paar Szenarien hätte ich da allerdings noch – zuerst das Pascal'sche Szenario, frei von mir benannt nach seinem Lifestyle.

Milchmädchenszenario#5: Du lebst wie Blaise Pascal, glaubst an den Gott des Christentums und an sein Paradies, unterwirfst dich daher all seinen Regeln, folgst jeder einzelnen Anweisung seines Bodenpersonals, lebst zwar ein Leben an Gottes Seite, aber auch in Siechtum und Gottesfurcht, in Askese und Unterdrückung deiner Bedürfnisse und treibst die Nummer so weit, dass du schon in jungen Jahren vollkommen am Ende bist, schwer depressiv dazu und schließlich einen qualvollen und elenden Tod stirbst – und stellst dann fest, dass dein Glaube, dass all deine heiligen Überzeugungen und sogar ein Teil deines Lebenswerks – deine berühmte Milchmädchenwette – Ergebnisse neurochemischer Prozesse waren, die du inzwischen zwar erfolgreich auf unzählige andere Hirne kopiert hast, deren Originale sich aber mit dem Ende deiner Hirnaktivität ins Nichts auflösen – genau wie deine gesamte Persönlichkeit.

Seiner eigenen Definition nach haben Pascal selbst und all seine frommen Brüder und Schwestern im Glauben in #5 nichts verloren – meiner Definition hingegen nach schon, und zwar das wertvollste, vielleicht das einzig wertvolle Gut: ein zufriedenes und selbstbestimmtes Leben.

Milchmädchenszenario#6: Du glaubst an den Gott des Christentums und an sein Paradies, lebst entsprechend, stirbst irgendwann, steigst in den Himmel auf – stellst oben aber fest, dass Gott eine schwarze Lesbe ist. Hoppsala!

Milchmädchenszenario#7: Du glaubst an den Gott des Christentums und an sein Paradies und lebst entsprechend, stirbst irgendwann, steigst in den Himmel auf – stellst aber oben angekommen fest, dass Gott sich den Job mit zahlreichen Kolleginnen und Kollegen teilt. Und als du durch die Himmelspforte schielst, kannst du die Göttinnen und Götter bei der Arbeit beobachten: Sie streiten und fluchen, sie zocken und betrügen sich – auch in der Liebe! – und regieren die Erde und uns Menschen geradezu willkürlich und eben, tja: menschlich. Und als sie hören, dass du tatsächlich geglaubt hast, ein einzelner Gott könne diesen Job allein erledigen, lachen sie dich lauthals aus – Flupp, Hölle.

Milchmädchenszenario#8: Du glaubst an den Gott des Islam und bekommst von einigen seiner selbsternannten Vertreter beigebracht, dass nur richtig brave Märtyrer mit saftigen Privatjungfrauen belohnt werden, absolvierst deswegen einen Flugschein, steuerst nach langer Planung eine Boeing in ein Hochhaus, reißt damit tausende Menschen in den Tod und ihre Familien und eine ganze Nation und am Ende vielleicht sogar die ganze Menschheit ins Verderben, und als du schließlich vor deinem Gott landest, in blutigen und verbrutzelten Einzelteilen, denkst du: Puh, wenigstens hat der Ärger sich gelohnt – Gott sei Dank, er existiert! Aber dann sagt er: Oje, was ist denn mit dir passiert, mein Freund? Ein Selbstmordattentat?! Sorry, aber deine Glaubensbrüder haben die Texte meines Propheten falsch interpretiert. Zugegeben, manche Passagen sind sehr eindeutig, aber deswegen hab ich meine Lehre doch extra »Religion des Friedens« genannt! Und friedlich war das mal gar nicht, siehste auch so, oder? Gut. Außerdem stehen die rosigen Himmelsjungfrauen nicht so auf Fleischsalat, also mach's gut – und zack, das war's!

»Ich will Herrn Möller jetzt mal in die Diskussion holen.«

Hätte Anne Will mich mit diesem Satz nicht aus meinem eigenen, kleinen Universum geholt, dann hätte ich sicher noch endlos mehr Szenarien entworfen – aber so ist's vielleicht besser.

»Was denken Sie denn«, unterbricht sie mich nach meiner ersten längeren Antwort und konfrontiert mich gleich mal mit der zentralen Frage des Abends, »was kommt nach dem Tod?«

»Das Gleiche wie vor dem Leben, nämlich gar nichts – nach dem Tod existieren wir nicht mehr.«

Ich lasse einen Moment Pause, woran der Talkshow-Neuling in mir gut zu erkennen ist, doch Anne Will meint es gut mit mir und hakt nach.

»Und empfinden Sie das als Belastung?«

Klar, die Frage musste kommen, denn einer der ältesten Vorwürfe an Menschen, die ein religionsfreies Weltbild bevorzugen lautet doch: Ist ja alles schön und gut, mit eurem selbstbestimmten Leben, carpe diem und so – aber was bietet ihr uns für danach an? Ohne Ticket ins Paradies macht das doch einfach keinen Spaß! Das kann es doch nicht gewesen sein!

Ähhh … Doch, sorry. Ein Leben. Eine Chance, es selbst zu gestalten. Eine Chance, es selbst mit Sinn zu füllen.

Aber was zuerst wie eine Schwachstelle wirkt, weil es den Anschein eines nüchternen Lebens macht, ist bei genauerer Betrachtung das exakte Gegenteil.

»Das ist keineswegs eine Belastung«, antworte ich Anne Will also, »das macht mein Leben, das macht unser aller Leben unheimlich wertvoll. Denn in einem unendlichen Leben ist ein Tag doch nichts wert. Ist das Leben aber endlich, dann können wir es als die einmalige Chance begreifen, unser Leben, und auch das Leben unserer Mitmenschen und anderer Tiere so lebenswert wie möglich zu gestalten.«

Und so oft, wie ich eben übers Leben gesprochen habe, tritt natürlich sofort die Lebensschützerin auf den Plan. In einem schnippischen Nebensatz bezeichnet sie meine Perspektive als »auch nur eine Theorie« – womit sie zwar recht hat, aber keinen Raum dafür lässt, den wichtigen Unterschied zu klären zwischen einer Theorie, also einem in sich stimmigen Bild belastbarer Hypothesen, und ihren in sich widersprüchlichen und haltlosen Behauptungen.

Und wenn sie mich mit solchen Nebensätzen aus der Reserve locken will, dann scheint es zu funktionieren: Mein Puls steigt, und als ich mich selbst in einem der kleinen Monitore erblicke, auf denen das aktuelle Bild zu sehen ist, erschrecke ich mich ein bisschen – denn offenbar sehe ich doch ziemlich böse aus, wenn ich glaube, meine Entrüstung hinter einer schlauen Miene zu verstecken. Und je länger die Dame nun spricht, desto mehr sehe ich in ihr nur noch die Frau, die Frauenrechte lächelnd mit den Füßen zertreten will, und dies auf der Grundlage ihres mystischen Glaubens tut. Als Anne Will mich nun noch einmal fragt, ob ich an das Konstrukt einer Seele glaube, passiert mir der erste Ausrutscher.

»Die Seele ist eine religiöse Wahnvorstellung.«

»Da sind wir aber respektvoller!«, wirft die Lebensschützerin nun ein – was vielleicht so klingt, aber nicht so ist.

Auch die Moderatorin meint aber nun, dies sei dann doch ein bisschen viel – und damit hat sie recht, ich bin also angezählt. Aber wer vor dem Kontext des organisierten Glaubens vom ewigen Leben spricht, der muss auch erwähnen, dass dieses ewige Leben laut religiösen Lehren in zwei sehr unterschiedlich beschaffenen Orten stattfinden kann.

Also entschuldige ich mich bei Frau Will für meine kleine Frechheit mit einem Goethe-Zitat, das ein Stiftungskollege von mir inzwischen so oft gesagt hat, dass es mir einfach so herausrutscht.

»Sorry, aber mit Seide stopft man eben keinen groben Sack!«

Und spätestens jetzt ist es so weit: Die Diskussion ist erhitzt, und weil ich in der Absicht, die Sache herunterzukochen, noch Öl ins Feuer gegossen habe, muss ich das auch rechtfertigen.

»Wir dürfen nicht vergessen, dass wir es beim Christentum auch mit einer höchst unethischen Lehre zu tun haben!« Blanke Aufregung herrscht nun auf Gottes Seite, denn das ist schließlich das Gegenteil dessen, was diese Religion sich auf ihre Fahnen schreibt – ich muss mich nun gegen deutlichen Protest durchsetzen. »Jesus spricht nicht nur vom ewigen Leben, sondern auch vom ewigen Höllenfeuer, und wer von solch einem phänomenalen Unsinn spricht, der ist keineswegs respektvoll, sondern muss auch mal Gegenworte vertragen!«

»Möcht ich mal wissen, wo Sie solche Bücher herhaben, in denen das drinsteht!« Der Pfarrer fällt mir inzwischen fast nur noch ins Wort, also frage ich nur kurz gegen:

»Die Bibel?«

Doch nun setzt endgültig der Zorn des aufgeklärten Pfarrers ein, der mir umgehend erklärt, die Bibel sei nur bildhaft, ich solle mich doch erst einmal informieren, das glaube doch heute kein Mensch mehr. Mit seinem letzten Punkt hat er tatsächlich recht, wenn auch leider nur eingeschränkt: Einer EMNID-Befragung im Auftrag des evangelischen Magazins Chrismon zufolge glauben gerade einmal 12 Prozent der Deutschen, dass böswillige Menschen in die Hölle kommen. 48 Prozent hingegen meinen, mit dem Tod sei alles aus, und nur 31 Prozent hoffen auf die Auferstehung der Toten.[103]

Eingeschränkt aber deswegen, weil immer noch Geschichten wie diese passieren, die ich jetzt auch in der Talkshow schildere:

Während meiner Arbeit als Vertretungslehrer muss sich meine Haltung zur Religion an der Schule herumgesprochen haben, und so stehen eines Tages zwei Zweitklässlerinnen vor mir und schauen mich mit kugelrunden Augen an.

»Herr Müller?«, fragt die Kleinere der beiden und spielt dabei nervös an ihrem geflochtenen Zopf. »Stimmt … stimmt … stimmmt das?«

»Was denn?«

»Dass du nicht – an Gott glaubst?!«

»Also, na ja …« Ich bin etwas überrumpelt, denn auf eine theologische Diskussion mit Siebenjährigen bin ich schlecht vorbereitet. »Ja, das stimmt – wieso?«

Die beiden rücken ein bisschen zusammen, die Größere von beiden spricht nun weiter.

»Aber hast du denn keine Angst vor der Hölle?« Sie schluckt. »Wo der Teufel auf dich wartet?!«

Und auch auf die Gefahr hin, vor einem Millionenpublikum als Hardcore-Atheist zu gelten, gebe ich in der Talkshow offen zu, dass mein pädagogischer Ethos viel stärker ausgeprägt ist als meine weltanschauliche Neutralität, und beende die Geschichte.

»Aber nein, ihr beiden, davor braucht ihr keine Angst haben!« Ich gehe in die Hocke und lächele beide an. »Den Teufel gibt es nicht, und die Hölle auch nicht, okay? Das sind nur Märchen, das ist nicht echt!«

Und das Publikum bei Anne Will? Applaudiert, was mich angesichts der realen Angst der Kinder, auf die ich als Lehrer einfach reagieren musste, aber auch angesichts der statistisch erfassten Überzeugungen in unserer Bevölkerung nicht weiter wundert: Von der Hölle, da hat der Expfarrer recht, will doch kein Mensch mehr etwas wissen!

Dass dies über Jahrhunderte von der Kirche gelehrt wurde, wie Vince lässig einwirft, klar, das räumt auch der Pfarrer ein – aber mit der heutigen Position der modernen Kirchen habe das doch längst nichts mehr zu tun. Doch schauen wir, was nun passiert.

Zuerst fällt Anne Will ein klein bisschen aus ihrer Rolle und wendet sich ganz direkt an die Fundamentalistin:

»Frau Löhr, wir sind beide im katholischen Glauben aufgezogen worden!« Sie stützt ihre Ellenbogen auf ihren Oberschenkeln ab. »Erzählen Sie mir doch bitte nicht, dass Sie als Kind nie mit der Hölle konfrontiert wurden!«

»Doch.« Frau Löhr lächelt es einfach weg, und darin wirkt sie sehr routiniert auf mich. »Niemals.«

»Na dann ...« Ein bisschen streitlustig schaut Anne Will etwas später in die Kamera. »Schauen wir uns doch einmal an, welche Vorstellung der Hölle uns zugemutet wird – Film ab!«

Ein Video wird eingespielt. Historische Gemälde zeigen aufgespießte Körper im Feuer, Beelzebub mit Dreizack und Pferdefuß, Totenköpfe, schmerzverzerrte Gesichter, die keinen Zweifel daran lassen, wo Death Metal Bands sich für ihre Plattencover inspirieren lassen. Eine Stimme erklärt uns per Bibelzitat, dass Jesus Sündern und Ungläubigen ausdrücklich androht, hier für alle Ewigkeit Höllenqualen zu erleiden. Kirchenvater Augustinus wird erwähnt, der die Angst als legitimes Mittel zur Verbreitung des Christentums nennt, und die Kirche mit dem sogenannten Ablasshandel im Mittelalter einen sicheren Grundstock für ein ewig währendes Vermögen errichten konnte. So weit hat der Pfarrer also noch recht, denn bisher geht es im Film nur um die Vergangenheit – doch dann kommt der Zeitsprung: Im Jahr 2007, so lernen wir, hat der Papst zwar die Vorhölle – bis dahin angebliche Heimat ungetaufter Kinder! – abgeschafft, doch dann wird der aktuelle katholische Katechismus zitiert:

»Die Seelen derer, die im Stand der Todsünde sterben, kommen sogleich nach dem Tod in die Unterwelt, wo sie die Qualen der Hölle erleiden, ›das ewige Feuer‹.«

Der Katechismus der katholischen Kirche – kurz: KKK – ist im Gegensatz zur Bibel kein Quelltext, sondern ein ständig aktualisiertes Gesetzbuch, also das Pendant zur islamischen Scharia. Und die Fassung, aus der die Redaktion von Anne Will zitiert hat, stammt weder aus dem 11. noch aus dem 15. Jahrhundert – sondern vom 11. Oktober 1992.

Mal abgesehen davon, dass sich die Behauptung des Pfarrers, die Existenz der Hölle werde nicht mehr gelehrt, also als vollkommen haltlos herausstellt, interessiert mich nun viel mehr, was unsere notorische Abtreibungsgegnerin dazu sagt.

»Was sagen Sie dazu, Frau Löhr?«, fragt Anne Will sie netterweise, gesteht ihr dann aber auch viele Minuten wertvoller Sendezeit zu, diese Frage partout nicht beantworten zu wollen. Auch auf Nachfrage nicht. Und auch auf eine wiederholte und etwas strengere Nachfrage nicht.

»Also was denn jetzt?« Vince reicht es. »Gibt es die Hölle nun, oder nicht?!«

»Das ist nicht so einfach.« Wieder lächelt Frau Löhr, lässt sich dann aber zu einer Aussage hinreißen, mit der sich auch der Kabarettist Volker Pispers schon einmal konfrontiert sah: »Ich würde sagen, es gibt die Hölle, aber sie ist leer.«

Volker Pispers hatte eine verdammt coole Reaktion darauf, und auch diese rutscht mir nun einfach heraus.

»Entschuldigung, aber es sind schon Leute für weniger in der Psychiatrie gelandet als für solche Behauptungen.«

Zugegeben, schlau war dieser Abschluss nicht – aber es hätte mir auch Schlimmeres herausrutschen können. Denn mit starken Glaubensüberzeugungen konfrontiert zu sein stört mich wirklich wenig – das ist Privatsache. Nimmt religiöser Glaube aber Züge an, die geeignet sind, um verletzlichen Menschen, insbesondere Kindern Angst einzujagen, dann regt sich in mir lauter Widerstand. Und wenn diese Angstmache dann auch noch auf nichts weiter basiert als auf phantastischen Behauptungen, auf religiösen Mythen, die seit fast zweitausend Jahren nicht upgedatet wurden und im Lichte heutiger Erkenntnisse in höchstem Maße lächerlich erscheinen – nun, dann werde ich keine Gelegenheit verstreichen lassen, dies in aller Deutlichkeit auszusprechen.

Vor allem nicht vor Millionenpublikum. Und wenn ich provoziert werde.

Und vor allem dann nicht, wenn es zur religiösen Sicht auf den Tod eine alternative Perspektive gibt, die nicht nur plausibel, sondern auch emotional höchst befriedigend ist – die schön ist und voller Poesie steckt.

Denn von all den Milliarden genetischer Kombinationen, die aus der Verschmelzung der Eizelle unserer Mütter und der Samenzelle unserer Väter hätten entstehen können, sind ausgerechnet wir entstanden. Und von all den Milliarden Wegen, die wir hätten gehen können, ist ausgerechnet dieser eine herausgekommen. Unsere Biographie ist also so einmalig wie unsere Biologie – und ergeben zusammen unser einzigartiges Leben! Wir bestehen, wie alle anderen Lebewesen auch, aus den Partikeln dieses allzu weltlichen Weltalls, und wenn wir sterben, dann löst sich unser Körper noch schneller auf, als er das schon im Laufe unseres Lebens getan hat.

Okay, Biokompost zu werden klingt im ersten Moment nicht besonders poetisch – aber wer weiß, welche Wege unsere Einzelteile nun einschlagen können! Die Möglichkeiten der Materie sind nahezu grenzenlos, ist sie erst einmal frei. Und vielleicht steigt ja ein einzelnes Molekül des Gehirns, das gerade diesen Text entwirft, einst in die Weiten des Alls auf, wird zu Sternenstaub und irgendwann, wenn die Menschheit längst ausgestorben und vergessen ist, Teil eines neuen Planeten. Oder eben auch zu einer Banane, wer weiß.

Und während das Überleben unserer Persönlichkeit schlicht unmöglich ist, weil sie nachweislich an lebendige Strukturen gebunden ist, sind andere Elemente unseres Lebens tatsächlich unsterblich: unsere Ideen, die sich wie ein Lauffeuer auf andere Hirne ausbreiten können, unsere Worte und Taten, die erinnert werden, Werke, die wir schaffen – oder eben auch nicht.

Und auch wenn ich um die Erkenntnis meines Freundes Michael Schmidt-Salomon nicht herumkomme, dass irgendwann selbst das Vergessen vergessen sein wird, so fühle ich mich jedes Mal vom Zauber der Unsterblichkeit berührt, wenn ich meine Kinder betrachte.

Zugegeben, dieser Gedanke ist nicht gerade alltäglich – und auch nicht besonders alltagstauglich, denn manchmal bin ich einfach nur sauer auf die kleinen Nervensägen! – aber letztlich sind sie doch meine Brücke in die Unsterblichkeit, wenn auch nur in die vorübergehende.

Habe ich als gottlos Glücklicher also Angst vorm Sterben? Ja, und zwar volle Pulle. Und Angst vorm tot sein? Sagen wir es mal so: Dass die Welt auch ohne mich funktionieren soll, erscheint mir als ein absurder Gedanke, aber das liegt eher in meiner Persönlichkeit begründet als in der Realität – und zum Glück erlebe ich meine Abwesenheit ja nicht mehr.

Wann also unser Leben beginnt, mag auch unter Menschen, die lieber nachdenken als nachbeten, eine schwierige Frage sein. Und wann genau es endet? Nun, auch dazu gibt es sicherlich noch Diskussionsbedarf, wenn auch geringeren.

Dass es aber endet, ist unstrittig, und das ist auch gut so. Ein unendliches Leben wäre inflationär, selbst wenn es, wie in einigen religiösen Konzepten behauptet wird, anders ist als das Leben vor dem Tod. Und wie oft wurden Menschen vertröstet auf das Jenseits? Wie oft wurde ihnen erklärt, dass sie sich in der Hoffnung darauf ihren jeweiligen Herrschern im Diesseits unterwerfen sollten?

Für einen freien Geist stellt das natürlich keine Option dar. Die Akzeptanz des endlichen und damit einmaligen Lebens mag anfangs schwerfallen, vor allen jenen, die in einem anderen Glauben aufgezogen wurden. Dies zu akzeptieren mag auch vor allem am Ende des Lebens schwerfallen, was ich bisher nur aus sicherem Abstand beurteilen kann. Aber der Lohn des gottlosen Glücks ist eine plausible Weltanschauung. Eine, die sich mit unseren gewonnenen Erkenntnissen deckt. Eine, die sich der Herausforderung der einstigen Nichtexistenz stellt, und uns damit verpflichtet, das Leben voller Rücksicht, zugleich aber auch in vollen Zügen zu genießen.

Aber was, wenn die Abtreibungsgegnerin und der dauerunterbrechende Expfarrer doch recht haben? Oder die Menschen, die uns auf der Buskampagne mit den Worten verfolgt haben »Und wenn es ihn doch gibt ...«?

Ich persönlich weigere mich ja, die wenige Lebenszeit, die mir zur Verfügung steht, mit der Beantwortung hypothetischer Fragen zu verschwenden. Denn genauso könnte ich mich ja mit der Überlegung herumquälen, in welches Leben ich nach dem jetzigen Leben wohl hineingeboren werde. Oder warum ein Harem leckerer Jungfrauen auf fromme muslimische Männer und mutige Dschihadisten wartet, auf mich aber nur die Hölle.

»Wenn Sie aber nach dem Tod erfahren – ups, es gibt doch ein Leben nach dem Tod«, richtet Anne Will ihre abschließende Frage nun an Vince Ebert. »Sie kommen im Himmel an und versuchen, Petrus nach dem Leben zu erklären, dass das nicht sein kann – wie werden Sie es machen?«

»Dann sag ich: eins zu null für dich!«

Na bitte, geht doch. Auf blöde Fragen gibt's blöde Antworten – so ist das Leben eben.

Mein Ende gehört mir!

»Für angehende Pädagogen gilt das Gleiche wie im echten Leben«, sagt die Frau mit den kurzen schwarzen Haaren und den schmalen Lippen, die immer lächeln. »Es gibt keine zweite Chance auf einen ersten Eindruck, okay?! Und das gilt genauso für euren Abgang, so ist das eben: Nur ihr habt ihn in der Hand, sonst niemand!«

Ihre Absätze knallen auf den Teppichboden unseres Seminarraums, als sie auf ihren langen Beinen auf die Tür zugeht, diese aufreißt und hinter sich schließt. Es vergehen ein paar Sekunden, in denen wir Studis uns irritiert anschauen, dann öffnet Frau de la Rosa, unsere etwas exzentrische, englischstämmige Dozentin für Erwachsenenbildung, wieder die Tür, streckt vorsichtig den Kopf herein und betritt dann in kleinen Schritten den Raum.

»Guten Tag, ähm«, sagt sie in ihrem englischen Dialekt und stellt sich neben das Whiteboard, wo sie ihre Beine verschränkt und ihre Hände hinter den Rücken nimmt. »Mein Name heißt, also, ich bin Sofia de la Rosa, und ähm, ich …« Sie lächelt schief und spricht leise weiter. »Ich möchte Sie ganz herzlich begrüßen zu meinem Seminar für Kommunikation in der Bildungsarbeit mit Erwachsenen.«

Ein paar Studis kichern, doch Frau de la Rosa geht wieder heraus. Wieder vergehen ein paar Momente, bis sie die Tür aufreißt, hereingestampft kommt, sich breitbeinig in die Mitte des Raumes stellt und die Hände in die Hüften stemmt.

»Hi!« Sie tut so, als würde sie Kaugummi kauen und

grinst in die Runde. »Sofia de la Rosa mein Name«, sagt sie laut und mit tiefer Stimme, »und ich bin eure Dozentin!« Noch mehr Leute lachen, und erst jetzt wird sie wieder ganz sie selbst und setzt sich mit einer Pobacke auf ihren Dozententisch. »Also, welche Rolle war besser – Mäuschen oder Proll?«

»Keine!«, ruft ein Proll rein und kaut dabei Kaugummi.

»Und warum nicht, Basti?«

»Keine Ahnung!« Lächelnd schiebt er sein Käppi zurecht und schnalzt mit der Zunge. »War halt beides fake!«

»Fake, he?« Sie schlendert auf ihn zu und lässt ihn dabei nicht aus den Augen. »Was wäre denn nicht fake?«

»Wenn'de einfach so bist, wie'de bist«, ruft Kurt rein, der in seinem ersten beruflichen Leben Maurer war, in seinem zweiten Erzieher und jetzt, irgendwo im Alter unserer Dozentin, noch einmal studieren geht. »Auzitentidingsbums – weeßt schon!«

»Authentizität!«, sagt sie laut. »Exactly. Wenn du nicht du selbst bist – wer soll es dann sein?! Und beim nächsten Mal seid ihr dran …«

Mit diesen Worten entlässt sie uns aus der Veranstaltung, steht aber nur wenige Minuten später in der Schlange des Psychologen-Cafés vor mir.

»Erstsemester?«, fragt sie, als sie mich erblickt.

»Ja, ist meine erste Woche an der Uni.«

»Und?« Sie lächelt mich an, wobei sich viele Falten um ihre freundlichen Augen bilden. »Wie läuft's?«

»Ganz gut, danke, aber …« Ich spreche etwas leiser weiter. »Darf ich Ihnen mal eine Frage stellen?«

»Nur wenn du mich nicht siezt«, sagt sie und gibt mir ihre dünne, kalte Hand. »Ich bin Sofia, und ich hab in den Achtzigern studiert. Wir haben all unsere Dozenten geduzt.«

»Okay, ich bin Philipp, hi!«

»Hi Phil!« Sie lächelt mich an. »Was ist deine Frage?«

»Kann es sein, dass man in der Pädagogik schon recht weit kommt, wenn man …« Ich zögere kurz, aber jetzt grinst sie mich an. »… wenn man da mit gesundem Menschenverstand rangeht?«

»Mit gesundem Menschenverstand?« Ganz plötzlich lacht Sofia so laut, dass uns alle Leute in dem kleinen Café anschauen. »Das ist gut«, sagt sie und schlägt mit der flachen Hand auf meinen Oberarm. »Das ist gut, Dude! Dein Kaffee geht auf mich!«

Ab sofort belege ich fast jedes Seminar bei Sofia, und gemeinsam mit so ziemlich allen Pädagogikstudenten unseres Jahrgangs, die sich für den Schwerpunkt Erwachsenenbildung entschieden haben, trainieren wir im Grundstudium mit ihr sämtliche Basics unserer Disziplin. Eigentlich lebt Sofia in Münster, wo sie einen weiteren Lehrauftrag hat, pendelt regelmäßig zwischen dort und hier, und bietet im Hauptstudium schließlich ein Blockseminar an, das an einem Wochenende auf dem Land stattfinden soll, in der Nähe von Potsdam.

Und so finden sich fast all ihre Studis im Sommer 2008 auf dem Brandenburger Land in einem umgebauten Bauernhaus wieder. Dort üben wir barfuß Moderationen, verkleiden uns für Fake-Vorträge in Businesskleidung, filmen unsere schrägen Auftritte und analysieren die Videos anschließend, springen in den Pausen in den benachbarten See und kochen am Abend gemeinsam Spaghetti mit Tomatensauce. Am Lagerfeuer packt Kurt schließlich die Gitarre aus und schrammelt die klassischen Lagerfeuerhits, Basti baut einen Joint, und gemeinsam trinken wir die Weinvorräte fürs Wochenende leer, singend und tanzend und voller Nostalgie, weil sich unser Studium – die vielleicht schönste Zeit des Lebens – langsam aber sicher dem Ende neigt. Eine sternenklare Nacht ist schließlich über uns hereingebrochen, als die meisten von uns sich stoned oder beschwipst oder stoned und beschwipst oder einfach nur müde nach und nach ins Bett verkrümeln. Alle bis auf Basti, der auf einer Liege neben dem Feuer eingeschlafen ist, und Sofia, die sich von mir noch ein Glas Rotwein einschenken lässt.

»Das ist der letzte Schluck«, sage ich und spüre, wie meine Zunge dabei schon lahmt, dann prosten wir uns zu.

»Irgendwann muss auch mal Schluss sein«, sagt sie und nippt an ihrem Glas. »Vor fünf Jahren, lieber Phil, hab ich das erste Seminar mit euch allen gehabt. Und soll ich dir was sagen?« Sie lehnt sich in ihrem Gartenstuhl zurück und schaut in die Sterne. »Vor der Einführung des fuckin' Bachelor, der mehr Schule ist als Studium, seid ihr der letzte Diplom-Jahrgang – und der coolste!«

»Das könnte auch an dir liegen«, sage ich und schaue ebenfalls in die Sterne. Dann schweigen wir und hören nur die letzte Glut knistern.

»Ich will dir etwas sagen, Phil.« Sofia nimmt den Blick nicht vom Himmel und spricht mit ruhiger Stimme weiter. »Ich bin schwer krebskrank, und ich werde bald sterben.«

»Du …« Meine Kehle schnürt sich zu, und Verwirrung überfällt meinen leicht vernebelten Geist, wird aber schnell zu Bestürzung und schließlich zu Sprachlosigkeit. Und weil auch Sofia einfach weiter in die Sterne schaut, schaue ich auch weiter in die Sterne und sage nichts.

Eine kleine Ewigkeit schweigen wir nebeneinander, und ich suche erfolglos nach den richtigen Worten. Außer dem knackenden Feuer und Bastis Schnarchen ist nichts zu hören hier draußen.

»Die Diagnose ist jetzt acht Jahre her«, sagt Sofia plötzlich, »Brustkrebs, die Ärzte haben mir damals noch drei, höchstens fünf Jahre gegeben.« Sie trinkt einen Schluck Wein. »Inzwischen ist der Krebs eigentlich überall, sogar hinterm Auge.«

»Fuck!« Ich schaue sie an und spüre eine Träne meine Wange hinunterlaufen. »Und woher weißt du, dass du …«

»Das spüre ich.« Sie lächelt mild, zieht mit ihrer freien Hand ihre Perücke vom Kopf und sitzt nun glatzköpfig neben mir. Die letzte Glut des Feuers taucht ihr dünnes Gesicht in einen warmen Schein, der fahle Schein des Mondes jedoch lässt ihren Schädel eiskalt glänzen. »Ich hab kein einziges Haar mehr am Körper, Phil. Ich verliere Gewicht und Kraft, ich kann nicht mehr schlafen und huste immer stärker.« Basti schnappt einmal schnarchend nach Luft, pennt aber weiter. »Und ich hab Schmerzen wie Hölle!«

»Immer?« Ich schlucke.

»Ja, immer, aber so ist das halt: Life's a bitch!« Sie nickt langsam, setzt sich ihre Perücke wieder auf und lächelt mich an. »Und trotzdem ist das Leben schön, vor allem hier!« Sie schaut wieder in die Sterne. »Ich mag Potsdam, weißt du? Und heute habe ich entschieden …« Sie atmet einmal tief durch. »… das ist ein guter Ort für meine letzten Monate.«

»Was ist mit Münster?«

»Scheiß auf Münster!« Sie lacht laut, und ich lache mit. »Die Uni ist cool, die Studis sind cool, aber die Stadt ist spießig ohne Ende, schwarz-katholisches Kaff – ich muss da weg! Das einzig Gute an Münster sind die vielen Radler und mein alter Freund Thomas, der Philosophie-Professor.«

»Brauchst du Hilfe?«

»Ja.« Sie nippt an ihrem Wein. »Ich werde bald viel Hilfe brauchen, Phil. Aber sag den anderen noch nichts, okay?«

Als ich einige Wochen später mit ihr telefoniere, klingt

Sofia so mies, dass ich mir die obligatorische Frage, wie es ihr geht, lieber spare.

»Und?«

»Scheiße«, sagt sie. »Ich war vorgestern in der Klinik, überall Metastasen, in der Lunge, an der Wirbelsäule, ich bin super kurzatmig und hab Rückenschmerzen wie Hölle!« Dann höre ich sie grinsen. »Aber sonst geht's mir gut, Phil, danke! Die Ärzte haben mich noch nicht aufgegeben, in vier Wochen kommt die nächste Chemo. Aber zu den wichtigen Sachen: Kannst du zwei Wohnungen für mich besichtigen?«

»Klar, Sarah ist ja sowieso täglich an der Uni in Potsdam. Leite mir einfach alles per Mail weiter, ich kümmere mich um den Rest.«

»Du bist ein Schatz!« Sie schmatzt ins Telefon, hustet dann aber wieder und verabschiedet sich dabei.

Einige Wochen später stehe ich mit Sarah auf Potsdams zentraler Einkaufsmeile, der Brandenburger Straße. Mit ein bisschen Glück hatten wir schon für die dritte Wohnung, die wir für Sofia besichtigt hatten, einen Mietvertrag bekommen, und so warten Sarah und ich nun auf den Umzugswagen, der jeden Moment kommen muss.

»Meinst du denn, sie schafft die Treppen?« Sarah schirmt ihren Blick gegen die Sonne ab und schaut auf den zweiten Stock, der hier, im niedlichen Potsdam, schon das Dachgeschoss ist. »Bessern wird sich ihre Fitness wohl kaum, oder?«

»Ganz im Gegenteil!« Ich seufze, dann entdecke ich den Transporter. »Da kommen Sie …«

Gebannt beobachte ich den Lieferwagen, der nun vorfährt, denn seit unserem Blockseminar ist nun fast ein halbes Jahr vergangen. Mit gemischten Gefühlen laufe ich dem

Wagen entgegen und entdecke Basti und Kurt hinter der Windschutzscheibe. Als wir Studis uns nach dem Seminar auf dem Lande zur Abschlusssitzung an der Uni getroffen haben, hatte Sofia auch alle anderen eingeweiht und damit für große Bestürzung gesorgt. Die Bereitschaft, Sofia zu helfen, war durchaus nicht bei allen vorhanden, aber Basti und Kurt stehen, wie ich, seitdem regelmäßig mit Sofia in Kontakt. Die beiden hatten sich sogar bereit erklärt, gestern mit einem Transporter bis Münster zu fahren, dort Sofias Hab und Gut zu verladen und heute noch einmal die Strecke bis Potsdam zu bewältigen.

»Oje«, sagt Sarah und greift nach meiner Hand. »Sofia sieht ja krass aus!«

Mir stockt der Atem, als der Wagen vor uns hält. Durch die Beifahrerscheibe erkenne ich in dem alten, haarlosen Gesicht Sofias Augen und Sofias Lächeln, dann öffnet sie die Tür.

»Jetzt guck mich nicht so an«, sagt sie mit knurrender Stimme, »als wär ich schon tot.«

»So siehste aber aus!«, sagt Kurt, dessen Berliner Schnauze sogar noch Sofias Ehrlichkeit überbietet. »Wie wär't denn, wenn'de dir ma deine Haare uffsetzt?!«

»Fuck, die Perücke!« Sie fasst sich auf den Kopf und lacht kurz. »Sonst denken meine neuen Nachbarn noch, ich wäre ein alter Mann …« Mit zitternden Händen greift sie neben sich und stülpt sich eine Frisur über den Kopf, einen adretten Bobschnitt, den sie sorgfältig zurechtrückt. Dann reicht sie mir ihre Hand. »Keine Sorge, das ist nur die Chemo, ganz normal. Aber schau mal hier …« Ein kleiner Hund hüpft aus dem Fußraum des Wagens. »Das ist Charlie, mein neuer Mitbewohner!«

»Hey Charlie!«, sage ich und streichele den wild wedelnden Köter. »Du bist aber ein schicker Beagle!«

»Jack Russel!«, sagt Sofia und nimmt mich in den Arm. »Du hast ja wirklich gar keine Ahnung, mein Lieber!« Herzlich, aber sichtlich angestrengt nimmt sie auch Sarah in den Arm und hakt sich dann bei ihr ein. »Wir Ladys gehen schon mal vor, ihr tragt dann alles hoch, ja?«

»Dit könn'wa leiden«, sagt Kurt leise beim Aussteigen. »Een uff krank machen und sich schön umme Ahbeit drücken!«

»Ey Kurt, die Frau hat gerade die sechste Chemo hinter sich«, sage ich, »die ist …«

»Schon klar, ick mach ja nur Spaß!«

»So geht das jetzt seit fünf Stunden«, sagt Basti und klettert seufzend vom Fahrersitz. »Kurt und Sofia überbieten sich in britischem Humor.«

»Und?« Ich grinse ihn an. »War's schön?«

»So schön, dass ich kurz davor war, gegen' Baum zu fahren.« Er steuert direkt auf einen Kiosk zu. »Ich brauch' jetzt sofort ein eiskaltes Bier!«

Zuerst schleppen wir den größten Gegenstand, Sofias Couch, in den zweiten Stock, und als wir ein paar Minuten später mit der ersten Fuhre Umzugskartons die Wohnung betreten, stellt sich Sarah uns mit dem Zeigefinger auf ihren Lippen in den Weg. Sie zeigt durch einen Türspalt ins Wohnzimmer, wo Sofia ohne Decke und mit auf dem Bauch gefalteten Händen auf der Couch liegt. Ihre Perücke ist zur Seite gerutscht, und ihre Wangenknochen treten so stark hervor, dass sich tiefe, dunkle Höhlen um ihre Augen und ihren Kiefer bilden.

»Och nö«, mault Kurt, »der janze Umzuch umsonst!«

»Noch so'n Spruch«, sagt Basti beunruhigend ruhig, »und du liegst gleich neben ihr!«

Eine Stunde später ist Sofia wieder wach, zwei Stunden später hat sie mit Sarahs Hilfe bereits die ersten Kartons ausgeräumt, und drei Stunden später erklären wir den Umzug mit Döner und Bier als offiziell beendet. Danach verabschiedet Basti sich zügig, um den Wagen pünktlich abzugeben, und so stehen wir mit Kurt in Sofias halbfertiger Küche.

»Können wir dich denn jetzt überhaupt allein lassen?«, will Sarah wissen. »Dein Bett ist ja noch nicht einmal aufgebaut und …«

»Dit mach ick schon!«, sagt Kurt und trinkt sein Bier aus.

»Echt?« Sofias Augen leuchten.

»Klaro! Ick bau dir jetzt gleich die Glotze uff, mach dir'n schönet Filmchen an, und du chillst uffe Couch.«

»Aber auf Englisch!«, wirft Sofia ein. »Ich hasse deutsche Synchronisationen …«

»Meinetwegen!« Mit einem Messer öffnet er eine neue Flasche und nimmt einen Schluck. »Ick mach solange die Wohnung fertig, denn jeh ick mit Charlie spazier'n und notfalls …« Er zeigt auf einen Schlafsack in der Ecke. »… fahr ick erst morgen nach Hause!«

Sofia ringt um Worte, fängt dann aber an zu weinen und fällt Kurt um den Hals.

»Nu kick dir dit Elend doch an«, sagt er und wischt sich eine Träne von der Wange, »die kannste doch nich mehr alleene lassen!«

Unglaublich viele Monate gehen ins Land, in denen Sofias Fitness so stetig abnimmt, wie unsere Freundschaft wächst, und doch ist sie in den folgenden Jahren in der Lage zu Theaterbesuchen, zu Filmabenden mit Basti und Kurt, auch zu ganz bodenständigen Abenden in Potsdamer Kneipen und zu langsamen, aber ausgedehnten Spaziergängen mit mir und Charlie durch den Park Sanssouci, dessen Name so etwas wie Sofias Lebensmotto geblieben ist: Sie ist ohne Sorge, oft heiterer als ihre gesunden Mitmenschen, erfreut sich an so vielem, was um sie herum geschieht, und verliert keinen Deut ihrer Bissigkeit gegenüber allem, was sie für politisch oder weltanschaulich unsinnig hält – und freut sich somit wie eine Schneekönigin über meinen sonderbaren Werdegang als Berufsatheist.

Und als ich eines Tages vom Rundfunk Berlin-Brandenburg zu einer Fernsehsendung eingeladen werde, bei der ich in den Potsdamer Studios mit einem Mönch diskutieren soll, was es mit dem Weltuntergang auf sich hat, bin ich mit Sofia verabredet, damit sie mich ins Studio begleitet.

»Bin gleich da!«, säuselt Sofia in die Gegensprechanlage und steht keine zwei Minuten später mit Charlie vor mir in der Brandenburger Straße. »Na?« Sie streicht über ihre neue Perücke, ein frecher, blonder Kurzhaarschnitt, der sie in Kombination mit angemalten Augenbrauen und ein bisschen Wimperntusche schlagartig ein paar Jahre jünger wirken lässt. »Wie gefall ich dir? Und schau mal hier!« Sie lüftet ihre Perücke ein Stückchen und zieht mich ganz nah zu sich heran. »Meine Haare wachsen wieder, schau! Langsam, aber sicher – ist das nicht schön?« Dann gibt sie mir die Leine, an der der wilde Charlie hängt, und hakt sich bei mir ein. Langsam durchschreiten wir die Einkaufsstraße, da schaut Sofia plötzlich auf die Uhr. »Wir haben ja noch Zeit«, sagt sie und schiebt mich in eine Querstraße. »Lass uns durch den Park laufen, ich will dir etwas zeigen.«

So richtig viel Zeit haben wir zwar nicht, denn Sofia kommt zu Fuß nur sehr langsam voran. Und weil Fernsehredakteure nicht gerade für ihre zeitliche Flexibilität berühmt sind, werde ich unterwegs ein bisschen nervös.

»Mach dir keine Sorgen«, sagt Sofia und lächelt mich von unten an, »wir schaffen das pünktlich!« Sie greift meinen Arm etwas fester, als wir den Park betreten. »Und denk dran: Immer wenn du dich konzentrierst, siehst du im Fernsehen böse aus!«

»Du meinst, ich soll mich also nicht konzentrieren?« Ich zwinkere ihr zu. »Könnte schwierig werden bei dem Thema …«

»Doch, aber schau dabei freundlich. Die Menschen vorm Fernseher kennen dich nicht, und niemand mag Zornfalten auf der Stirn!«

»Aber wenn ich über Religion rede, brauche ich doch vor allem gute Argumente, und für die muss ich mich eben konzentrieren.«

»Du brauchst nicht nur gute Argumente, sondern auch ein nettes Lächeln!« Sie bleibt neben einer großen Eiche stehen und schaut mich an. »Ja, genau so! Irrationalen Überzeugungen kann man nicht auf rationalem Wege begegnen. Außerdem besteht das Leben nicht nur aus Argumenten und aus Logik – das weißt du doch genauso gut wie ich! Schau dir zum Beispiel diesen Ort an …«

Mit ausgebreiteten Armen dreht Sofia sich einmal um sich selbst. An dem Baum, dessen Stamm locker zwei Meter Durchmesser hat, schlängelt sich ein schmaler Fußweg vorbei, und auf der großen Wiese neben ihm steht eine einsame Parkbank. Sie bietet eine wunderschöne Aussicht auf diesen Teil des Parks und auf einen Pavillon, der hinter dem Baum steht. Goldene Säulen stützen das runde Dach dieses kleinen aber prunkvollen Bauwerks, dessen türkisfarbenes Mauerwerk von goldenen Figuren gesäumt wird, die asiatische Hüte tragen. Die Figur auf der Kuppel schützt sich mit einem Sonnenschirm, und der gesamte Pavillon ist mit einem niedrigen Zaun umgeben.

»Ich kann dir nicht sagen, warum – aber genau hier soll meine Asche verstreut werden.«

»Hier?« Ich muss ein bisschen lachen und Sofia auch. »Aber … ist das denn erlaubt?«

»Ich sagte doch: Das Leben besteht nicht nur aus Argumenten!« Sofia schließt die Augen und hebt ihren Zeigefinger. »Außerdem besagt Paragraph 25 des Brandenburgischen Bestattungsgesetzes, dass das Verstreuen von Asche außerhalb von Friedhöfen durch die örtliche Ordnungsbehörde im Einzelfall gestattet werden kann.«[104]

»Das kriegen wir doch niemals durch!«

»Ich wünsche es mir trotzdem!« Sie hakt sich wieder bei mir ein, und mit dem zerrenden Hund an der Leine spazieren wir langsam weiter. »Aber wenn die CDU sich diesmal durchsetzt, habe ich ganz andere Sorgen als meine Bestattung. Wenn die Sterbehilfe nämlich erst einmal kriminalisiert ist, dann werde ich wohl kaum noch einen Arzt finden, der mir letzte Hilfe leistet.«

Sofia seufzt und hat recht, denn seit einiger Zeit prescht Hermann Gröhe, Mitglied der CDU und Gesundheitsminister unserer neuen großen Koalition, in zahlreichen Statements mit der Haltung vor, »jede Form der organisierten Selbsttötungshilfe« verbieten zu wollen.[105] Ein solches Verbot besteht in der Bundesrepublik Deutschland im Jahr 2014 nämlich nicht, und das ist namentlich der damaligen Justizministerin Sabine Leutheusser-Schnarrenberger zu verdanken.

Schon 2012 nämlich wollte die CDU die letzte Hilfe kriminalisieren, die ein Arzt leisten kann, wenn alle anderen Maßnahmen erfolglos geblieben sind. Doch damals war es die Frau mit dem vielleicht längsten Namen der Politik, die dies mit erfreulich klaren Worten verhinderte: »Selbstbestimmung spielt für uns Liberale auch dann eine zentrale Rolle, wenn es um die ethisch besonders sensible Frage des Suizides geht«, sagte die Dame und erinnerte die CDU somit daran, dass ihr Koalitionsvertrag ausschließlich die »auf Gewinn orientierte Sterbehilfe« angehen will. »Das geplante Verbot auszuweiten«, also auch auf »unentgeltliche, aber geschäftsmäßig erbrachte Hilfeleistung zur Selbsttötung«, wie es im Antrag der CDU damals hieß, »lehnt die FDP ab.«[106]

Und genau diese Unterscheidung – geschäftsmäßig, aber unentgeltlich oder auf Gewinn orientiert – spielt für die ganz praktische Arbeit einer Ärztin oder eines Arztes eine immense Rolle. Und schon bald wird Deutschlands prominentester Sterbehelfer, Uwe Christian Arnold, eine Geschichte aus seiner jahrzehntelangen Erfahrung mit der letzten Hilfe aufschreiben[107], die dies furchtbar deutlich veranschaulicht: Ein alter Freund von ihm, ein Professor für Medizin und Oberarzt, erkrankt an amyotropher Lateralsklerose, einer Muskelkrankheit, die in seinem Fall innerhalb kürzester Zeit zur Lähmung nahezu sämtlicher Muskelpartien und schließlich zum sogenannten Locked-in-Syndrom führen wird. In diesem Zustand, »lebendig im eigenen Körper begraben zu sein«, wie der Mann es wohl selbst bezeichnete, können Menschen nur noch ihre Augen bewegen, sind aber meist bei vollem Bewusstsein und existieren so manchmal noch viele weitere Jahre qualvoll vor sich hin.

Nach dem Vorschlag der CDU soll es Ärzten verboten werden, einem solchen Patienten noch vor Eintritt der vollständigen Lähmung auf seinen Wunsch ein Medikament zur Verfügung zu stellen, das ihn sanft und schmerzfrei aus dem Leben entlässt, bevor es zur Qual wird.

2012 setzte sich also noch der freiheitliche Grundgedanke der Selbstbestimmung durch, doch nun sind die Karten des Polit-Pokers neu gemischt: Die große Koalition aus

CDU und SPD regiert seit kurzem unser Land, und damit auch Menschen, die sich nicht nur als Vertreter des Volkes, sondern auch als Vertreter Gottes im Bundestag verstehen. Und weil sie ihre christpolitische Arbeit nun endlich ohne das liberale Gekeife von den Selbstbestimmungsrechten des Individuums tun können, scheint sich eine neue Chance aufzutun, endlich die Sterbehilfe zu kriminalisieren – ganz im Sinne der christlichen Allmachtsphantasie, nach der allein Gott ein Leben beenden darf, nie der Mensch selbst.

»Das ist echt so scheiße ey, genau jetzt«, sagt Sofia, »wenn ich sterben will!«

»Jetzt?« Ich bleibe wieder stehen. »Ich … Ich dachte, es geht dir besser?«

»Besser, schlechter, hoch, runter – wer weiß das schon?!« Sie dreht sich wieder zur Eiche um. »Durch die Chemo gehe ich seit vielen Jahren immer mal wieder einen Schritt nach vorn und danach wieder zwei Schritte zurück. Das Zeug macht mich fertig, und um ganz ehrlich zu sein: Eine einzige Chemotherapie lass' ich noch über mich ergehen, und wenn dann immer noch keine Besserung in Sicht ist, dann nehme ich den Notausgang.«

»Den … das … ich …« Erinnerungen an unser Blockseminar werden wach, und wieder schnürt sich meine Kehle zu.

»Ist schon gut, Phil!« Sofia streicht eine Träne von meiner Wange. »Ich hab mein Leben selbstbestimmt gelebt, und ich will auch meinen Tod selbstbestimmt sterben. Ich bin seit vielen Jahren schwer erkrankt – terminal, wie es die Ärzte nennen –, und mit der minimalen Aussicht auf Heilung habe ich jetzt 17 Jahre so gut wie möglich gelebt. Jetzt habe ich nur noch Aussicht auf Schmerzen, und du weißt, dass ich die schon seit vielen Jahren ertrage. Inzwischen sind sie aber so stark, dass ich eine leise Ahnung davon bekomme, was mir drohen würde, wenn ich ohne letzte Hilfe gehen müsste.« Sie schaut mich ernst an. »Ich würde elendig verrecken, Phil, mindestens wochen- und wahrscheinlich monatelang – wobei schon eine Minute kaum erträglich ist!« Tränen sammeln sich in ihren weitgeöffneten Augen. Ihre Brust hebt und senkt sich schneller, und sie greift nach meinen Händen. »Das mach ich nicht mit, verstehst du? Kein Mensch kann diesen letzten Kampf gewinnen, und bei mir wird er so schmerzhaft, dass kein Mensch von mir erwarten kann, dass ich ihn überhaupt antrete.« Lange starrt sie in die Ferne. »Über meinen Tod bestimme nur ich selbst, da lasse ich mir von keinem Medizinfunktionär, keinem Politiker und erst recht keinem Geistlichen reinreden!«

»Achtung!«, ertönt plötzlich eine weibliche Stimme aus einem Lautsprecher, die klingt wie aus einem Science-Fiction-Film. Ein paar asiatische Touristen schrecken von dem Pavillon zurück. »Sie haben soeben eine Sicherheitslinie überschritten. Bitte berühren Sie den Pavillon nicht.«

Sofia lacht. »Das ist lustig!«, ruft sie, und ihre Miene erhellt sich. »Das ist so schön absurd – ja, hier soll meine Asche verstreut werden!«

Zu diesem Zeitpunkt können Sofia und ich natürlich nur erahnen, dass die dreifaltige Allianz aus Gesundheitsfunktionären, Christpolitikern und Geistlichen die öffentliche Debatte rund um Sterbehilfe noch mächtig anheizen wird – vor allem mit dem Scheinargument, Sterbehilfevereine wollten mit dem Tod reißende Umsätze erzielen.

Und dabei wird der Anästhesist Matthias Thöns[108] wenige Jahre später eindeutige Zahlen aus seinem Berufsleben veröffentlichen, die allesamt zeigen: Mit dem Tod lässt sich kein Geld verdienen, mit dem Sterben hingegen jede Menge. Ein tödliches Medikament kostet nur wenige Euro, von denen ein Arzt keinen Cent sieht, das Sterben im Hospiz hingegen spült den Betreibern viel Geld in die Kassen – und je länger es dauert, desto mehr Geld fließt auch.

Und weil die beiden deutschen Jesus-Konzerne europaweit der größte Anbieter für Krankenhäuser und Hospize sind, verwundert es nicht weiter, dass die entschiedensten Gegner der letzten Hilfe aus dem Lager der Berufschristen kommen. Und deren Position zur Sterbehilfe ist unmissverständlich: »Der heilige Wert des Lebens müsse im Leiden noch klarer hervortreten«, zitiert ein katholisches Nachrichtenmagazin sein geistiges Oberhaupt. »Schmerz und Hilflosigkeit eines Kranken« seien zwar eine »harte Prüfung für das medizinische Personal«, hat er wohl außerdem gesagt. Man dürfe jedoch nicht aus »falschem Mitleid heraus« der funktionalistischen Versuchung nachgeben, schnelle und drastische Lösungen erreichen zu wollen«.[109]

Dass Papst Franziskus eine so eindeutige Haltung gegen die Selbstbestimmung am Lebensende hat, mag für einen Papst auf den ersten Blick gute moralische Gründe haben – es gibt aber auch ganz weltliche Gründe dafür: Deutschlandweit gibt es rund 300 Palliativstationen in Krankenhäusern, von denen etwa 50 Prozent in christlicher Trägerschaft sind. Damit verfügen nach Angaben der Deutschen Gesellschaft für Palliativmedizin nur rund 15 Prozent der bundesweit etwa 2000 Krankenhäuser über eine Palliativstation. Stationäre Hospize gibt es derzeit in Deutschland rund 210. Davon sind rund zwei Drittel in christlicher Trägerschaft.[110]

Umso bigotter ist es also, dass christliche Glaubensvertreter nahezu inflationär mit dem Vorwurf um sich schmeißen, Sterbehelfer wollen mit dem Tod Geld verdienen, während christliche Einrichtungen aber mit dem Sterben satte Umsätze erzielen.

Doch es gibt noch eine andere spannende Gruppe, die sich vehement gegen die letzte ärztliche Hilfe ausspricht, und die trifft sich einmal im Jahr zu einer Demo in Berlin. Beim »Marsch für das Leben« tragen ihre Sympathisanten schweigend eintausend weiße Kreuze durch die Stadt und halten dabei nicht nur Banner mit Aufschriften wie »Ja zum Leben« und »Babys Welcome!« hoch, sondern treten auch »für ein Europa ohne Euthanasie« ein – vielleicht in der Hoffnung, durch die Verwendung eines Fremdwortes von ihrem Dasein als christliche Hardliner abzulenken.

»Jeder Mensch, ob geboren oder ungeboren, hat das Recht auf Leben«, steht auf der Homepage des Bundesverbands Lebensrecht, der den Marsch des Lebens organisiert. Denn nur »in einem Europa ohne Abtreibung und Euthanasie«, heißt es dort, sei »ein Leben in Selbstbestimmung, Würde und Freiheit möglich«.[111]

Wie ein »Leben in Selbstbestimmung« möglich sein soll, wenn Menschen nicht über sich selbst bestimmen können, erklären die Fundamentalisten jedoch nicht. Doch auch das wundert wenig, denn Erklärungen werden in religiösen Denkmustern bekanntlich durch simple Behauptungen ersetzt. Dass Schwangerschaftsabbruch Teil der sexuellen Selbstbestimmung sei, so die rechten Christen, sei die staatliche Propagierung eines »angeblichen Menschenrechts auf Abtreibung«. Und »jede Mitwirkung an der Selbsttötung« sei »zu verbieten, auch durch Ärzte, Pflegepersonal und Angehörige«.

Schon hier wird also klar: Auch wenn der Gesundheitsminister der BRD im Jahre 2014 vielleicht kein christlicher Fundamentalist ist, vertritt er doch eine deckungsgleiche Meinung mit ihnen und begründet diese ebenso gleich.

Und die Message der christlichen Fundamentalisten – die in den USA als Pro-Life-Bewegung auftreten und deren

Sympathisanten durchaus auch mal der ein oder anderen Familienplanungsklinik ein Briefbömbchen schicken[112] – ist also klar: Menschliches Leben betrachten sie als ein Geschenk Gottes, weshalb allein Gott über Anfang und Ende des Lebens bestimmen kann. Ein Verbot der Sterbehilfe folgt also den gleichen religiös-fundamentalistischen Pseudoargumenten wie die Forderung, Schwangerschaftsabbruch zu kriminalisieren.

Was Frauen und Männer, meist aus der Generation meiner Eltern, also in jahrzehntelangen Auseinandersetzungen gegen die christlich-konservativen Überreste vordemokratischer Zeiten erkämpft haben – nämlich das Recht, selbst über seine Fortpflanzung bestimmen zu dürfen –, wollen christliche Lebensschützer wieder rückgängig machen und setzen dabei nicht selten Eltern, Ärzte und Politiker unter Druck[113]. Und noch eine weitere prominente Gegnerin der Selbstbestimmung am Lebensende haben die rechten Christen in ihren geistigen Reihen: Agnes Gonxha Bojaxhiu, 1910 im Osmanischen Reich geboren und 1997 in Kalkutta gestorben – unter dem Künstlernamen Mutter Teresa.

Der Schmerz sei »das schönste Geschenk für den Menschen«, weil er so »am Leiden Christi teilnehmen kann«[114], wird die Frau zitiert, die bei der Entgegennahme des Friedensnobelpreises 1979 das Recht auf Schwangerschaftsabbruch als »direkten Mord durch die Mutter« und »die größte Bedrohung des Weltfriedens« bezeichnete – und im Jahr 2003 von Papst Johannes Paul II. selig- und 2016 von Franziskus sogar heiliggesprochen wurde.[115] »Es ist etwas sehr Schönes, wenn man sieht, wie die Armen ihr Kreuz tragen«, beginnt eines ihrer berühmtesten Zitate und endet mit den Worten: »Wie die Passion Christi, ist ihr Leid ein großes Geschenk für die Welt.« Genau deshalb hat man vielleicht auch haufenweise ungeöffnete Schmerzmittel in den Lagern ihrer Hospize gefunden, die sie und ihre Schwestern den Sterbenden nicht verabreicht hatten. Oder festgestellt, dass ihr Orden zum Beispiel im Jahr 1991 Spenden in Höhe von etwa 5,3 Millionen D-Mark erhalten hat, aber nur Ausgaben in Höhe von 360 000 DM nachweisen konnte. Die restlichen 93 Prozent des Geldes, so stellt sich später heraus, hat Mutter Teresa an den Vatikan überwiesen[116] – an die Vatikanbank, wohlgemerkt, von der seit dem Suizid ihres Bankiers Roberto Calvi[117] und den Enthüllungen des italienischen Journalisten Gianluigi Nuzzi nachweislich bekannt ist, dass sie in internationale Geldwäsche, Drogenhandel, Prostitution und weitere Elemente der organisierten Kriminalität verwickelt ist.

Und wer sich noch näher mit einer der prominentesten Gegnerinnen der Sterbehilfe auseinandersetzt, wird erfahren, dass Mutter Teresas Orden keineswegs kranke Menschen gesund gepflegt hat. Stattdessen hat sie Heime geführt, die wegen ihrer katastrophalen medizinischen Zustände später von der britischen Zeitung The Guardian als »organisierte Form unterlassener Hilfeleistung« bezeichnet wurden.[118] Auch ist inzwischen bekannt, dass sie alle Sterbenden – also auch die, die durch einfache Medikamente hätten geheilt werden können – vor ihrem Tod noch schnell getauft hat. Und dass sie kurz vor ihrem eigenen Tod selbst zu palliativmedizinischer Hilfe gegriffen hat, zeigt, dass sie auf dem Gipfel ihrer Bigotterie angelangt war. Bei genauerer Betrachtung stellt sich also heraus:

Die Ikone der katholischen Nächstenliebe ist im Lichte der Realität betrachtet also tatsächlich »der Todesengel von Kalkutta«: eine sanft lächelnde Fanatikerin, die in Sachen Sterbehilfe die gleiche Position vertrat wie der Bundesgesundheitsminister Hermann Gröhe es im Jahr 2014 tut.

Und während 80 Prozent der Deutschen meinen, es gehöre zur Menschenwürde, »als leidender oder sterbender Mensch selbst über seine Todesart und seinen Todeszeitpunkt bestimmen zu können«[119], finden die christlichen Fundamentalisten vom Bundesverband für Lebensrecht in den Reihen unserer Bundesregierung hohe Zustimmung – und erhalten dazu schicke Grußworte:

Volker Kauder etwa, Vorsitzender der CDU/CSU-Fraktion, ist Mitglied des Bundestages – und wirkt somit nicht nur an der Gestaltung unseres Landes mit, sondern auch an der Gestaltung katholischer Moral, und meint: Das Leben »sei ein Geschenk Gottes« und dürfe daher »nie zur Disposition stehen«[120], weshalb auch er der Meinung ist, kein Mensch dürfe auf deutschem Boden seine letzte Entscheidung selbst treffen.

Julia Klöckner, führendes Mitglied der CDU in Rheinland-Pfalz und studierte Theologin, verspricht den christlichen Fundamentalisten vom Marsch für das Leben, sie werde sich mit ihrer »Partei für den konsequenten Lebensschutz in allen Bereichen durchsetzen« – und bezeichnet in diesem Zuge auch Diagnoseverfahren für Menschen mit Kinderwunsch, wie die PID und sogar die PND, als problematisch, weil sie »Eltern in enorme Konfliktsituationen bringen«.[121]

Welcher enorme Konfliktsituationen und massive psychische und körperliche Belastungen für Frauen und ihre Familien durch mehrfache Fehlgeburten entstanden wären, wenn konservative Christpolitiker sich 2011 mit einem Verbot der PID durchgesetzt hätten, darauf geht Julia Klöckner freilich nicht ein.[122]

Auch Wolfgang Bosbach spendet ein Grußwort, und auch wenn einige Namen doppelt auftauchen, finden sich die Abkürzungen MdB und MdL 58-mal auf der Homepage der Gruppe, die das Recht einer nicht empfindungsfähigen Ansammlung von Zellen aus religiösen Gründen über das Recht erwachsener Menschen stellen wollen. Das spannendste PDF öffnet sich jedoch hinter dem Namen Hubert Hüppe.

»Beauftragter der Bundesregierung für die Belange behinderter Menschen« steht ganz oben auf dem Schreiben neben dem Bundesadler. »Das Recht auf Leben gerät immer mehr unter Druck«, schreibt der Mann im Auftrag unserer Bevölkerung und seines Gottes, »am Lebensende und am Beginn des Lebens.«[123] Hier wird also klar:

Um für religiösen Fundamentalismus politische Unterstützer zu finden, müssen wir nicht in den Nahen Osten schauen – denn sie sitzen mitten in unserem Bundestag.

Philipp Mißfelder, damaliger Vorsitzender der Jungen Union, geht in seinem Grußwort sogar so weit, den Kampf gegen Selbstbestimmung zu befürworten, weil dadurch »die in den Jahrtausenden schwer erkämpften Erfolge und Errungenschaften des Humanismus und des Christentums« geschützt würden.[124]

Welchen Geschichtsunterricht hat wohl ein Mann besucht, der solche Behauptungen von sich gibt – evangelischen, katholischen oder gar keinen?!

Dass die Topmanager des organisierten Katholizismus wiederum kraft des ihnen verliehenen Amtes als staatliche Hüter der christlichen Moral den Verein unterstützen, leuchtet ein: Hans-Jürgen Abromeit, Markus Dröge, Felix Genn, Heiner Koch, Reinhard Marx, Joachim Meißner, Gerhard Ludwig Müller, Werner Thissen, Hansjörg Voigt, Karlheinz Wiesemann, Rainer Maria Woelki, Robert Zollitsch – all diese Männer sind verbeamtete Gegner der Selbstbestimmung, die unter anderem für diese Haltung ein monatliches Gehalt von mindestens 8000 Euro plus Dienstwohnung, -wagen und Fahrer aus Steuergeldern erhalten. Und um ihren politischen Einfluss geltend zu machen, unterhalten sie, ähnlich wie ihre protestantischen Kollegen, eine interessante Einrichtung: das Kommissariat der Deutschen Bischöfe, oder kurz – das Katholische Büro in Berlin.

»Im Auftrag der Deutschen Bischofskonferenz« vertritt diese Dienststelle ihre Interessen »in politischen Fragen gegenüber den Organen des Bundes, den gemeinsamen Organen der Länder, den Landesvertretungen beim Bund, den Parteien und den auf Bundesebene agierenden gesellschaftlichen Kräften«. Da kommt ja schon mal einiges zusammen. »Eine wesentliche Aufgabe der Kirche besteht in der Erhaltung und Stärkung grundlegender sinn- und gemeinschaftsstiftender Wertvorstellungen«, heißt es auf deren Homepage neben Fotos der mächtigsten Bischöfe unserer Republik, die in ihrer reichverzierten Amtskleidung neben Angela Merkel und Joachim Gauck posieren.[125] Und so ist es nur folgerichtig, dass dieses katholische Büro schon 2003 vor der Sterbehilfe warnte, wie Carsten Frerk es später in seiner »Kirchenrepublik Deutschland« schreibt.[126]

»Eine leise Hoffnung habe ich ja noch«, sagt Sofia, »dass sich von den vier Gesetzesentwürfen einer durchsetzt, der die eigentliche Aufgabe der Ärzte, nämlich Leid zu mindern, nicht kriminalisiert.«

»Aber …« Ich überlege einen Moment, während wir weiter durch den Park laufen. »Für assistierten Selbstmord gibt es doch in Deutschland momentan keine Strafe, oder?«

»Nein!« Sofia bleibt wieder stehen und schaut mich aus aufgerissenen Augen an. »Und genau deswegen ist es auch vollkommen falsch, von Selbstmord zu sprechen!«, sagt sie laut. »Mord ist nämlich eine Straftat – die Tötung einer Person gegen ihren Willen. Ich weiß, der Begriff wird überall leichtfertig verwendet, aber er ist die sprachliche Kriminalisierung einer Handlung, die keine Straftat ist. Wenn einer dabei andere mit in den Tod reißt, weil er zum Beispiel denkt, dadurch ins Paradies zu kommen, dann ist der Begriff vielleicht gerechtfertigt, aber ansonsten heißt das Suizid oder Freitod, klar?!« Eine Weile schweigt Sofia, dann räuspert sie sich, hakt sich wieder bei mir ein und spricht leise weiter. »Ich hab jedenfalls vorgesorgt!«

»Womit?!«

»Mit einem Medikament, schon vor langer Zeit – oder was meinst du, warum ich die ganze Zeit so gechillt bin?!«

»Ehrlich? Ich …« Nun bleibe ich wieder stehen. »Irgendwie geht es mir nicht gut damit, dass du …«

»Ja?«

Meine Stimme bebt. »Dass du dein Leben beenden willst.«

»Das verstehe ich gut. Aber ich erwarte auch dein Verständnis für meine Entscheidung.«

»Das hast du allemal! Trotzdem …«

»Weißt du, Wolfgang Herrndorf, der unter anderem ›Tschick‹ geschrieben hat, hatte einen unheilbaren Hirntumor. Nach der Diagnose schrieb er in seinem Blog, dass er eine Exitstrategie brauche, für die Psychohygiene – um Herr im eigenen Haus zu sein.[127] Und weil die Ärzte ihm dabei nicht weiterhelfen, hat er sich schließlich eine Knarre besorgt. Das ist doch grausam, das will ich nicht, das kann ich nicht! So viele Suizidversuche gehen schief: Schlaftabletten, erhängen, sogar Kopfschüsse wollen gelernt sein, weil man die sonst behindert überlebt! Unzählige Lokführer sind wegen miterlebter Suizide in psychologischer Behandlung, und das alles nur, weil unsere verfluchte Christenregierung …«

Sofia bricht in Tränen aus. Ich nehme sie in den Arm,

streichele sie, blende die glotzenden Passanten, den bellenden Hund und die rasende Zeit aus. Lange weint sie, so lange, dass mir wirklich kein Argument mehr einfällt, warum man einem Menschen in ihrer Situation nicht helfen sollte.

»Ich mach das anders«, sagt sie plötzlich und hebt ihren Kopf. Ihre Augen sind geschwollen, ihre angemalten Augenbrauen verwischt, und ihre Perücke sitzt schief auf ihrem Kopf. Sie lächelt mich an. »Wenn die Schmerzen unerträglich werden, dann rufe ich meine Töchter zu Besuch. Wenn sie klingeln, nehme ich das erste Medikament, ein Beruhigungsmittel, das ich in Wasser auflöse und trinke. Dann lege ich meine Lieblings-CD ein, mache es mir auf der Couch gemütlich und rühre das zweite Medikament in Apfelmus. Der schmeckt mir gut. Dann nehme ich die Hände meiner Kinder und …« Sie schaut mich aus nächster Nähe aus ihren müden, blauen Augen an. »Dann sterbe ich. In Frieden. Schmerzfrei und zu Hause.«

Es ist ein wunderschöner Sonntag, als ich einen knappen Monat später wieder vor der Eiche stehe. An meiner rechten Hand zieht Charlie an der Hundeleine, mit der linken halte ich Klara am Fußgelenk fest, die auf meinen Schultern sitzt, und neben mir schaukelt Sarah den Kinderwagen mit dem schlafenden Anton darin. Thomas diskutiert aufgebracht mit Kurt und Basti über die Entwürfe zum Sterbehilfegesetz, und neben der ganzen Clique unserer ehemaligen Kommilitonen stehen Sofias Töchter mit uns um den Baum herum. Die Ältere der beiden trägt eine Sporttasche über der Schulter, die sie mit beiden Händen festhält. Über meinen Schultern hingegen hängt eine Gitarre, die ich auf dem Rücken trage.

Eine leichte Brise trocknet meine Tränen, als Thomas das Wort ergreift.

»Liebe Freunde«, sagt er und lächelt in den Halbkreis der Menschen, die nun neben mir und meiner kleinen Familie um die Eiche herumstehen. »Sofia war ein ganz besonderer Mensch, und so ist es kein Wunder, dass sie sich eine ganz besondere Bestattungsfeier gewünscht hat – an diesem ganz besonderen Ort. Sie hatte die Chance, ihren Abschied zu planen und hat uns …« Thomas muss schmunzeln, »… relativ genaue Anweisungen dazu gegeben, wie sie sich diesen Tag heute vorstellt. Daher folgt jetzt – eine Schweigeminute, und keiner soll lachen.«

Fast die gesamte Trauergemeinde lacht, doch nach einigen Augenblicken kehrt Ruhe ein. Wir schweigen gemeinsam, und als ich die Augen schließe, fühlt es sich so an, als stünde Sofia mitten unter uns.

»Achtung!«, tönt es plötzlich aus den Lautsprechern im Hintergrund. »Sie haben eine Grenze überschritten. Bitte …«

»Was ist das denn?« Der Münsteraner Philosoph mit dem freundlichen Lächeln dreht sich zu dem Pavillon um. »Das klingt ja wie bei George Orwell!«

»Mama fand das so cool«, ruft ihre jüngere Tochter lachend und weinend, »dass sie immer absichtlich über die Absperrung gegangen ist.«

»Und am liebsten, wenn asiatische Touri-Gruppen danebenstanden«, ruft Kurt. »Dit hätte Sofia den janzen Tach machen können!«

»Hat sie auch einmal«, sagt ihre ältere Tochter nun. »Als sie es noch konnte.«

»Achtung!«, ruft die Stimme nun wieder. »Sie haben eine Grenze überschritten …«

»Vielleicht reicht das dann auch mit der Schweigeminute, oder?« Thomas wartet, bis alle zugestimmt haben. »Aber es passt ja irgendwie auch, denn Sofia hat öfter mal Grenzen überschritten: Wenn sie anderen ungefragt ihre Meinung um die Ohren gehauen hat. Oder bei Kunstaktionen an der Uni auch mal die Grenzen des guten Geschmacks. Und seit vielen, vielen Jahren auch immer wieder die Grenzen ihrer Belastbarkeit und ihres Schmerzes. Und trotzdem ist sie ständig mit einem Lächeln durch ihr nicht immer leichtes Leben gelaufen – und hat sich für heute das passende Lied gewünscht. Phil?«

Ich setze Klara ab, ziehe die Gitarre nach vorn, zähle mit Thomas zusammen einmal an, dann beginnt er zu meinen Akkorden zu singen:

»Some things in life are bad, they can really make you mad. Other things just make you swear and curse. When you're chewing on life's gristle, don't grumble, give a whistle! And this'll help things turn out for the best … Und alle!«

»Always look on the bright side of life«, singen wir zusammen und pfeifen dann die Melodie, die die Jungs von Monthy Python am Kreuz pfeifen. »Always look on the light side of life«, singen wir hinterher, und während wir wieder pfeifen, werden wir von Mitgliedern einer chinesischen Touristengruppe fotografiert.

Nach dem Song schiebe ich die Gitarre an ihrem Gurt wieder auf meinen Rücken und nehme Klara auf die Schultern.

»Als ›Das Leben des Brian‹ in die deutschen Kinos kam, war Sofia siebzehn Jahre alt und noch weit entfernt von ihrer ersten Krebs-Diagnose«, fährt Thomas fort. »Dass sie dennoch so lange leben und zwei so wundervolle Töchter zur Welt bringen konnte, hat sie immer der großartigen medizinischen Versorgung verdankt, die sie erhalten hat. Und dass sie nun so sanft entschlummern und damit einem qualvollen Tod entrinnen konnte, ist wiederum dem Umstand zu verdanken, dass die konservativen Kräfte dieses

Landes die Sterbehilfe noch nicht verboten haben. Und bei unserem letzten Telefonat, das wir wenige Tage vor ihrem Tod geführt haben, hat sie mich ausdrücklich darum gebeten, heute etwas sehr Wichtiges loszuwerden: Ihre sichere Option auf einen schmerzfreien Tod hat ihr viele Jahre der Zuversicht ermöglicht, die sie sonst hätte in großer Angst leben müssen. Und in ihrem Humor ist sicherlich am deutlichsten geworden, dass Sofia britischen Migrationshintergrund hatte. Sie sagte nämlich, wenn ihre Seele wider Erwarten doch noch existieren sollte, dann würde sie uns jetzt ein Zeichen schicken.« Thomas wartet, bis niemand mehr lacht und schaut sich dann schweigend um. »Und? Merkt jemand etwas?«

Und in genau diesem Moment spüre ich, wie sich die Halterung des Gitarrengurtes löst, komme wegen Klara auf meinen Schultern aber nicht mehr an das Instrument heran, so dass es mit dem Kopf voran auf die Wiese scheppert, dann auf den Korpus fällt und schließlich mit nachhallenden Seiten auf dem Rücken liegen bleibt.

Nach einem kurzen Moment der Stille brechen wir alle in schallendes Gelächter aus, woraufhin Sofias ältere Tochter vortritt und sich neben Thomas stellt.

»Du hast es ja bereits gesagt«, beginnt die junge Frau, die Sofias Augen hat und schaut ihre Schwester an. »Unsere Mama war eine ganz besondere Frau, und ihr wisst sicherlich alle, dass sie einen …« Sie schaut sich um und spricht leiser: »… einen illegalen letzten Wunsch hatte.« Sie räuspert sich, stellt die Tasche ab, öffnet den Reißverschluss und holt ein schwarzes, rundliches Gefäß heraus. »Ich denke, wir machen das jetzt schnell und unauffällig, damit wir keinen Är…«

Sie stockt und schaut hinter uns, wo plötzlich, wie aus heiterem Himmel, ein weißer PKW aufgetaucht ist, mitten im Park. Die Karosserie ist mit dem Wort *Security* bedruckt, und der Fahrer schaut durch seine Sonnenbrille zu uns, während er im Schritttempo den Weg entlangfährt. Dann hält er an. Aus dem Augenwinkel kann ich sehen, wie Thomas sich vor die Urne stellt und Sofias Tochter sie in aller Ruhe in der Tasche verstaut, dann lässt der Parkwächter sein Fenster herunter und schaut mich an.

»Alles okay?«, will er wissen.

»Ja.« Ich schlucke. »Und bei Ihnen?«

»Alles okay!« Er nimmt seine Sonnenbrille ab und zeigt auf meine Gitarre, die ich in der Hand halte. »Machen Sie hier Musik?«

»Nee!« Ich schaue auf das Instrument. »Also – doch, aber wir haben nur ein Lied ge…«

»Ist verboten!« Er kaut Kaugummi.

»Okay, sorry, dann … machen wir das nie wieder.«

»Davon gehe ich aus.« Er schaut sich in unserer Gruppe um und zieht eine Augenbraue hoch. »Sind Sie'n Bibelkreis oder so was?«

»Wir?« Ich höre leises Prusten neben und hinter mir. »Nicht so richtig, nein.«

»Gut!« Er setzt seine Sonnenbrille wieder auf und lässt die Scheibe hoch. »Dann viel Spaß noch.«

»Danke!«, rufe ich freundlich, und gemeinsam mit der restlichen Trauergemeinschaft winken wir dem netten Herren.

Als er um die Ecke gebogen ist, brechen wieder alle in schallendes Gelächter aus, doch Sofias Tochter holt schnell wieder die Urne hervor.

»Also!«, ruft Thomas in die Runde und nimmt die Urne von Sofias Tochter an. »Ich denke, wir machen das jetzt eher symbolisch, okay?!« Sofias Trauergesellschaft nickt fröhlich, also öffnet Thomas die Urne und streut etwas Asche an den

Baum und auf die Wiese. »So, meine liebe Sofia«, sagt er, »du kannst uns zwar nicht mehr hören, weil du ja tot bist, aber dennoch haben wir dir deinen letzten Wunsch erfüllt. Gut so?« Er wartet kurz auf eine Antwort, schüttelt dann aber den Kopf und wendet sich wieder an uns. »Das ist jetzt der offizielle Sofia-Gedenkbaum, aber sie hat gesagt, wer will, darf auch woanders an sie denken. Und jetzt?« Er packt seine Notizen weg. »Auf zum Leichenschmaus!«

Wenige Monate später steht Angela Merkel mit gefalteten Händen im Bundestag und schaut lächelnd auf die Abstimmungsergebnisse: 360 von 602 Abgeordneten aus allen Fraktionen haben dem Gesetzesentwurf zugestimmt, in dem Sterbehilfe komplett kriminalisiert wird[128]. Einzig Angehörige, die weder über medizinische Kenntnisse noch über geeignete Mittel dazu verfügen, dürfen Suizidhilfe leisten – und dafür unter Umständen lebenslange Gewissensbisse mit sich herumtragen. Ein anderer Entwurf, nach dem gemeinnützige Vereine, die mit der Sterbehilfe satzungsgemäß keinen Cent Gewinn hätten erzielen dürfen, kommt nicht durch.[129] Stattdessen werden solche Vereine wegen Geschäftsmäßigkeit verboten, und Ärzten, die ihren Patienten letzte Hilfe erweisen, bekommen es ab sofort mit dem Staatsanwalt zu tun – auch wenn sämtliche medizinischen Maßnahmen ausgeschöpft und ein Mensch bei vollem Bewusstsein den letzten Wunsch äußert, selbstbestimmt und schmerzfrei dem Leben entschlummern zu wollen.

Die christliche Überzeugung, anderen Menschen ihre moralischen Vorstellungen aufzuzwingen, wurde durch unsere Bundesregierung also auch auf unsere allerletzte Entscheidung ausgeweitet. Die Panikmache der Christenlobby, ihr guter Draht in die Politik und nicht zuletzt auch die Religiosität vieler Abgeordneter hat also dafür gesorgt, dass

Krankenhäuser und Hospize weiterhin ein Riesengeschäft mit unserem Sterben machen können. Dass fast 80 Prozent ihrer Wählerinnen und Wähler ihr gutes Recht auf ein selbstbestimmtes Sterben gefordert haben,[130] war den Abgeordneten offenbar nicht wichtig. Dass 180 deutsche Ärztinnen und Ärzte in einem offenen Brief schreiben, es sei »nicht nur ethisch vertretbar, sondern hilfreich und human, einen schwerstleidenden Patienten nicht im Stich zu lassen, der sich wohlinformiert zum Suizid entschlossen hat«[131], war ihnen offenbar auch egal. Und ebenso konnte sie die Resolution von 150 Strafrechtsprofessoren[132] nicht zur Vernunft bringen – ihre christliche Überzeugung war stärker.

Im Gegensatz zur Debatte um die Genitalbeschneidung bei Jungen, zu der im Bundestag in einer absoluten Rekordzeit ein Gesetzesentwurf vorgelegt und verabschiedet wurde, wurde die Frage um die Kriminalisierung der Sterbehilfe lange diskutiert. Doch auch eine Parallele zur Beschneidungsdebatte entsteht: Außerhalb des Bundestages werden sachliche Argumente angeführt, innerhalb des Bundestages dagegen wird mit Meinung Politik gemacht – und mit Religion.

Aber so ist das eben in der Gottesrepublik Deutschland: Die Bevölkerung ist aufgeklärter als ihre Regierung.

Danke

Mein Dank gilt Carsten Frerk, Michael Schmidt-Salomon, Ann-Kathrin Schwarz, Elke Held, Sabine Buss, Herbert Steffen, der Giordano-Bruno-Stiftung und dem Fischer Verlag sowie meinen Freunden und insbesondere meiner Familie.

Anhang

1 »Generation What?« Europabericht, S. 16.
Link zum Download: www.br.de/nachrichten/generation-what-abschlussbericht-pdf-102.html
2 »Atheists – gimme five«, Artikel von Ariane Sherine in The Guardian vom 20.06.2008 www.theguardian.com/commentisfree/2008/jun/20/transport.religion
3 Carsten Frerk, »Violettbuch Kirchenfinanzen«, Aschaffenburg 2010, S. 259.
4 Carsten Frerk, »Violettbuch Kirchenfinanzen«, Aschaffenburg 2010, S. 215.
5 »Alte Pfründe – Steuermillionen für die Kirchen«, Panorama-Sendung 2009, www.youtube.com/watch?v=nEwsKKOW0-E
6 »Volksentscheid über die Einführung des Wahlpflichtbereichs Ethik/Religion« – fundierte Informationen und einen Überblick zu weiterführenden Artikeln findet man dazu auf: https://de.wikipedia.org/wiki/Volksentscheid_%C3%BCber_die_Einf%C3%BChrung_des_Wahlpflichtbereichs_Ethik/Religion#Unterst.C3.BCtzer%0AQ3
7 Art. 140, GG mit Bezug auf Art. 137, Abs. 1 der Weimarer Verfassung.
8 »Religionszugehörigkeit der Deutschen nach Bundesländern im Jahr 2011«, statista – Das Statistikportal: https://de.statista.com/statistik/daten/studie/201622/umfrage/religionszugehoerigkeit-der-deutschen-nach-bundeslaendern/
9 »Die BVG glaubt noch an Gott« – taz-Artikel vom 18.03.2009, www.taz.de/!5166083/
10 »Deutsche Städte wollen keine gottlosen Botschaften auf

Bussen« – SPIEGEL-Artikel vom 18.03.2009, www.spiegel.de/wissenschaft/natur/atheisten-kampagne-deutsche-staedte-wollen-keine-gottlosen-botschaften-auf-bussena-614080.html

11 »Glaubenssache« von Roger Willemsen – ZEIT-Artikel vom 28.05.2009, www.zeit.de/2009/23/Willemsen-Moeller-23

12 »Religionszugehörigkeit« – Bundeszentrale für politische Bildung, www.bpb.de/nachschlagen/zahlen-und-fakten/soziale-situation-in-deutschland/145148/religionszugehoerigkeit

13 »Religionszugehörigkeiten in Deutschland 2015« – Forschungsgruppe Weltanschauungen in Deutschland, https://fowid.de/meldung/religionszugehoerigkeiten-deutschland-2015

14 »Bischof Mixa sieht Massenmord als Folge des Atheismus« – SPIEGEL-Artikel vom 20.04.2009, www.spiegel.de/panorama/gesellschaft/osterpredigt-bischofmixa-sieht-massenmord-als-folge-des-atheismus-a-618676.html

15 »Die Legende vom christlichen Abendland« – Broschüre der Giordano-Bruno-Stiftung, www.giordano-bruno-stiftung.de/sites/gbs/files/download/abendland-brosch.pdf

16 Aus mangelnder Erinnerung an die damaligen genauen Worte habe ich mich an einer Predigt zur Erstkommunion des Bischofs Gregor Maria Hanke im Eichstädter Dom aus dem Jahre 2012 orientiert: www.youtube.com/watch?v=nmoiApXEZCE

17 Der Bewusstseinsforscher António Damásio beschreibt die Geschichte von Phineas Gage und ihre Bedeutung für die Hirnforschung sehr genau im ersten Teil seines Buches »Descartes' Irrtum. Fühlen, Denken und das menschliche Gehirn«, München 1994.

18 »Religionszugehörigkeit und Gottesglaube 2002« – Forschungsgruppe Weltanschauungen in Deutschland, https://fowid.de/meldung/religionszugehoerigkeit-und-gottesglaube-2002

19 »Die Wahrheit ändert sich nicht, weil sie von einer Mehrheit der Menschen geglaubt oder nicht geglaubt wird.«

20 Rolf Bergmeier: »Schatten über Europa. Der Untergang der antiken Kultur«, Aschaffenburg 2012.

21 »Problem für den Papst« – SPIEGEL-Artikel vom 19.01.2009, www.spiegel.de/spiegel/print/d-63637421.html

22 »Streit über katholische Holocaust-Leugner« – SPIEGEL-Artikel vom 26.01.2009, www.spiegel.de/politik/deutschland/streit-ueber-katholische-holocaust-leugner-ranke-heinemann-wirft-papst-bagatellisierung-des-antisemitismus-vor-a-603469.html

23 Karl Jaspers: »Philosophie und Welt«, München 1958, S. 162.

24 Uwe Lehnert: »Warum ich kein Christ sein will. Mein Weg vom christlichen Glauben zu einer naturalistisch-humanistischen Weltanschauung«, Tectum Wissenschaftsverlag, Marburg 2015, 6. Auflage.

25 Michael Schmidt-Salomon: »Jenseits von Gut und Böse«, München 2009.

26 »Fast 2000 katholische Geistliche in Australien belastet« – FAZ-Artikel vom 06.02.2007, www.faz.net/aktuell/politik/ausland/kinder-sexuell-missbrauchtfast-2000-katholische-geistliche-in-australien-belastet-14859309.html

27 »Finanzen der Schulen in freier Trägerschaft und der Schulen des Gesundheitswesens – 2009«, Statistisches Bundesamt, veröffentlicht 2012. www.destatis.de/DE/Publikationen/Thematisch/BildungForschungKultur/BildungKulturFinanzen/SchulenfreieTraeger5217110099004.pdf?__blob=publicationFile

28 Katechismus der katholischen Kirche (KKK), www.kathpedia.com/index.php/Exorzismus#Katechismus_der_Katholischen_Kirche_.28KKK.29

29 Heinz-Werner Kubitza: »Der Jesuswahn. Wie die Christen sich ihren Gott erschufen. Die Entzauberung einer Weltreligion durch die wissenschaftliche Forschung«, Tectum Verlag, Marburg 2011. www.jesuswahn.de

30 »Weihwasser selber machen«, http://de.wikihow.com/Weihwasser-selber-machen
31 »Staatsleistungen der Länder an die Kirchen, Stand: 09.01.2017), www.staatsleistungen.de/wp-content/uploads/2017/03/Staatsleistungen-2017-pro-Kopf-Bundesländer.pdf
32 Carsten Frerk: »Finanzen und Vermögen der Kirchen in Deutschland«, Aschaffenburg 2002.
33 »Kirchensteuer: Was passiert mit dem Geld?«, www.katholisch.de/aktuelles/dossiers/kirchensteuer-was-passiert-mit-dem-geld
34 »Pyrrhussieg für Freiburg oder Erfolg für Kirchenrechtler Zapp?« – Beitrag vom 16.09.2012, http://www.kath.net/news/38242
35 »Allgemeines Dekret der Deutschen Bischofskonferenz zum Kirchenaustritt Pastorales Schreiben und Angebot zum Gespräch für Ausgetretene«, http://recht.drs.de/fileadmin/Rechtsdoku/1/3/2/2/13_07_01.pdf
36 »Pastorales Schreiben (an die aus der Kirche ausgetretene Person unmittelbar nach Kenntnisnahme des Kirchenaustritts)« – Pressemitteilung der Deutschen Bischofskonferenz vom 20.09.2012, www.dbk.de/fileadmin/redaktion/diverse_downloads/presse/2012–145b-Allgemeines-Dekret-Kirchenaustritt_PastoralesSchreiben.pdf
37 Das entspricht 3 Prozent der Kirchensteuereinnahmen, die in den Kirchensteuergesetzen der Bundesländer festgesetzt sind.
38 Carsten Frerk und Christoph Baumgarten: »Gottes Werk und unser Beitrag. Kirchenfinanzierung in Österreich«, Wien 2012.
39 25. Subventionsbericht der Bundesregierung, Bundestagsdrucksache 18/5940, S. 87.
40 »Wer hat die Kirchensteuer ›erfunden‹?« – Beitrag vom 06.01.2015, www.katholisch.de/aktuelles/dossiers/kirchensteuer-was-passiert-mit-dem-geld/wer-hat-die-kirchensteuer-erfunden

41 Carsten Frerk, »Violettbuch Kirchenfinanzen«, Aschaffenburg 2010, S. 25.

42 Olaf Blaschke, »Die Kirchen und der Nationalsozialismus«, Stuttgart 2014, Kapitel III.

43 https://de.wikipedia.org/wiki/Ludwig_Kaas#Erm.C3.A4chtigungsgesetz_und_Reichskonkordat

44 »Konkordat zwischen dem Heiligen Stuhl und dem Deutschen Reich« – Artikel der International League of Non-Religious and Atheists (IBKA), www.ibka.org/artikel/ag97/reichskonkordat.html

45 »Wofür gibt die Kirche die Kirchensteuer aus?«, www.evangelisch.de/inhalte/113540/08-11-2013/wofuer-gibt-die-kirche-die-kirchensteuer-aus

46 »Der Staat ist religiös neutral« – Interview vom 08. 02. 2017, www.general-anzeiger-bonn.de/bonn/stadt-bonn/»Der-Staat-ist-religiös-neutral«-article3469345.html

47 »Rahmenlehrplan für den Evangelischen Religionsunterricht in den Jahrgangsstufen 1 bis 10«, www.ekbo.de/fileadmin/ekbo/mandant/ekbo.de/files_ekbo.de/5._HANDELN/Schule_Bildung/Rahmenlehrplan_Ev._Religionsunterricht_1-10.pdf

48 Ebd. S. 43.

49 Ebd. S. 23.

50 Ebd. S. 10.

51 »Reli Adieu! Religion ist kein Unterricht«, www.reli-adi.eu

52 Art. 7, Abs. 3, GG.

53 Art. 7, Abs. 1, GG.

54 »Bremer Klausel«, www.rechtslexikon.net/d/bremer-klausel/bremer-klausel.htm

55 Die relevanten Stellen der Landesverfassungen findet man auf der Internetseite von »Reli Adieu! Religion ist kein Unterricht«: www.reli-adi.eu/node/71

56 »Gesetz über die religiöse Kindererziehung«, http://www.gesetze-im-internet.de/kerzg/BJNR009390921.html

57 KErzG, § 2.

58 KErzG, § 5.

59 Bayerische Landesverfassung, Art. 137, Abs. 1.

60 Saarländische Landesverfassung, Art. 29.

61 Charles Fernyhough: »A Thousand Days of Wonder«, London 2008.

62 Carsten Frerk, »Violettbuch Kirchenfinanzen«, Aschaffenburg 2010, S. 258.

63 www.wort-und-wissen.de

64 »Wir freuen uns an der Schöpfung« von Petra Freudenberger-Lötz und Hans Burhardt. Religionspädagogische Einführung, Schulbuchseiten 14–21, www.calwer.com/media/39/LP_4337_LM_SPL_1–2_Bayern_Schoepfung.pdf

65 »Auftrag der Schule und Recht auf Bildung und Erziehung, Anwendungsbereich«, http://gesetze.berlin.de/jportal/?quelle=jlink&query=SchulG+BE&psml=bsbeprod.psml&max=true&aiz=true\#jlr-SchulGBEpP1

66 Berliner Schulgesetz, § 16, Satz 4.

67 Berliner Schulgesetz, § 3, Absatz 2, Punkt 5.

68 DIE ZEIT, Ausgabe 07/2017, S. 62.

69 »Glaubensbekenntnis bei Katholiken und Protestanten« – Forschungsgruppe Weltanschauungen in Deutschland, https://fowid.de/meldung/glaubensbekenntnis-katholiken-und-protestanten-1989

70 »Weihnachtsgeschäft (Deutschland)«, www.handelsdaten.de/handelsthemen/weihnachten

71 »Umsätze im Weihnachtsgeschäft«, Handelsverband Deutschland (HDE), www.einzelhandel.de/index.php/weihnachten/item/110202-umsätze-im-weihnachtsgeschäft

72 Allensbacher Jahrbuch der Demoskopie 1998–2002, München 2002, S. 321.

73 »Martin Luther und die Reformation veränderten Weihnachtsbräuche«, www.luther2017.de/de/neuigkeiten/

martin-luther-und-die-reformation-veraenderten-weihnachts braeuche/
74 »Martin Luthers Christkind verdrängte den Nikolaus«, www.evangelisch.de/inhalte/113495/25–12–2016/martin-luthers-christkind-verdraengte-den-nikolaus
75 »Sonnenaufgang und Sonnenuntergang Kampala, Uganda«, www.sunrise-and-sunset.com/de/sun/uganda/kampala
76 »Sonnenaufgang und Sonnuntergang Trømso, Norwegen«, www.sunrise-and-sunset.com/de/sun/norwegen/tromso
77 »Sonnenaufgang und Sonnenuntergang Berlin, Deutschland«, www.sunrise-and-sunset.com/de/sun/deutschland/berlin/2016/dezember
78 Der Vergleicht ist frei erfunden, man darf aber gerne selbst rechnen: 2000 von 6 000 000 000 ist das gleiche wie x von 775 000 000 Millimeter von Hamburg nach München. Dreisatz. Sollte ungefähr hinkommen, oder?
79 Das wiederum hab ich ausgerechnet: 2000 von 6 000 000 000 Jahren entspricht 10,5 Sekunden von 31 536 000 Sekunden, die ein Jahr hat. Jut, wa?
80 »Weihnachtsbaum in Zahlen und Fakten«, Schutzgemeinschaft Deutscher Wald (SDW), www.sdw.de/waldwissen/weihnachtsbaum/index.html
81 »In fast jedem dritten Haushalt in Deutschland leben Senioren«, Statistisches Bundesamt, www.destatis.de/DE/PresseService/Presse/Pressemitteilungen/2015/09/PD15_358_122pdf.pdf?__blob=publicationFile
82 »Komplikationen der Zirkumzision«, http://flexikon.doccheck.com/de/Komplikationen_der_Zirkumzision#H.C3.A4ufigkeit_der_Komplikationen_w.C3.A4hrend_oder_kurze_Zeit_nach_der_Operation
83 Landesgericht Köln, Urteil vom 7. Mai 2012, Az. 151 Ns 169/11, http://openjur.de/u/429887.html
84 »Stellungnahme Dr.med. Wolfram Hartmann, Präsident des

Berufsverbands der Kinder- und Jugendärzte, zur Anhörung am 26. November 2012 zum Gesetzentwurf der Bundesregierung zur Beschneidung« (28.11.2012), www.bvkj.de/bvkj-news/pressemitteilungen/news/article/stellungnahme-drmed-wolfram-hartmann-praesident-des-berufsverbands-der-kinder-und-jugendaerzte/

85 »Kinderschmerz-Experte warnt: Rituelle Beschneidung verändert das Gehirn der Kinder« – SPIEGEL-Artikel vom 12.08.2012, / www.spiegel.de/spiegel/vorab/experte-warnt-rituelle-beschneidung-veraendert-das-gehirn-der-kinder-a-849534.html

86 »WHO and UNAIDS announce recommendations from expert consultation on male circumcision for HIV prevention« (28.03.2007), www.who.int/hiv/mediacentre/news68/en/

87 »Warum beschneiden Juden ihre Kinder?«, Artikel vom 14.08.2012, www.zentralratdjuden.de/de/article/3731.html

88 »Dr Kellogg's prescription: If cereal won't cool the libido, try surgery« (1888), www.historyofcircumcision.net/index.php?option=com_content&task=view&id=48&Itemid=0

89 »Lost Boys: An Estimate of U.S. Circumcision-Related Infant Death«, www.academia.edu/6394940/Lost_Boys_An_Estimate_of_U.S._Circumcision-Related_Infant_Deaths

90 »Todesfälle durch Beschneidung«, www.beschneidung-von-jungen.de/home/komplikationen/tod-und-beschneidung/tod-durch-beschneidungen.html

91 »Kanzlerin warnt vor Beschneidungsverbot« – SPIEGEL-Artikel vom 16.07.2012, www.spiegel.de/politik/deutschland/bundeskanzlerin-merkelwarnt-vor-beschneidungsverbot-a-844671.html

92 »Beschneidung des männlichen Kindes« – Bürgerliches Gesetzbuch (BGB), § 1631d, https://dejure.org/gesetze/BGB/1631d.html

93 Carsten Frerk, Caritas und Diakonie in Deutschland, Aschaffenburg 2005.

94 Ebd.

95 »Zahnarzt lehnt Bewerberin wegen Kopftuch ab«, SPIEGEL-Artikel vom 27. 10. 2016, www.spiegel.de/karriere/stuttgart-zahnarzt-lehnt-bewerberin-wegen-kopftuch-ab-a-1118506.html

96 Pressemitteilung des BVerfG Nr. 14/2015 vom 13. März 2015 zum Beschluss vom 27. Januar 2015.

97 Ebd.

98 § 57 Abs. 4 Satz 3.

99 Art. 3 Abs. 3 Satz 1 und Art. 33 Abs. 3 GG.

100 »Türkei und Schweden liefern sich diplomatischen Schlagabtausch«, SPIEGEL-Artikel vom 17. 08. 2016, http://www.spiegel.de/politik/ausland/tuerkei-und-schweden-eklat-nach-missbrauchsurteil-a-1107976.html

101 »Religionszugehörigkeiten in Deutschland 2015« – Forschungsgruppe Weltanschauungen Deutschland, https://fowid.de/meldung/religionszugehoerigkeiten-deutschland-2015

102 »Herr Erdogan und die Kinderzahl« – Forschungsgruppe Weltanschauungen Deutschland, https://fowid.de/meldung/herr-erdogan-und-kinderzahl

103 »Was kommt nach dem Tod?« – Forschungsgruppe Weltanschauungen in Deutschland, https://fowid.de/meldung/was-kommt-nach-tod

104 »Gesetz über das Leichen-, Bestattungs- und Friedhofswesen im Land Brandenburg (Brandenburgisches Bestattungsgesetz – BbgBestG), https://bravors.brandenburg.de/de/gesetze-212630#2

105 »Jede Form der organisierten Selbsttötung muss verboten werden« – FAZ-Interview vom 19. 01. 2014, www.faz.net/aktuell/

politik/inland/gesundheitsminister-groehe-jede-form-der-organisierten-selbsttoetungshilfe-muss-verboten-werden-12759394.html
106 »Justizministerin gegen kommerzielle Sterbehilfe« – WELT-Artikel vom 05.12.2012, www.welt.de/politik/deutschland/article111836750/Justizministerin-gegen-kommerzielle-Sterbehilfe.html
107 Uwe Christian Arnold, »Letzte Hilfe. Ein Plädoyer für das selbstbestimmte Sterben«, Reinbek bei Hamburg 2014, S. 27ff.
108 Matthias Thöns, Patient ohne Verfügung. Das Geschäft mit dem Lebensende, München 2016.
109 »Papst: Sterbehilfe aus Mitleid gibt es nicht«, Beitrag vom 10.06.2016, www.kath.net/news/55500
110 »Sterbehilfe-Debatte. Die Ängste der Deutschen«, Beitrag vom 12. Mai 2015, www.ekd.de/presse/pm73_2015_sterbehilfe_debatte.html
111 »Marsch für das Leben«, Berliner Erklärung, http://www.marsch-fuer-das-leben.de/berliner_erklaerung.php
112 »Tote bei Angriff auf Abtreibungsklinik«, ZEIT-Artikel vom 27.11.2015, www.zeit.de/gesellschaft/zeitgeschehen/2015-11/usa-mehrere-verletzte-colorado-planned-parenthood
113 »Aggressiv betende Abtreibungsgegner«, taz-Artikel vom 9.4.2017, www.taz.de/Demo-gegen-Frauenrechte/!5396038/
114 »Selig sind die Armen. Ihre Menschenverachtung weist Mutter Teresa einen Platz unter den Englein zu«, www.mutter-teresa.info/verachtung.html
115 »Der Lack ist ab! Hintergründiges zur Seligsprechung von Mutter Teresa«, www.mutter-teresa.info/lack.html
116 »Mutter Teresa: Der große Bluff mit der Nächstenliebe« – Beitrag vom 27.8.2010, https://www.seemoz.de/kontrovers/mutter-teresa-der-grose-bluff-mit-der-nachstenliebe/
117 »Wie starb der ›Bankier Gottes‹?«, SPIEGEL-Artikel vom

18.6.2012, www.spiegel.de/einestages/roberto-calvi-der-tod-des-bankiers-von-mafia-und-vatikan-a-947610.html

118 »Mutter Teresas ›Nächstenliebe‹« – Humanistischer Pressedienst (HPD), Artikel vom 21.12.2015, https://hpd.de/artikel/12559

119 »Große Mehrheit schließt Sterbehilfe für sich nicht aus – Umfrage: Drei Viertel der Deutschen können sich gut vorstellen, im Ernstfall ihr Leben mit ärztlicher Hilfe zu beenden«, Artikel vom 31.10.2016, www.presseportal.de/pm/52678/3470064

120 Grußwort des Vorsitzenden der CDU/CSU-Fraktion im Deutschen Bundestag, Volker Kauder MdB, anlässlich des »12. Marsches für das Leben« des Bundesverbandes Lebensrecht e.V. am 17. September 2016 in Berlin, www.marsch-fuer-das-leben.de/media/marsch_2016_grusswort_kauder.pdf

121 Grußwort Julia Klöckner, www.marsch-fuer-das-leben.de/media/marsch_2016_grusswort_kloeckner.pdf

122 »Für eine Zulassung der Präimplantationsdiagnostik in erweiterten Grenzen« – Stellungnahme der Ethikkommission der Giordano-Bruno-Stiftung, www.giordano-bruno-stiftung.de/sites/default/files/download/pid.pdf

123 Grußwort Hubert Hüppe, www.marsch-fuer-das-leben.de/media/marsch_2012_grusswort_hueppe.pdf

124 Grußwort Philipp Mißfelder, www.marsch-fuer-das-leben.de/media/marsch_2012_grusswort_missfelder.pdf

125 Kommissariat der Deutschen Bischöfe, www.kath-buero.de/index.php/start.html

126 Carsten Frerk, Kirchenrepublik Deutschland, Aschaffenburg 2015.

127 »Was ich brauche, ist eine Exitstrategie.« – Eintrag vom 30.4.2010 21:36, www.wolfgang-herrndorf.de/2010/04/vier/

128 »Entwurf eines Gesetzes zur Strafbarkeit der geschäftsmäßigen Förderung der Selbsttötung« – Drucksache 18/5373,

01.07.2015, www.bundestag.de/blob/383118/ed67a028d684344ef0c8184c426c8810/b_gesetzentwurf-data.pdf

129 »Entwurf eines Gesetzes über die Straffreiheit der Hilfe zur Selbsttötung« – Drucksache 18/5375, 30.06.2015, http://dip21.bundestag.de/dip21/btd/18/053/1805375.pdf

130 »76 Prozent der Bundesbürger für Sterbehilfe« – Forschungsgruppe für Weltanschauungen in Deutschland, https://fowid.de/meldung/76-prozent-bundesbuerger-fuer-sterbehilfe

131 »Ärzte protestieren gegen Präsident Montgomery« – SPIEGEL-Artikel vom 11.05.2015, www.spiegel.de/gesundheit/diagnose/sterbehilfe-aerzte-protestieren-gegen-montgomery-a-1032933.html

132 »Stellungnahme deutscher Strafrechtslehrerinnen und Strafrechtslehrer zur geplanten Ausweitung der Strafbarkeit der Sterbehilfe«, www.jura.uni-wuerzburg.de/fileadmin/02150100/Dateien_fuer_News/Resolution_zur_Sterbehilfe_21_7.pdf